4ª edição
100 exemplares
Do 16º ao 16.100º milheiro
Janeiro/2021

© 2014 - 2021 by Boa Nova Editora

Capa
Juliana Mollinari

Diagramação
Juliana Mollinari

Revisão
Cirinéia Iolanda Maffei

Coordenação Editorial
Ronaldo A. Sperdutti

Impressão
Renovagraf

Todos os direitos estão reservados.
Nenhuma parte desta obra pode ser reproduzida
ou transmitida por qualquer forma e/ou quaisquer
meios (eletrônico ou mecânico, incluindo fotocópia
e gravação) ou arquivada em qualquer sistema ou
banco de dados sem permissão escrita da Editora.

O produto da venda desta obra é destinado
à manutenção das atividades assistenciais
da Sociedade Espírita Boa Nova, de
Catanduva, SP e do Abrigo para Animais
Francisco de Assis, de Porecatu, PR.

1ª edição: Novembro de 2014 - 10.000 exemplares

Joana

Cirinéia Iolanda Maffei
ditado pelo Espírito Lucien

Instituto Beneficente Boa Nova
Entidade coligada à Sociedade Espírita Boa Nova
Av. Porto Ferreira, 1.031 | Parque Iracema
Catanduva/SP | CEP 15809-020
www.boanova.net | boanova@boanova.net
Fone: (17) 3531-4444

Dados Internacionais de Catalogação na Publicação (CIP)

(Câmara Brasileira do Livro, SP, Brasil)

Lucien (Espírito).

   Joana / ditado por Lucien;
[psicografado] Cirinéia Iolanda Maffei. --
Catanduva, SP: Boa Nova Editora, 2014.

   ISBN 978-85-8353-008-4

1. Espiritismo 2. Psicografia 3. Romance espírita
I. Maffei, Cirinéia Iolanda. II. Título.

             CDD-133.9

Índices para catálogo sistemático:

1. Romance espírita: Espiritismo 133. 9

Palavras da Médium 7

PRIMEIRA PARTE

Uma família como muitas... 11

Joana 49

O sequestro 63

D. Frederico 69

Escrava sexual 77

Cozinheira, graças a Deus! 85

SEGUNDA PARTE

A vida continua... 95

Quem disse que um raio não cai duas vezes no mesmo lugar? 105

Conversando com os Espíritos... 115

TERCEIRA PARTE

Relembrando passadas existências... 129

Entendendo as recordações 163

QUARTA PARTE

Formando um grupo de estudos 181

Deus e a reencarnação 193

Corpo físico, perispírito, Espírito e projeto reencarnatório... 209

Princípio material, princípio inteligente e caminhada evolutiva 223

As bases do Espiritismo, o sexo dos Espíritos, as forças sexuais da alma, a evolução da sexualidade 241

Características marcantes na área sexual e responsabilidades 261

Breve resumo a respeito da evolução da sexualidade humana; a violência sexual 271

QUINTA PARTE

Novidades... 283

Joana e Marcos 291

Mercedes 311

Nícolas 331

O reencontro 357

Revelações 369

Liberdade e decepções... 381

Decisões afetivas... 403

Palavras da Médium

Todos nós enfrentamos problemas na área da sexualidade. Muitas vezes nos recusamos a aceitar que isto ocorre, considerando-nos perfeitamente *resolvidos*... Grande ilusão, decorrente do fato de bem pouco conhecermos a respeito do assunto, não raro restrito meramente ao ato sexual.

Por outro lado, inseridos em uma cultura toda voltada ao sexo, admitir nossa ignorância e as dificuldades que muitas vezes enfrentamos em silêncio costuma deixar-nos envergonhados e até com uma sensação de fracasso.

Nossas crenças e valores sobre o assunto, na maioria das vezes, estão paralisados no tempo, pois teimamos em desconhecer as verdades do Espírito.

Em minha humilde opinião, inexiste assunto de mais difícil abordagem. Tabus, preconceitos, medo de descobrir o que se sente... Falar de sexualidade na casa espírita deixa as pessoas *incomodadas*. Certa vez, uma das companheiras de estudo assim se manifestou veementemente: *Venho ao Centro para ouvir falar de Jesus, não para saber de meus sentimentos*. Com certeza, tais sentimentos tinham tudo a ver com a sexualidade...

Este livro constitui modesta contribuição. História de amor sim, não poderia ser diferente, porque estamos no planeta Terra para aprender a amar, mas com a visão voltada aos dois planos, o espiritual e o material, pois só assim entenderemos, um pouquinho melhor, os mecanismos da sexualidade.

Cirinéia

Porecatu (PR), 12/10/2014

Primeira Parte

Uma família como muitas...

As coisas haviam sido complicadas durante o dia. Marquinhos sentia-se inútil, à mercê do acontecimentos. Por que os pais brigavam tanto? Por que cada um não ia para o seu lado, livrando os filhos de toda aquela gritaria, dia após dia, um sem fim de acusações e injúrias? Por quê?! Por quê?! Para ajudar, o patrão havia amanhecido *com a macaca*, prontinho para nele descontar suas frustrações... Nada estava bem em sua vidinha. Indignado, completou para si mesmo, controlando a vontade de explodir em palavrões:

– E eu mereço isso, meu Deus, mereço? Pois é, a gente não pede pra nascer e tem que aturar neguinho deitando e rolando... Ô vida!

Pela janela do circular, os barracos delineavam-se contra o céu. Mais um motivo de indignação... A casa pobre, pouquíssimos móveis, uma televisão de 14 polegadas prestes a se desintegrar, sucumbindo ao peso dos muitos anos de uso, herdada *de não sei quem*, ainda assim derradeiro recurso na tentativa de abafar o estrondo das brigas, volume alçado ao máximo. Pretendia comprar uma outra, daquelas fininhas, de imagem perfeita... LCD! Seu sonho...

Subiu os múltiplos degraus como se um peso de chumbo o atasse ao chão. Talvez o calor... Ou desânimo mesmo! O barraco estava imerso em sombras. Onde estaria todo mundo? Sete irmãos, *mais os dois velhos*, impossível um mínimo de privacidade. Não entendia uma coisa: tantas discussões, tamanhas ofensas, e ainda assim conseguiam oito crianças! Pendurou-se na janela dos fundos, tentando respirar a brisa noturna, deparando com Antonio, o Nico da dona Noquinha, derribado sobre um dos degraus da construção ao lado. *Chapadinho*... Aquele *crack* ainda o mataria.

– Nico, cadê o pessoal, cara?

– Tá no mundo da lua?! Hoje é o tal do dia da reunião pra resolvê o destino dos morador desta ...

O palavrão pareceu pesar... Marquinhos sentiu-se como mãe que critica o filho, não admitindo, porém, que ninguém mais o faça. Aquilo era o reduto deles, embora feio e malcheiroso, sob a influência de marginais.

– É, quero vê neguinho fora daqui, perdido no mundo, cara! Pensa que esse pessoal vai fornecer casa de graça?! Tudo tem um preço! Eu, por mim, prefiro ficar no que é meu, sem essa de *caridade de político*! Pode apostar que o safado do Neco está lá, camisa de manga comprida e gravata, uma roda de suor debaixo dos sovacos, botando banca, deitando falação, doidinho atrás de voto! E os donos da droga então?! Não pense que essa história de *limpeza do morro* funciona como contam; melhorou muito, é bem verdade, mas tem gente passando na calada. E vão estar lá também os *salvadores do mundo*, cada um brigando pelo próprio Deus!

– Falô bonito, falô bonito... Mas é bom guardá essas ideia pra tu mesmo, senão periga amanhecê com a boca cheia de formiga! Agora, *brother*, vê se dá um tempo, preciso curti essa coisa numa boa, sem papo careta na cabeça. Desinfeta!

Marcos voltou para a sala, acomodando-se diante da televisão. O sofá esburacado incomodava... Porcaria de emprego, que não sobrava sequer para um sofá legal! De bom, só que podia comer no serviço! Apertou o botão *ligar*... Silêncio absoluto! Remexeu nos fios... Nada, nadinha! Fria, quieta, parada como a sua vidinha na favela... As lágrimas desceram e tratou de enxugá-las rápido, pois homem não chora, aprendera desde cedo com o pai truculento, arrogante, metido a besta: *Trata de engoli essa choradeira, moleque, senão te quebro na pancada. Aí tu vai tê motivo de verdade pra chorá que nem mariquinhas!*

Estremeceu. Para o pai, macheza era o mais importante. Pensou no irmão Fernando...

Vozes quebraram-lhe a sequência dos pensamentos. Mais alta de todas, a da mãe... Por incrível que pudesse parecer, sóbria. Aleluia! Do pai, nem sinal... Graças a Deus, poderiam passar o final do dia sem berros e tapas. Os irmãos estavam todos ali... Lalinha, Verinha, Fernando, Joana, João Paulo, Diego... e a caçulinha, Giovana.

— Meu filho, tu perdeu a reunião! Vamo mudá daqui prum tal de *condomino*!

— Condomínio, mãe, condomínio. Fale direito, pelo menos agora que a gente vai se livrar deste inferno! Senão vão pensar mal da gente. Um bando de caipiras...

— Cale a boca, menina! Falo como quisé... E me respeite, sou tua mãe! É isso aí que ela falô, filho, dei o nome de todos e o hóme anotô no papel. Passei prele meu ganho, o teu, o da Lalinha, até os *bico* do João Paulo e do Fernando na feira, ele somô tudo e deu a sentença: dá pra pegá o de trêis quarto, sala, cozinha, banhero... Num tá bom, menino?!

— E o pai, mãe? Não deu o nome dele?

– Sei lá de teu pai! Deve de tá com aquela safada, a tal amante chique, a que tem apartamento e emprego bom. Só não entendo uma coisa: se é tudo isso de fina, por que pegô o tranquera do teu pai?! Gosto de porco!

– Ih, mãe, a senhora também caiu de amores, fez até oito filhos com ele...

– Êita menina desaforada! Lalinha, se não fosse pelo bom salário de empregada naquela casa de bacana, botava tu pra fora de vassorada! Mas tenho de aguentá, pra não perdê a oportunidade de saí desta vida... Mas tu não abuse da sorte não porque, assim que o contrato tivé pronto e a casa garantida, não vô mais tolerá marcriação!

Aflito, Marcos fazia sinal para a irmã ficar calada. Onde já se viu falar aquilo, justo Lalinha, sempre reservada! Mais discussão?! E adiantava alguma coisa?... Tentou mudar de assunto:

– Mãe, a TV pifou?

– Parô sozinha... puf! Ninguém botô a mão na danada. Mandei o Julinho dá uma olhada, mas num diantô...

Julinho era o *conserta tudo* do lugar; se não dava jeito, só comprando coisa nova! Era considerado um gênio da eletrônica, talento desperdiçado sem a chance de uma faculdade ou de um bom curso técnico, com diploma e tudo. Consertava o que quebrava na casa deles, sem cobrar nadinha, olhos fixos na figura graciosa e bela de Lalinha...

– Sua irmã bem que podia me dar uma chance, fale com ela, mano...

– Quer um conselho, Julinho? Fique na sua, que minha irmã não é dessas não, nem parece filha de meu pai. Já reparou nos modos dela? No jeito de andar? Tudo o que a danadinha bota encima do corpo, por mais simples, fica parecendo coisa fina.

– E não, cara?! E não?! Menina mais bonita... O pior é que tem um montão de cara de olho, até gente da pesada.

Pobre Lalinha, desde os dez anos na labuta, sem infância, servindo de babá, carregando moleque para cima e para baixo... Dezesseis anos agora, uma formosura! Alta, esguia, olhos muito verdes, herdados do pai, ou talvez dos parentes da mãe, tudo gente morena, mas de olhos claros. E aquela cabeleira castanho-claro, entremeada de fios dourados, coisa de louco! De dar inveja em muita menininha rica... E natural, pois mal tinham dinheiro para comer, imagine para ir a salão de beleza! As vizinhas costumavam comentar:

– Lalinha parece modelo, Cidoca...

– Deus me livre e guarde! Vai é trabalhá de doméstica mesmo, que é moça direita, nada de ficá mostrando o corpo pra malandro vê!

– Mas ganha muito dinheiro, dona Cidoca! Olha só a *Giseli Binchi*!

– Conheço não! E nem quero conhecê! Essas coisa é tudo dinhero do demônio, num presta!

Lalinha nada dizia, em vão Marcos tentava descobrir o que lhe ia pela cabeça. Teria sonhos maiores?

O rapaz engoliu o arroz com feijão requentado e saiu às pressas, em busca de Julinho. Ele tinha que dar um jeito! Sem televisão, nem pensar! Aquela era sua única maneira de fugir do mundinho feio em que vivia; na chuviscada tela entrevia dramas parecidos com o seu, deslumbrava-se com a vida dos afortunados. A notícia de que o destino certo do aparelho seria o lixo deixou-o chateadíssimo.

– Compre outra, cara, no crediário... Essa já deu mais do que tinha pra dar. Até gente tem um fim, o que dirá uma TV!

Naquela noite, nem tivera coragem de retornar ao barraco, sabendo muito bem que enfrentaria a mãe reclamando, o alarido dos irmãos mais novos, o olhar distante de Lalinha. E o pai, se ele aparecesse! Buscou refúgio sob uma árvore distante, acomodando-se contra o tronco, fitando as luzes da cidade mais abaixo, protegido pela escuridão. Exausto, adormeceu.

Um choro desesperado e vozes despertaram-no. Permaneceu quietinho, lamentando não ter ficado em casa. Ah, se o enxergassem ali!

– Não adianta chorá não, malandro! Devia de tê pago o que devia! Num ti botamo nas mão a mercadoria pra tu repassá e trazê a grana direitinho, como manda o figurino? E tu fez o quê, hein, malandro?! Vendeu e botô no bolso! Ahn, ahn! Pior, gastô com bobagem. E num tem essa de perdão, que isso é coisa de carola, de pastor... Cadê a grana, cara? Pode sê que, colaborando, tu vá pro outro mundo numa boa, sem dor... Senão, cara, vamo tê de caprichá, que é pra servi de exemplo pra moçada! Entupam a boca dele pra ninguém escutá os gritos do desgraçado!

Marcos permaneceu estático, paralisado de medo, pois quem matava um matava dois! Aquele horror parecia não acabar, mas finalmente se foram, rindo e chisteando. Esgueirou-se na direção do barraco, procurando a cama, cobrindo a cabeça com o lençol. Custou-lhe adormecer...

Na manhã seguinte, tudo parecia um pesadelo. Vai ver sonhara... Mas o assunto, na descida do morro, era justamente o *presunto* bem à vista dos moradores, acintosamente lançado em frente ao barraco onde morava com a mãe, pobre viúva que não dava conta do filho adolescente perdido na droga, *passando* para custear o vício... Aviso dos bons, para quem se arriscasse a desviar a grana! Bem do jeitinho que escutara! E o infeliz fora torturado sem piedade, um horror! Nico... Marquinhos arrepiou-se todo, esfregando os braços, banindo para longe a sensação de *boca maldita*. Tinha medo de alguns de seus pensamentos, pois costumavam acontecer... Dias antes, não tivera a sensação de que o amigo de infância duraria pouco?!

O circular, para não perder o costume, estava atrasado... O patrão ratearia por mais de meia hora, dizendo da falta de responsabilidade de *alguns* empregados... No meio daquilo tudo, uma certeza: precisava urgente de uma televisão nova! Na hora do almoço, dispararia na direção das lojas. Julinho tinha razão, compraria no crediário, um monte de prestações, e sairia baratinho por mês. No coletivo superlotado, sonhava com as de tela maior, daquelas fininhas, uma beleza, igualzinha às das salas das novelas. Não podia custar tão caro, pois todo mundo chique da novela tinha mais de uma, na sala, no quarto, na cozinha, até em quartinho de empregada!

Começou pelas maiores, foi diminuindo o tamanho, diminuindo, diminuindo... O vendedor, intuindo-lhe o drama financeiro, acabou sugerindo uma tela plana de vinte e nove polegadas, verdadeira pechincha, tão boa quanto as demais.

– Pode crer, amigo, a qualidade de imagem é até superior. A loja colocou na oferta justamente porque as outras estão na moda. Agora, a cada seis meses surge novidade, não dá para acompanhar, e muita coisa boa vai barateando... Queima de estoque! É o caso desta, marca excelente, de primeira linha, uma *televisãozona*, não vai se arrepender. Eu mesmo tenho uma igualzinha, que comprei há tempos, quando o preço era muito maior, imagine! E nós fazemos em até vinte e quatro vezes, prestaçãozinha legal mesmo! Tem carteira assinada? Então! Fácil, fácil! Podemos entregar hoje, é só passar o endereço e a hora que tem gente em casa! *Instaladinha*, no jeito! Por mais uns trocados, nem vai sentir o aumento nas parcelas, pode levar uma antena das boas! E até uma garantia estendida para dois anos, coisa ideal para quem tem muitas pessoas em casa, todas mexendo no aparelho, sabe como é...

Solucionado o maior problema, Marcos retornou apressado ao serviço, para o período da tarde, não vendo a hora de chegar ao barraco, agoniado, louco para ligar *a sua* TV e comprovar o que o vendedor afirmara. Telefonou para Lalinha contando a novidade e pedindo que ficasse em casa ao voltar do serviço, a fim de receber a compra e assinar a nota, porque não confiava na sobriedade da mãe... E *implorasse* ao Julinho o favor de acompanhar a instalação, garantindo a qualidade do trabalho! À noite, assistiriam à novela na TV nova! Comoveu-se com a proposta da irmã:

– Marquinhos, a patroa me pediu para tirar férias e continuar trabalhando, ela me paga com o acréscimo dos trinta por cento também! Mais uns extras, pois parece que vem um parente importante dela... Vai entrar um bom dinheiro a mais e decidi ajudar você a pagar a TV. Estamos mesmo precisando! Mas não se iluda, esperando gratidão lá em casa! Sabe como é... A mãe vai ratear, dizendo que estamos jogando grana fora, o pai nem se fala, só sabem pôr defeito... Se o pai bebesse menos, parasse de fumar, arrumasse um serviço firme, faríamos tanta coisa boa! Mas *cada um é cada um*, não adianta esperar muita coisa, não é?

Enquanto preparava os sanduíches na cozinha da lanchonete, pensava naquela irmã tão diferente de todos os outros. Parecia fino cristal em loja de R$1,99! Riu mentalmente da comparação... Era assim mesmo... Lalinha! Quando entrava, tudo parecia clarear. Delicada, mas forte, com umas ideias diferentes na cabeça... Que maravilha! Ela o ajudaria nas prestações, poderiam pagar duas de cada vez e iria mais depressa... Detestava ficar devendo!

– Marcos, tá com a cabeça na lua?! Olhe o hambúrguer queimando! O cliente pediu bem passado, não torrado! Se tiver reclamação, desconto de seu salário, que é pra aprender a prestar atenção no serviço! Meu dinheiro não cresce em árvore!

– Desculpe, patrão. Foi mal...

Naquela noite, olvidou a tortura dos traficantes, a pobreza, os conflitos sociais, o mau humor constante do patrão, mergulhado na novela das oito, que afinal começava quase às nove... Uma beleza a TV, o vendedor dissera a verdade! Coisa fina! Levaria um hambúrguer caprichado para ele qualquer dia desses, pois sem sua ajuda jamais saberia da tal oferta, e o rapaz ainda acompanhara a confecção de sua ficha, dando a maior força! E conferira pessoalmente a instalação, dizendo ter aproveitado o término de seu expediente. Gente finíssima!

Os dias foram passando, passando...

– Marquinho, dê uma olhada no papel que recebi, tão dizendo que as obras *daquilo* tão atrasadas por causa da chuva...

Verinha se intrometeu:

– Condomínio, mãe, *aquilo* chama condomínio! No mês passado, era por causa do sol?! E nos anteriores?! Acho que tão enrolando a gente, mãe! Pegaram a nossa entrada, que estamos pagando pra tal financeira, e até agora é só desculpa e mais desculpa. Mãe, o que os outros dizem?

– Tá todo mundo desconfiado! A Dona Lurdinha, a gorda do fim da rua, disse que vai procurá a justiça... O seu Antero está sem dormi de tanto pensá, só faiz ligá pro filho, que é devogado lá no interior e num tá nem aí pro pai na favela! Acho que a gente precisa tê paciência, que num dianta ficá berrando à toa... O pobrema é o Zé Luís, vai botá a culpa em mim, pois nunca quis mudá daqui... Diz que é o reino dele!

Marcos ficou pensando: o pai raramente aparecia, não ajudando com um tostão, e ainda dava uma de chefe da casa.

– Mãe, vou falar uma coisa, mas quero que a senhora escute sem ter *piti*...

– E desde quando tenho isso, menina? Verinha, tu é muito da desbocada! Que é agora?

– Está rolando um papo quente que o pai anda de conchavo com o Lalau...

– Tá doida, menina?! Nem fale uma coisa dessas! O Lalau vende droga da pesada... Ai, Jesus!

– É... Dizem que o pai entrou na dele... A dona Cema falou que é porque ele está ceguinho de amor, apaixonado mesmo pela tal loira, e tem que arrumar grana pra fazer bonito...

Pela primeira vez em muitos anos, Marcos viu a mãe silenciar, abaixar a cabeça e embarafustar para detrás da cortina que lhe separava a cama do restante do aposento. Compreendeu que a revelação constituíra fundo golpe. Apesar de tudo, ainda amava aquele esposo, estava escrito em seus olhos! Não entendia a mãe... Sofria, penava, escutava desaforos, apanhava, era traída, mas persistia ligada naquele homem! Por outro lado, não era nada bom o pai envolvido daquele jeito com o Lalau... Lalau estivera presente na tal tortura!... Conhecia-lhe a voz... Fora o mandante! Não admitia erros, era cruel, sádico mesmo. E o pai... bem, Zé Luís sempre fora irresponsável, boêmio, afeito a aventuras e a pouco trabalho. Certamente ocultara da amante sua real condição financeira, pois se apresentava bem vestido, perfumado... Era um belo homem, charmoso, cativante quando queria; apaixonar-se pela dondoca fora uma besteira, tinha que dar conta dos gastos. Ainda assim, valeria a pena se envolver com drogas? Caminho de difícil volta, que poderia interromper-se a qualquer instante. Afastando a cortina de pano florado e ralo, esgueirou-se, sentando na cama, ao lado da mãe:

— Mãe, deixe pra lá, a Verinha fala demais, vai ver não é nada disso, o povo exagera... Daqui a pouco ele entra pela porta e tudo vai ficar igualzinho...

— Sei não, filho... sei não! Seu pai está cada vez mais distante, quase não aparece aqui, não ajuda com nada. Quando vem, é pra desfeitá a gente, parece que somos um fardo... Fico quieta, mas sei que tá enfiado na casa da otra, passeando com ela de carro, levando pra restaurante chique. Tem muita gente daqui que trabalha de doméstica no prédio da fulaninha! Elas conta, dá detalhe... E com que dinhero todo esse luxo?! Só me diz! Ele nunca foi de pegá batente, filho! O que gastava tomava de mim, até o que vocês me dava pra despesa... O demônio tá dirigindo os passos dele, meu filho... Coitado do Zé Luís!

Mais tarde, deitado na cama, refletia a respeito das palavras da mãe. Coisa do demônio... Ou seriam somente as escolhas feitas pelo próprio pai? Se fosse morto pelo traficante, o tal demônio acabaria levando a culpa?! Não conseguindo dormir, a cabeça cheia de dúvidas e questionamentos sem fim, resolveu ver um filme, melhor que ficar remoendo bobagens!

Lalinha virou-se no desconfortável colchão... Lá estava Marquinhos às voltas com sua TV. Aquilo mais parecia uma fuga! Suspirou. E quem não tentaria fugir daquilo tudo? Atrás da cortina, a mãe ainda chorava, procurando não fazer barulho. Pelo menos deixara de beber e fumar depois que passara a frequentar direitinho a igreja evangélica, mas aparecera a história *dos demônios*, responsáveis por quase tudo, controlando a vida de todos naquela casa. Subitamente, o silêncio da noite foi quebrado por gritos. Mais uma desgraça? Cães ladravam, o bebê de uma das vizinhas chorava desesperadamente. Fome, medo, dor?! Tudo isso provavelmente. Animais e seres humanos enfrentavam dores semelhantes... Refugiou-se no Pai Nosso, repetindo-o vezes sem fim, procurando acalmar as batidas do coração. Amanhã seria outro dia!

O dia surgiu esplendoroso! Ao longe, o mar rebrilhava, suaves brisas enfunavam a cortina do circular, uma das poucas que não haviam arrancado, pois as pessoas destroem até aquilo que as beneficia! Lalinha suspirou, ansiosa por chegar ao luxuoso apartamento de Cláudia, sua patroa, e preparar um café bem forte, acompanhado de crocante pãozinho, apanhado por ela mesma na padaria da esquina. Podia sentir a manteiga escorrendo pela massa quente! Hum!... Se aquele motorista cumprisse o horário, daria tempo para pegar a fornada ainda saindo.

Ao enfiar a chave na porta da cozinha, espantou-se com o pouco caso da moça pela segurança. Esquecera a porta destrancada! Estranho... Cláudia jamais utilizava a porta da cozinha, reduto exclusivo de domésticas... Algo acontecera, meu Deus! Apavorou-se, buscando na bolsa o celular, presente da patroa para as emergências; na portaria, ninguém sabia de nada. A pergunta do porteiro pareceu-lhe coerente:

– Por que não entra, Lalinha?! Vai ver não tem motivo para tanto alarme. Então, se precisar, interfone e subo correndo! Melhor, fique com o celular ligado e veremos o que aconteceu. Mas lhe garanto que não passou nenhum estranho desacompanhado de morador, que sou muito do responsável e estou no posto desde as dez da noite... e não saí nem para ir ao banheiro, sem antes chamar um dos vigias para ficar um pouquinho no meu lugar. São as regras do condomínio! Tem certeza de que fechou a porta quando saiu ontem?

– Tenho!

– Vai ver a dona Cláudia precisou abrir e esqueceu... Entre de uma vez!

Lalinha sentiu-se uma idiota. Certamente, o clima de constante tensão em sua casa e no morro estava mexendo com seus nervos!

Entrou...

Sobre o balcão, a cafeteira exalava delicioso cheiro de café ainda coando... Mesa posta ali mesmo, pãezinhos quentes, iguaizinhos aos que ela mesma trouxera! Manteiga, queijo e uma dourada omelete entremeada de presunto. E suco... frutas... Será que dona Cláudia arrumara outra empregada?!

– Virgem Maria!

– Ora, ora, você deve ser a Lalinha. Muito prazer! Tomei a liberdade de invadir sua cozinha. Sou Eduardo! O primo da Cláudia...

Lalinha ficou fitando aquele rapaz mais velho que ela... Alto, esguio, bronzeado... Mais parecia um galã de novelas... E sorridente!

– Pois é, Lalinha, sou o parente da Cláudia, o que vem lhes dar trabalho!

– Meu Deus, se a dona Cláudia tivesse me ligado, chegaria mais cedo, colocaria o café na sala... Desculpe, vou mudar tudo num instante!

– Nada disso, menina! Gosto mesmo é do café da manhã na cozinha, perto da cafeteira, olhando para a geladeira, o fogão... Ainda mais aqui, onde tudo é tão bonito e arrumado. Levanto-me cedo, sabe? Mas a Cláudia... parece que não...

– Meio-dia, seu Eduardo... ou até mais tarde!

– Neste caso, você me fará companhia! Detesto comer sozinho! Sente-se, eu pego uma xícara rapidinho!

Lalinha queria morrer! Tratou de desconversar, mas não teve jeito; acabou tomando café com Eduardo, perdendo pouco a pouco o receio, à medida que constatava o jeito simples e amigável do moço.

– Agora, Lalinha, vou sair de fininho e deixar a louça para você. Onde posso trabalhar um pouco, sem incomodar ninguém?

– Dona Cláudia tem uma sala que chama de escritório. Quase não vai lá, pois o advogado dela é que cuida de tudo, no prédio dele. Se o senhor quiser...

– Parece ótimo!

Vendo-o instalar o *notebook*, a curiosidade sobrepujou-lhe a habitual discrição:

– Em que o senhor trabalha?

– Bem... habitualmente, trabalho com representações. Pessoas me contratam para que as represente, cuidando de suas vidas profissionais. No meio artístico, cultural, entende?

Embora não compreendesse muito bem, calou, envergonhada em confessar sua ignorância, tratando de volver à cozinha, entregando-se silenciosamente a seus afazeres.

Cláudia apareceu depois da umas quatro horas, espantando-se com o horário do primo:

– Para que levantar tão cedo, Eduardo?! O dia não passa, meu caro! Tomou café pelo menos?! Estou louca por uma xícara de café bem forte... Lalinha! Lalinha!

Acostumada aos hábitos da patroa, a moça adentrava com a xícara, o *tablet* e um copo pequeno de geladíssimo suco de laranja.

– Cláudia, não pretendo, de maneira alguma, alterar a rotina da casa. Amanhã estarei familiarizado com o jeitinho de vocês e tudo correrá a contento. Vejamos... a que horas costuma almoçar?

– Duas, duas e meia... Está bom para você?

– Certamente!

Lalinha riu por dentro. Pobre Eduardo! Naquele horário, estaria com a barriga grudada nas costas! No dia seguinte, trataria de servir um lanchinho lá pelas dez e meia ou onze horas... Ele sorriu, parecendo ler-lhe os pensamentos... Muito simpático aquele parente da dona Cláudia!

À tardinha, a moça chamou-a:

– Lalinha, preciso que faça horas extras enquanto Eduardo estiver aqui, pois desejo tudo muito bem feito! Apesar de primo distante, não quero correr o risco de desagradar! Seria falta de consideração.

– Parece uma pessoa tão simples...

– Parece... Frequenta gente finíssima, vai direto à Europa, hospeda-se nas melhores famílias! Necessito que fique até mais tarde, bem mais tarde, para fazer o jantar, providenciar alguma coisinha para uma eventual ceia com amigos. Pode se ajeitar em um dos quartos... mesmo com o primo na casa, ainda ficam dois vazios. Ou arrumar o de empregada, o que acho uma besteira, pois é pequeno, apertado. Você é que sabe! É claro que, se recebermos convidados especiais, providenciarei um serviço de bufê, mas sempre necessitarei de alguém responsável por perto! E esse *alguém* é você, menina!

– Ai, dona Cláudia, será que dou conta?!

– Lalinha, se você não der conta, ninguém dará, minha filha! Deixe de ser modesta!

Assim que a patroa saiu para o serviço, tratou de arrumar o tal *quartinho apertado de empregada*. Apertado?! Só mesmo dona Cláudia! Em um espaço daquele tamanho, dormiam quatro ou cinco nos barracos! Tinha até um banheiro ajeitadíssimo. Pensou no de sua casa, que afundara na última chuvarada desabada sobre o Rio... Não tivera jeito, estavam usando o de dona Noquinha, a mãe do pobre Nico. Ainda bem que ela não se importava, inclusive fazia questão depois da trágica morte do filho, pois não tinha com quem conversar... O povo da favela estava com medo até de passar por sua porta, todos haviam entendido *o recado*! Cláudia insistia há tempos para que ela pousasse no emprego, contudo relutava, como se intuísse a falta que faria no lar em desequilíbrio. Saindo de vez da casa materna, sentia como se estivesse definitivamente se desligando deles, e não queria aquilo de forma alguma! Eram a sua família!

A rotina da casa acabou mudando consideravelmente. Cláudia beliscava frutas e verduras, gelatinas e sucos; almoçava e não jantava, sempre preocupada com a linha. Coisas de modelo! Eduardo, ao contrário, fazia todas as refeições, comendo com gosto. A jovem não se conformava, à meia voz confidenciando com Lalinha:

— Como é que pode?! Eu passo fome, engordo só de pensar em comida... ele não faz um regiminho e tem aquele corpo! Reparou no corpo dele?!

Mais que depressa, a mocinha respondeu:

— Não, senhora!

Mentira! Nos últimos tempos, era o que mais fazia! Impossível tirar os olhos da figura bonita e elegante de Eduardo! O moço despertava com o surgimento do sol e ela sempre o encontrava na cozinha, providenciando o café, ainda de bermuda e camiseta regata, pois já dera suas voltas pela praia.

— Trouxe pãezinhos, Lalinha? Ai, que delícia! Vamos ao café, menina, que a Cláudia deve estar desmaiada, dormindo com os anjos. Olhe só o que comprei... Água de coco fresquinha! Dentro do coco, é claro!

Aqueles eram os melhores momentos do dia para a moça. Quase não falava, limitando-se a escutar. Criada no ambiente simples do morro, convivendo com a família de difícil relacionamento, sempre trabalhando, mal podendo estudar, julgava-se ignorante, principalmente diante de Eduardo, que parecia tudo conhecer! Quando algo lhe interessava particularmente, bastava uma insinuação, uma pergunta, e ele se abria, revelando tesouros. Meu Deus, quanta coisa desconhecia, quanto precisava descobrir a respeito da vida, do mundo!

Cláudia continuava...

– Viu os músculos, a barriga de *tanquinho*?

– Prestei atenção não, dona Cláudia...

– Pois preste! E veja se descobre o segredo de tanta saúde e disposição!

– Vai ver é porque ele levanta cedo, corre na praia, come com alegria...

– ...e dorme com as galinhas, não é?! Onze horas e ele já está na cama... Me poupe, Lalinha! Se for para ser assim, prefiro continuar *pastando* as minhas folhas... e *correndo* dos doces!

Lalinha somente sorria. No morro ou em bairro elegante, faxineira ou modelo famosa das passarelas, as pessoas costumavam desejar fórmulas mágicas, eximindo-se de mudanças.

– Ah, ligue para a confeitaria e peça algumas tortas.

– Precisa não, dona Cláudia, tem todo o material aqui, eu faço, não custa...

Cláudia fitou a mocinha. No uniforme azul-escuro com avental branco de bordado inglês, sapatinhos brancos, ela parecia saída de uma cena de novela, onde fosse personagem principal. A menina pobre pela qual o milionário dono da mansão se apaixona... Os cabelos estavam presos, retidos por uma touca do mesmo tecido do avental. Interessante... jamais lhe vira os cabelos! Sempre estava dormindo quando Lalinha chegava... ou ausente quando ela saía.

– Algum problema, dona Cláudia?

– Não, Lalinha, não. Pode fazer as tortas se deseja. Com certeza serão muito melhores que as da confeitaria... Somente queria lhe poupar trabalho!

–Trabalho nenhum, dona Cláudia. Até gosto!

Na lanchonete, Marquinhos lutava contra a vontade de esganar o patrão. Justo naquele dia, quando conseguira chegar antes da figura, acreditando-se livre de qualquer insinuação... Triste engano! Abertas as portas, ao passar perto de Gérson, sentiu-se mal, como se uma tontura ameaçasse derrubá-lo. Imediatamente, dirigiu-se para a cozinha, procurando a garrafa de água gelada.

– Tá de ressaca, *brother*?

– Nada, cara. Senti uma tontura estranha, meu estômago está revirado...

– Vai ver tu tá grávido...

Marquinhos riu amarelo da brincadeira, tratando de arrumar os ingredientes dos sanduíches... Aos poucos o mal-estar foi passando e tudo voltou ao normal. Mas o patrão estava danado naquele dia! Implicante, procurando briga onde não havia, resmungando, batendo as coisas. Como não poderia deixar de ser, elegeu-o bode expiatório! Nada do que fazia prestava! Se não fossem as suas responsabilidades na manutenção da casa, já teria chutado o balde, todavia precisava ajudar a mãe, os irmãos, pagar as prestações da TV...

Calou-se!

– Marquinhos, não sei como você aguenta! No seu lugar, já tinha mandado um sanduíche direto na cabeça dele! Você não está fazendo nada e o sacana fica procurando encrenca, cara!

– Deixe para lá, Nelsinho. Pobre tem mais de aguentar senão as coisas ficam bem piores. Até que andei procurando um outro emprego, mas está difícil pra burro! Tem muita gente na fila de espera e pouco lugar que compense. Apesar de mal educado, grosso mesmo, o seu Gérson ainda paga bem, no dia certo, repassa as gorjetas direitinho... O jeito é relevar e seguir em frente!

– Que bicho será que morde ele de vez em quando? Aqui não falta cliente, dá um lucro legal; a gente trabalha bem, o povo elogia. Mas não tem jeito! Olhe o jeitão dele lá na porta... Parece que vai explodir!

Marquinhos olhou de relance para o patrão, assustando-se. Estava rodeado de pessoas de má cara! Provavelmente ladrões!...

– Não olhe agora, Nelsinho, mas tem uns caras estranhos ao lado do seu Gérson! Disfarce e trate de pegar aquele caneco de água fervendo ali, no canto do fogão! Tire os ovos de dentro e passe pra mim. Rápido! Se tentarem alguma coisa, jogo em cima deles e você parte pra briga. Pegue a vassoura! Vou para o balcão como quem não quer nada...

– Mas...

Nelsinho fitava o colega sem entender muito bem o que acontecia. Seguiu contrafeito as instruções, observando a estranha cena. Marquinhos acompanhava com os olhos o patrão, que se encaminhava para a bancada... Os caras avançavam...

Prevendo que o seguiriam para detrás da pedra de granito, o rapaz lançou a água fervente contra os meliantes! Ao contrário dos esperados gritos de dor, escutou escarnecedores risos, numa zoeira insuportável. E desapareceram, simplesmente desapareceram diante de seus arregalados olhos!

– Que é isso, seu Marcos?! Endoidou de vez?!

– Pensei que iam atacar o senhor, patrão!

– Pensou que... Mas não tem ninguém ali, rapaz! Olhe só a *molhaceira* que o senhor fez! Com risco de queimar um freguês, se tivesse uma viva alma nesta droga de lanchonete!

– Eles foram embora...

– Seu Nelsinho, diga para essa anta em forma de gente... Por favor! Tinha alguém ali? Tinha?

Nelsinho olhou o companheiro e teve que acenar negativamente. Não estava entendendo nada!

– Seu Marcos, o senhor deve estar usando aquelas drogas lá do morro! Só pode ser isso! Pra evitar despedi-lo, vou descontar seu dia! Todinho! Vá para casa, coloque a cabeça em ordem e volte amanhã sem falta, bonzinho! Bonzinho, está escutando?! Sem ataques de loucura, sem ver o que não existe!

Nelsinho o empurrou para fora, sussurrando:

– Vá embora, cara. Quando seu Gérson chama a gente de *senhor*, sai de baixo! Amanhã vai estar mais calmo... Deixe comigo!

Na calçada, sentiu-se perdido. Por pouco não perdera o emprego! Tremia todo só de pensar! A figura meiga de Lalinha surgiu em seus pensamentos. Há dias não via a irmã, agora às voltas com o tal visitante. Pelo menos estava recebendo uma boa grana, que dona Cláudia jamais fora sovina. Qual a aparência dessa dona Cláudia afinal? Quantos anos teria? Discretíssima, Lalinha jamais tocava nesses assuntos. A vida da patroa pertencia somente a ela. Diante de perguntas, mudava de assunto. Certa vez, constatando como tais intromissões a importunavam, indagou:

– Lalinha, as outras domésticas comentam a vida dos patrões, pois não tem como fingir que nada acontece! Já reparou que, depois de algum tempo, parece que não existimos, não temos olhos ou ouvidos? Para eles, somos como as cadeiras, a mesa, o balcão... Mas nós vemos e ouvimos muita coisa! É assim lá na lanchonete também. Sabia que a consideram uma esnobe, uma orgulhosa que não se mistura?

– Marquinhos, prefiro ignorar isso tudo. Somente sei que não é certo falar da vida dos outros, principalmente quando a pessoa confia em nós, colocando-nos dentro de sua casa. A dona Cláudia, por exemplo, é uma pessoa legal, jamais me tratou com diferença. Independente disso, que direito tenho eu de expor seus particulares aos olhos do mundo?! Não me parece justo... Depois, sabe o que eu acho? Quando cuidamos demasiado da vida alheia, estamos fugindo de nossa própria vida, de nossos problemas.

– Lalinha, tu não existe!

Uma saudade imensa da irmã tomou conta de seu peito. Lalinha certamente o escutaria sem achá-lo doido. E teria as palavras certas! E o confortaria, entendendo seus medos... Estaria maluco?! Vira os tais homens! Ameaçadores... Fizera o que considerava correto, porém ninguém os enxergara, somente ele, o doidão de pedra!

O circular levou-o até o elegante bairro. Um edifício certamente muito diferente daquele no qual estavam tentando comprar um apartamentozinho, em meio a enorme área verde, plantas por todo lado, flores... Na portaria, solicitaram-lhe a identidade.

— A Lalinha disse para você subir. Está com um bolo no forno. Pode utilizar o elevador de serviço. Siga por ali, vire à esquerda e encontrará. Ah, e não fume!

— Eu não fumo...

— Mostra que tem juízo! Não estraga o bolso...nem a saúde!

Diante da irmã, as forças abandonaram-no. Abraçado a ela, soluçava. E a história toda parecia tão inverossímil agora que a colocava em palavras!

Lalinha não sabia o que dizer. Assentou o irmão em uma das cadeiras e lhe deu um copo de água com açúcar, procurando acalmá-lo:

— Escute, Marquinhos, não sei muito bem o que ocorreu, mas temos que confiar em algo maior... em Deus! Olhe! Que tal irmos até a igreja? Podemos rezar um pouquinho... Talvez seja falta de *falar com Deus*... Você tem orado?

— Não, nem penso mais nisso. Parece que não resolve nada! Rezava, rezava, e as coisas continuavam na mesma. Pai gritando, batendo; mãe apanhando, descontando em nós... Falta de comida, de carinho... Desisti! Deus deve estar surdo, mana!

Lalinha calou, abraçando forte o irmão. Aquela não era a hora de contestar...

— Mas eu vi, eu vi! Não estou maluco! Era tão real como

você, eu... Meu Deus, se a mãe ficar sabendo, vai dizer que eram demônios! Vai ver eram, castigo por eu pensar que não existem!

– Não vamos nos precipitar, Marquinhos. Para tudo deve haver uma explicação lógica.

A entrada de Eduardo na cozinha deixou os dois irmãos acanhados...

– Seu Eduardo, este é meu irmão Marcos. Ele já estava de saída! Só veio aqui por que aconteceu uma coisa... Mas está indo embora... Vá, Marquinhos! À noite, dou uma saidinha e chego lá em casa para conversarmos...

– De jeito nenhum, Lalinha! Vá com seu irmão, pois ele parece muito nervoso, precisando de sua companhia. Explicarei a Cláudia quando ela voltar. E não se preocupe, tem muita coisa na geladeira, a gente se vira!

– Mas...

– Vá, menina, pode ir sossegada!

Mais que depressa, Marquinhos tratou de puxar a irmã pela mão:

– Vamos, Lalinha, ele disse que podemos ir!

A igreja achava-se imersa na suave luz das velas. Há quanto tempo não vinha ali! O silêncio pareceu acalmar-lhe momentaneamente os medos. Ajoelhou-se, relembrando os tempos de menino. A mãe jamais fora religiosa, talvez desesperançada pela rotina de maus tratos. O pai, este jamais pisava em uma igreja, declarando-se totalmente contrário à classe sacerdotal. E aos pastores evangélicos! E a tudo relacionado a religião! Desde criança, convivia com estranhas sensações, como se estivesse com o peito apertado, em uma agonia que raramente passava. Certa tarde, menino de oito ou nove anos, ao voltar de uma de suas incursões pelo centro da cidade, entrara pela porta, deparando-se com algumas crianças ao redor de uma senhora e um padre ao lado... Catecismo... Sentiu-se seguro ali, e havia um lanchinho, que lhe forrava a barriga quase sempre vazia. Chamada a comparecer, a mãe recusara-se, proibindo-o de voltar. Sentira-se perdido, como se lhe fosse subtraído derradeiro e seguro porto. O medo do pai, contudo, fora maior:

– Marquinhos, se teu pai subé que tu tá rodiano saia de padre, te arranca o couro...

Nunca mais retornara àquela igreja, evitando passar por ali. Ajoelhado, reviu os difíceis anos de infância, de adolescência. Pensando melhor, até que se saíra bem, pois nunca se deixara seduzir pelas promessas das drogas. E muito menos por dinheiro fácil... E não haviam faltado oportunidades! Aos vinte anos, há quase três na lanchonete de seu Gérson, nos últimos tempos se sentia deveras insatisfeito, pressagiando um futuro nada promissor. Seria tão bom se pudesse retomar os estudos! Mas como, se passara a ser o responsável maior pela casa desde que o pai *virara* a cabeça pela tal loira?! Agora, aquela novidade... estava *vendo coisas*!

– Ora, ora, quem é vivo sempre aparece! Marquinhos, meu filho!

– Padre, o senhor se lembra de mim?!

O padre Giácomo olhava para aquele jovem... Há quantos anos?... mais de dez... Por que estaria ali?... talvez tivesse se envolvido em confusão...

– Vamos, vamos, chegou bem na horinha! Estava justamente fazendo um chá. E tem pão caseiro, geleia e um requeijão que ganhei hoje cedo! E essa mocinha? Namorada? Ah! sua irmã... Parecem mesmo. Vamos, filha, vamos comer e conversar! Afinal, Jesus costumava reunir os discípulos em volta da mesa, pois naquele tempo entendiam muito bem o valor de uma refeição para repor as energias e levantar o ânimo! Hoje as pessoas não sentam mais à mesa juntas... Engolem a comida, voltadas para si mesmas somente, a cabeça cheia de preocupações... Uma correria! E tome gastrite, enxaqueca, estresse... Eu penso assim, meus filhos, mas me acham um velho desentendido das modernidades, ultrapassado, que não sabe nem *navegar pela tal Internet*! Está certo, certíssimo! Gosto mesmo é de olhar nos olhos das pessoas, de falar frente a frente, de senti-las de perto! Que tal botarmos as novidades de anos em dia, Marquinhos? Hein, garoto?!

Padre Giácomo estava muito mais *acabado*. Pudera! Já era velho naqueles idos tempos... Como se lesse seus pensamentos, o *velho* desatou a rir:

– Ah, os jovens... Para eles somos velhos, pois olham somente o corpo físico! Saiba que me sinto com a sua idade! E com saúde, a não ser um reumatismo que insiste em me pegar, mas cheio de vontade de viver, de ser útil ao Mestre e a meus semelhantes! Quando me perguntam qual a receita para tanta disposição, respondo: o Amor! Não esse *amorzinho* de vocês, esse tal de *ficar*, mas o Amor ensinado pelo Mestre! Vamos, filho pródigo, vamos, senão o chá esfria. Ou será que preferem um café?

Ao deixarem a casa paroquial, Marquinhos sentia-se bem melhor. Somente não contara ao padre a respeito de suas visões. E se ele pensasse como a mãe?! Afinal, católico também

36 | Joana

acreditava em demônio! Não se arriscou... Mas falaram de tudo, principalmente das dificuldades. Falar fazia-lhe bem, como se deitasse fora uma carga muito ruim... Difícil explicar!

– O padre Giácomo é uma excelente pessoa...

– Também acho, Lalinha, mas tenho minhas dúvidas se ele saberia o que acontece comigo. Não é de agora, entende? Sabe o Nico? Pois é... Aquele jeito horrível que ele ficou, eu vi aquilo em sonho! Dias antes! Sabe aquelas noites em frente à TV, quando eu não dormia nadinha?... Era para não arriscar a ter o mesmo sonho! Tentei falar pro danado, mas ele riu na minha cara, alardeando esperteza. E se fechou, dizendo não saber nada daquilo! Aí aconteceu...

– Marquinhos...

– Vai ver estou com o demônio no corpo, do jeito que a mãe diz...

– Pelo amor de Deus, pare de pensar bobagem! Não entendo as pessoas...dizem acreditar em Deus, mas não confiam em Sua proteção, aceitando que o mal pode mais! Vamos chamar um táxi, tome aqui o dinheiro. Deixe de orgulho, menino! Assim você chega rápido e pode ir direto para a cama, de barriga cheia de pão caseiro com requeijão!

Marquinhos desatou a rir:

– Acabei com o pão e o queijo do padre!

– Na próxima vez, ele vai pensar bem antes de convidar a gente para o lanche! Pode deixar! Vou fazer um bolo bem gostoso e levo para ele. E umas bolachinhas. Sabe, acho que padre Giácomo tem de reserva coisas gostosas porque entende as carências das pessoas... do corpo e da alma!

Novamente no apartamento de Cláudia, Lalinha sentiu-se incompetente para lidar com a situação. Ouvira falar de pessoas que podiam predizer o futuro, tinham visões, enxergavam fantasmas. Estava claro que os tais *malfeitores* da lanchonete não passavam de *almas do outro mundo*! Por que Marquinhos conseguia enxergá-las? Talvez aquilo fosse somente uma fase, poderia parar por ali mesmo, ser eventual...

Na manhã seguinte, o rapaz retornou ao serviço na lanchonete, deparando com ressabiado patrão e temeroso colega:

– Cara, tu me deu um susto danado! Jogou a água fervendo no nada! E ficou falando aquelas coisas... E tem mais, cara! Teu pai, por azar, passou por aqui e o patrão falou com ele. Contou *tudinho*, cara! Tão achando que tu num tá bom da bola! Falaram até em internação! Teu pai parece ser jogo duro, daqueles que resolvem tudo na porrada! Ih!

Marquinhos sentiu o coração gelar! Por que seu Gérson fora dar com a língua nos dentes justamente com Zé Luís?!

Enquanto lidava na chapa, resolveu rezar. Passou o dia rezando, suplicando a Jesus que impedisse o pai de aparecer no barraco.

Naquela noite, depois de meses de sumiço, Zé Luís atravessou a porta do lar humilde, tudo fitando com desagrado.

– Onde está Marquinhos?

– Na casa do Julinho. Levou o ferro elétrico pra consertá...

– Vá chamar, que tenho pressa. Ande, Cidoca!

Zé Luís era homem de pouca conversa e muita ação, como gostava de se vangloriar... Vergonha ter filho maluco!

No dia seguinte, bem que queria faltar ao serviço, mas receava perder o emprego... Aí sim as coisas ficariam pretas!

– Cara! Olhe só esse olho! Tu tá todo machucado! Melhor ir direto pro Pronto Socorro! Olhe só, seu Gérson!

– É... eu me sinto como se tivesse sido atropelado por um trem! Mas não quero Pronto Socorro não. Vou mais é trabalhar, que preciso pagar as contas!

Gérson nada disse, compreendendo que não devia ter contado ao pai do rapaz o ocorrido. Somente o fizera por acreditar que Marquinhos pudesse estar envolvido em alguma coisa mais séria, mas a ficha caíra quando Nelsinho informara que Zé Luís vendia droga nas esquinas para a moçada, sendo um tremendo mau caráter. O rapaz elogiara também o companheiro de trabalho, enaltecendo-lhe o senso de responsabilidade, revelando que todo o seu pagamento ia direto para o sustento da família, que o pai abandonara há muito. Acontecera realmente uma coisa muito estranha, mas nada tinha a ver com uso de droga.

Quando Marquinhos se dirigiu ao depósito nos fundos, Nelsinho aproveitou para baixinho comentar:

– Viu, seu Gérson? Aposto que o Zé Luís bateu nele!

– Meu Deus, não tive a intenção!

– De boas intenções o inferno tá cheinho, cheinho, patrão...

Colocando as latas de cerveja para gelar, Marcos pensava em tudo o que ocorrera e não se conformava. Ainda bem que Lalinha não o acompanhara até o barraco, senão sobraria para ela também, pois o pai aproveitara para demonstrar franco desagrado pelo fato de a moça estar dormindo na casa da patroa:

– Essa menina vai aparecê de barriga, Cidoca, e tu vai sê a culpada, que não olha direito as suas filhas. Se isso acontecê...

Melhor prevenir Lalinha!

O porteiro olhou com suspeita para seu arrebentado rosto...

– Sou irmão da Lalinha, a empregada de dona Cláudia. Assalto...

– Ah! Nossa! Feio, né?! Agora lembrei, já esteve aqui... Os interfones estão com problema... e o elevador de serviço também! O técnico vem amanhã... Pode subir, use o dos moradores!

O espelho interno devolveu-lhe a imagem do rosto inchado, a boca rasgada pelos murros, o olho direito roxo, começando a escurecer...

Bateu discretamente na porta da cozinha. Nada... Depois de algumas tentativas, tentou a porta da sala. Quase desistindo, já se preparando para volver ao elevador, escutou a porta sendo aberta, deparando com uma moça alta, de imensos olhos azuis, cabelos muito louros presos em longo rabo de cavalo. Uma beleza de tirar o fôlego!

– O porteiro acabou de ligar no celular da Lalinha, dizendo que o irmão dela ia subir... Ela saiu um pouquinho e, como sempre, esqueceu o aparelho na cozinha. Foi até a esquina, buscar pão para o lanche da noite. O que aconteceu com seu rosto?!

Marcos ficou ali, parado diante daquela moça tão linda e gentil... Devia ser a famosa Cláudia!

– Volto depois!

– Nem pensar! Entre, vamos, Lalinha logo vem. Vamos, eu não mordo!

Marquinhos sentiu vontade de rir, pensando:

– Pode morder, morda, que não me importo nem um pouquinho, moça!

Morrendo de vergonha pelo devastado aspecto, acomodou-se na beiradinha do sofá. Cláudia foi até a cozinha, retornando com delicada xícara de café recém-coado:

– Nada melhor do que um cafezinho para rebater essa coisa... Lalinha acabou de passar. Foi assalto?

Adiantaria mentir? Acabaria mesmo sabendo por Lalinha. Contou, procurando minimizar a importância do ocorrido.

– Deus!

– Desculpe, dona Cláudia, vir trazer problema para dentro da casa da senhora! Mas é que o pai está de marcação com minha irmã por causa de dormir fora de casa. Coisa dele mesmo, sem motivo algum, pois Lalinha sempre foi muito direita. Certinha. Falou até em barriga, imagine!

– Por ela estar dormindo no emprego?! Não tem nada a ver! Mas, se der confusão, voltamos ao que era antes e tudo bem. Adoro a Lalinha e não quero que nada de mal lhe aconteça por minha causa. Está chegando... Lalinha!

A jovem mal podia acreditar! Pobre Marquinhos... Tristeza e indignação marcaram a conversa não presenciada por Cláudia, que discretamente se retirara para o quarto.

– Não apareça lá em casa, mana, porque o pai está querendo pegar você de jeito! Sabe como ele é... Todo torto e acha que os outros vão fazer o mesmo! Fique aqui, que venho vê-la e trago as novidades. Se a dona Cláudia não se importar... Daqui a uns tempos, ele esquece e tudo entra nos eixos de novo, a gente conhece a peça!

– Espere aí, vou falar com a dona Cláudia e acertamos...

Instantes depois, voltavam as duas:

– Marcos, pode vir aqui quando quiser! Vou avisar o porteiro... E a Lalinha fica! Ah, Lalinha, trate de pôr a mesa do lanche, Eduardo ligou que está chegando daqui a uns quarenta e cinco minutos. Antes, tratem de lanchar também! Faça uma sopinha de pão com leite para seu irmão, esses cortes e o inchaço não devem deixar o coitadinho comer!

Marcos empenhou-se em impedir que as lágrimas descessem. Desde a véspera, não conseguia mastigar nada, pois doía demasiado. E ninguém se preocupara com ele! Sopinha de pão com leite... Naquele momento, sentiu-se invadido por ondas de ternura, banindo para bem longe a violência, deixando somente paz. Como um *flash*, cenas desfilaram diante de seus olhos, rápidas, fugazes. Ele e Cláudia... em um passado distante, a julgar pelas roupas. Atordoado, agarrou-se à borda do sofá, procurando recompor-se. Só faltava desmaiar na frente da moça!

A voz da irmã remeteu-o à realidade:

– Venha, vamos até a cozinha, Marquinhos. Faço o que dona Cláudia mandou e, enquanto tenta comer devagarzinho, coloco o lanche na mesa da sala.

Naquela noite, ao deixar o luxuoso apartamento, levava no bolso o salário mensal de Lalinha. Nada restara à moça, mas ela bem compreendia as dificuldades da família. E não se eximiria de colaborar por conta da brutalidade e descaso paternos!

— Diga pra mãe que, se precisar de alguma coisa, é só ligar no meu celular. E tome um táxi, que é perigoso andar machucado assim por aí...

Durante o trajeto, surdo à conversa sem fim do condutor a respeito dos perigos de assalto no Rio, pensava em Lalinha e, quanto mais pensava, menos entendia a vida... Ou Deus! Uns com amor, posses, estudos, tranquilidade... Outros, no entanto, na situação deles, em meio à pancadaria, aflitos, tendo que batalhar como loucos para sobreviver!

Aflitíssima, Cidoca aguardava-o:

— Zé Luís veio e quis sabê onde tu tava... Foi embora furioso!

— Fui ver a Lalinha e avisar a coitada! E a senhora, mãe, deveria se preocupar mais com a gente, seus filhos, do que com a fúria do pai! Deveria é se livrar dele, para que tivéssemos sossego!

— Menino desbocado! Teu pai tem é razão, os filhos qué mandá na própria vida, esquece que ele é o chefe da família!

O rapaz nem podia acreditar! Quis calar, deixar para lá, mas a língua não coube na boca.

— Chefe... Aposto que andou dando uma de marido amoroso, por isso a senhora está de novo do lado dele! Deve ter deixado também o dinheiro da feira, do mercado, da farmácia, que este mês está bufando por conta da crise de bronquite dos pequenos! Deixou, mãe, deixou?!

— Menino marcriado! Tu tem que entendê uma coisa:

quando a gente casa, é pra toda a vida, toda a vida, entendeu? Teu pai tem passado por uns revestreis, mas uma hora acerta. E eu gosto dele, não consigo vivê sem ele... E num vô dá o gosto daquela zinha roubá meu hóme, num vô! Ah... Lalinha mandô dinhero?

– Por quê? O pai não vai sustentar a casa? Não é o tal, o chefe?! Então...

Calou a respeito do salário da irmã, escondendo-o cuidadosamente sob o colchão. Devolveria a Lalinha! Tinha plena certeza de que a mãe repassaria a maior parte para o marido! Ou tudo! Quem sabe, passando apuro, a ficha finalmente caísse e a pobre o enxergasse como um grande manipulador. Que tipo de amor seria aquele, que transformava uma criatura em escrava, destituída de razão, submissa, cega? O pai que se virasse!

Os dias foram passando, pouco a pouco o rosto voltava ao normal. Retornou ao apartamento algumas vezes, com Cláudia sempre ausente, em serviço. Na primeira delas, levou o dinheiro da irmã, relatando o ocorrido, surpreendendo-se com a resposta da jovem:

– Marquinhos, Marquinhos... Leve de volta e entregue à mãe. Aposto que o pai compareceu com nada. Estou falando mentira?

– Não. E o dono do mercadinho foi lá em casa cobrar... E o moço da farmácia... Faz dias que não tem pó de café, feijão. Quero ver se ela se manca, Lalinha! Fica passando a mão na cabeça daquele malandro! Sempre do lado dele, contra nós... Nós! Os filhos dela!

Pensativa, Lalinha estacou ao lado do fogão:

– Pois é, Marquinhos. Não entendo também! Se a mãe quisesse, há muito estaria livre do pai. Afinal, quem praticamente sustenta a casa somos nós dois! Mas ela continua batalhando por ele, dando razão, protegendo. Deve ter alguma coisa nisso tudo que ignoramos. Sabe, eu sinto um desejo imenso de aprender sobre essas coisas da alma. Seu Eduardo tem uns livros no escritório... Trouxe com ele. Andei dando uma olhada nos nomes e me pareceram interessantes. Fico com vontade de perguntar, mas bate uma vergonha... Tenho cá comigo que, se conhecermos um pouquinho a respeito de nós mesmos, a vida poderá ser muito melhor! Sinto como se estivesse presa, prestes a levantar voo, mas sem conseguir sair do chão! Dá uma angústia danada!

– Gozado, às vezes sinto a mesma coisa!... Fico sentado à noite, fitando as estrelas, pensando que somos um grãozinho de areia nessa imensidão toda! E que tem tanta coisa desconhecida! Dá uma saudade estranha de um tempo que se foi...

– Nossa! Vamos mudar o rumo desta conversa, que isto está parecendo papo de intelectual, como diz o seu Eduardo! Ou de louco! E trate de entregar este dinheiro à mãe! Ela é do jeitinho dela e não adianta querer forçar a barra, quem vai sofrer são as crianças! Você come na lanchonete e eu, aqui. E eles?! Vai ficar muito mais fácil os malandros puxarem os coitados para uma vida de crimes, não é? Quantos, pela falta de alimento em casa, não passam a vender droga para o bandido?!

– Vou entregar, Lalinha, mas bem sei o destino... Nem bem com a grana nas mãos, liga para o danado e lá se vai o suado dinheirinho...

– Que se pode fazer, meu irmão?... Olhe, na dúvida, pegue uma parte e faça uma compra legal, de tudo o que é básico: arroz, feijão, açúcar, óleo, sal, leite de caixinha, bolacha para as crianças, gás...

– Pelo amor de Deus, Lalinha! Acha que vou lembrar de tudo isso?! Faça uma lista!

– Vou fazer, Marquinhos. Ô preguiça de pensar, menino! Ah! Poderíamos pagar a farmácia, o mercado atrasado... E dar o restante a ela!

– Só se a gente acertar aos poucos, pois a dívida está *no espaço sideral*...

– Vamos fazer assim: você vai lá e negocia com o seu Geraldo da venda e o Nestor da farmácia... Se não fizermos deste jeito, logo a corda arrebenta e não teremos dinheiro para tanta conta! Daqui a uns dias a dona Cláudia vai me pagar as horas extras e coloco tudo para acertar as dívidas, até vai sobrar um dinheirinho para a mãe. Assim evitamos brigas, pois ela é jogo duro...

– Lalinha, você não existe!

– Ah! Até parece! Agora vá, que preciso fazer o almoço.

– E eu, voltar para a lanchonete! Ah! e a dona Cláudia?...

– Marquinhos, Marquinhos! A dona Cláudia não é para o seu bico! Já olhou bem para ela? Às vezes, até eu perco o fôlego diante de tanta beleza! Quando ela sai para alguma festa, com aqueles vestidos maravilhosos, fico a imaginar como os homens devem enlouquecer! Linda, rica, estudada...

– Tudo o que não sou, não é? Mas a gente não manda no coração, sabichona! Quero ver o dia em que você se apaixonar!

Lalinha calou imediatamente, a imagem de Eduardo em sua cabeça...

Cidoca ficou muito brava com a estratégia de seus filhos maiores, pois contava com o dinheiro para reconquistar o marido, livrando-o das garras da tal loira. Gritou, esbravejou, sapateou, mas o rapaz permaneceu irredutível.

– Vô ligá pra ingrata da Lalinha, fique sabendo! A gente põe filho no mundo e ganha isso! Traição!

Lalinha escutou tudo com o coração em pedaços. Detestava ver a mãe sofrer! A pobre já enfrentara tanta coisa nas mãos de Zé Luís...como na vez daquela surra tão grande que ficara internada por quase um mês, mentindo para os médicos e até para a assistente social, dizendo que uma carroça a atropelara.

– Mãe, diga ao Marquinhos para passar aqui. Vou pedir um adiantamento à dona Cláudia e lhe mando. Gaste com a senhora e com as crianças...

– Tô é magoada, será que não tenho competença pra pagá as conta eu mesma?! Pode mandá o dinheiro todo pra minha mão!

– Vamos fazer assim, mãe: continuamos a fazer as compras, a acertar os atrasados, e a senhora recebe uma parte para gastar no que quiser...

– Miséria! Pode ficá com seu dinheiro amardiçoado, filha ingrata! Quero caí seca se botá minhas mão nele!

Lalinha ficou olhando o telefone. Cidoca desligara... Ao se inteirar do ocorrido, o irmão tratou de lhe acalmar os remorsos:

– Ela pega, Lalinha, pega... O pai esteve lá ontem, justo

na hora do meu trabalho... Ponho minha mão no fogo, foi buscar dinheiro. Onde já se viu?! Mande nada não...

Lalinha mandou. Sabia da violência paterna, da submissão da mãe...

O calor inundava a rua, o asfalto derretia sob os ardentes raios de sol. Joana suspirou desanimada, a sandália escolhera justo aquela hora para arrebentar! Também, há quanto tempo vinha implorando por outra! A revolta inundou seu adolescente coraçãozinho, pois bem vira o pai sair satisfeitíssimo, assobiando, com o dinheiro de Lalinha no bolso! Ah, se a irmã estivesse em casa, pediria a ela! Lalinha sempre dava um jeito! Quem sabe viria no domingo... mas domingo estava tão longe, e o danado do homem da venda se recusaria a vender fiado... O asfalto queimava-lhe as solas dos pés!

– E daí? A sandália arrebentou?

Olhou o rapaz encostado ao muro. Um gato... Infelizmente, gatos costumam ser vira-latas! E aquele tinha tudo para ser um deles, daqueles que andam atrás de todas as meninas.

– É...

– Você não vai chegar a lugar algum assim... o piche do asfalto chega a escorrer!... Vamos fazer uma coisa: diga o número de seu pé e busco outra. Tem algum supermercado por aqui? Com a moto é rapidinho. Se quiser, também pode vir junto, na garupa...

– Não precisa não...

– Para que tanto orgulho? Não vou pedir nada em troca... Já ouviu falar em ajudar o semelhante?

– Trinta e cinco...

Minutos depois, com a sandália nova nos pés, admirando-a, igualzinha à da propaganda na TV colorida do Marquinhos, Joana agradeceu timidamente, tratando de depressa recusar a nova oferta de carona.

– Tudo bem... Olhe, não comprei na venda porque só tinha artigo de terceira, que não combinava com você. Dei um pulinho na sapataria da avenida e escolhi essa. Gostou da cor?

– Adorei!

Ainda olhou para trás... Continuava ao lado da reluzente moto, observando-a, o cabelo escuro e liso caindo sobre a bronzeada testa. Verdadeiro artista de cinema...

Em casa, tratou de esconder o presente debaixo da cama, calçando surrado chinelo de pano. Desfizera-se do calçado velho na subida, arremessando-o ao monturo que os moradores insistiam em alimentar, apesar dos constantes alertas sobre enchentes e desmoronamentos. Dali a alguns dias, quando a cara sandália não estivesse com aspecto tão novo, talvez a mãe não reparasse, e sempre poderia dizer que ganhara de uma colega da escola... Naquela noite, sonhou com o desconhecido e ele parecia um príncipe encantado. Em vez de um cavalo branco, vinha em sua reluzente moto negra! Jamais sentira aquilo antes, como se um fogo interior a consumisse, deixando-a sem fôlego.

– Joana, que tanto se arruma, menina?! Vai pra escola ou pro baile?

– Tô indo, mãe! Tô indo!

O rapaz não apareceu naquele dia... Nem nos seguintes... Decepcionada, começava a acreditar que ele fizera somente um favor a uma pobre coitada, que sequer tinha dinheiro para uma sandália. Impossível não notar sua pobreza! Sentiu-se humilhada. Guardou segredo do acontecido, mesmo quando as colegas a importunaram:

– Aí, Joana, de sandália nova! E cara! Tá ficando rica e não conta?!

Os dias foram passando e nada... até aquela tarde. Regressando da escola, deparou com o moço no mesmo lugar. Tão bonito, com cheiro de perfume caro, uma sacola enorme de loja de shopping na mão...

– Joana, Joana... E daí, tudo legal?

Sabia seu nome! Como descobrira? Diante de seu silêncio, riu, exibindo dentes perfeitos. Por instantes, um pensamento repleto de desconfiança passou pela cabeça da menina: o moço não era daquelas bandas, que viria fazer sempre ali? E, afinal, quem lhe dissera seu nome?!

Como se lhe adivinhasse os receios, ele ajuntou imediatamente:

– Sua colega, uma tal de Carla... Há tempos estou aqui, parado, esperando... Ela passou, puxou conversa, então aproveitei para investigar. Desde aquele dia da sandália, você não me sai da cabeça. Daí, como amanhã é sábado, pensei que poderíamos nos encontrar, comer alguma coisa, trocar ideias...

Justo a linguaruda da Carla! Àquela hora, metade das meninas da sala de aula estariam sabendo! Ou a sala inteira! Como sempre, matando aula a danada... com certeza se insinuara... Que raiva!

– Pensei em algo tipo um barzinho legal, com música ao vivo, na beira da praia. Ou um cinema... Você escolhe!

Tanta vontade de aceitar! Mas, sem nada bonito para vestir, ...

– Olhe, passei no shopping para comprar umas camisetas e vi umas coisas lindas, a sua cara. Não resisti. Acho que vão servir...

E estendia a sacola, leve e sedutor sorriso pairando em seu rosto.

Joana não sabia o que dizer.

– Abra! Vamos ver se faz o seu estilo...

Por pouco Joana não caiu na risada. E ela tinha chance de ter estilo? Vestia o que davam, o que a mãe comprava, nem sempre de seu gosto... Mas aquelas roupas... Uau! Jamais tivera uma roupa de marca! A calça e a blusinha deixaram-na sem ar. E havia um par de sapatilhas, brincos, pulseiras, tudo combinando. Um incrível estojo de maquiagem! E perfume importado! Antes que dissesse alguma coisa, ele se adiantou:

– A gente se encontra aqui, amanhã à noite, às onze e meia, tá?

O barulho da moto se perdeu na esquina e ela ficou ali, sacola no chão, roupas nas mãos, coração aos saltos. Para ele, tudo parecia tão fácil! Mas... como sairia de casa toda produzida, àquela hora?

– Darei um jeito!

Tudo parecia conspirar a seu favor. Marquinhos estava na lanchonete, os irmãos menores dormiam... Verinha, presa a um filme na TV, hipnotizada... E a mãe, essa adormecera no sofá, talvez sonhando com o marido ausente. De Fernando ninguém sabia.

O curto trajeto diariamente percorrido agora se estendia infindável. Ainda era cedo, mas ele lá estava, aguardando-a!

– Joana... Meu Deus! Você está linda!

Realmente! Nem parecia aquela mocinha simples, de roupas fora de moda, herdadas de terceiros ou adquiridas no bazar da igreja que sua mãe frequentava.

Percebendo-lhe o nervosismo, Nícolas, assim ele finalmente se apresentou, escolheu um lugarzinho calmo, um barzinho na beira da praia, onde ficaram conversando, falando de suas vidas. E se deliciando com iguarias jamais provadas! Depois a conduzira de volta, deixando-a bem perto de casa, despedindo-se com um suave beijo nos lábios, mais uma carícia, partindo sem marcar outro encontro, a moto simplesmente desaparecendo na esquina.

A mocinha ficou ali parada, as lágrimas descendo por seu rosto, desesperada:

– Meu Deus do céu, ele não gostou de mim! Nem falou em me ver de novo! Será que fiz alguma coisa errada? Também, nunca fui a um barzinho daqueles... Vai ver exagerei no camarão, ou na tal da lagosta, com aquele molho branquinho e temperado... Até que tentei comer pouco, mas estava tão bom, meu Deus!

– Joana, a santinha... Quem diria?! E vestida como uma *top model*!

– Carla...

Cirinéia Iolanda Maffei/Lucien | 53

– Pois é... eu mesma, ou acha que não andei sondando?! Maria sonsa! Vamos lá, o que está rolando entre você e aquele gatão? Foram ao motel, foram? Ele deu dinheiro a você?

Joana praticamente engasgou com o desaforo! Perdeu a voz, assustada com a intensidade da inveja nos olhos da colega. Melhor mesmo silenciar e correr para casa, antes que alguém mais surgisse ou a outra se engalfinhasse com ela, o que demoraria pouco, a julgar pela raiva na voz, nos gestos, no olhar...

– Pode fugir, covarde! Não vou deixar isso assim não, ninguém me despreza, ainda mais por uma coisinha à-toa, que mora em um barraco caindo aos pedaços!

Subindo célere os degraus do morro, quase sem fôlego, mal acreditando que a colega de escola se achava muito melhor que ela por morar a poucas quadras dali, em decadente casa de aluguel, refutava mentalmente os insultos, acabando por concluir baixinho:

– Nem pense, Carla, que vou afinar e desistir do Nícolas!

Felizmente, Verinha e a mãe dormiam no sofá. Esgueirou-se para detrás da cortina, praticamente arrancando as roupas, ligeira escondendo tudo debaixo do colchão, vestindo sua camisolinha desbotada; em seguida esfregou o rosto com o leite de rosas, que cuidara de deixar sob o travesseiro, retirando a maquiagem. Suspirou aliviada: tudo dera certo! Algum tempo depois, Marquinhos entrava:

– De novo dormindo em frente à TV ligada, gente?! Desse jeito, logo precisarei comprar outra! Por que não vão para a cama?!

Verinha levantou-se, irritada resmungando:

— Até parece que é de ouro! Aposto que vai ficar a noite toda, assistindo a tudo que é filme...

— E daí, Verinha, trabalhei até agora e tenho direito, não é? Esqueceu que pago as prestações?!

— Não vou dizer o que você deve fazer com essa TV porque a mãe não deixa, mas...

— Verinha!

— Ah, mãe! Ele tá provocando!

Marquinhos ficou olhando a saída das duas, a mãe em direção ao leito conjugal e a irmã, à cama compartilhada com Joana, que deveria estar há muito dormindo. Verdadeira joia a Joana, jamais dava trabalho, esforçada na escola, nos afazeres da casa, trabalhando de babá de vez em quando, ajudando a mãe na *passação* de roupa para fora, nas faxinas.

— Agora, dona TV, somos nós e a madrugada! Serviço... só amanhã à tarde!

Na cama, Joana virou-se com cuidado para não despertar a irmã que já embarcara no sono, pensando sem parar em Nícolas e na despedida, na abusada Carla, raivosa porque o rapaz não a escolhera!

— Tem gente que não sabe perder!

Mas será que ganhara realmente? O rapaz partira sem marcar outro encontro... Tanta briga inútil, pois provavelmente não mais o veria! E o sono que não vinha! Escutava o barulho da TV, bem baixinho, para não incomodar. Marquinhos era um irmão de ouro! Uma angústia apertava seu peito... E nada de sono! Resolveu levantar e ir para a frente da televisão. Talvez dormisse, embalada pelos anúncios.

– Acordei você, Joana?

– Não, Marquinhos, perdi o sono...

– Assista ao filme, começou agorinha. Venha, deite aqui no meu colo. Meu Deus, Joana, por que está chorando?! Aconteceu alguma coisa? Foi o pai?...

– Não, não é nada... Logo passa!

– Se não quer contar, não conte, mas saiba que sou o irmão mais velho e tenho a obrigação de cuidar de vocês todos! Daí, se precisar desabafar, nada de mais nisso... Eu, por exemplo, quando estou com problemas, procuro a Lalinha e me abro. Parece que falar já me alivia, entende?

– Não é nada não... Quero ficar aqui, pertinho de você... só isso... como quando era pequena e você esquentava leite pra mim. E me punha no colo, contando histórias...

– Isso faz tempo, hein?! Começou a propaganda! Se tiver leite na geladeira, esquento... mas as histórias, nem pensar! Trate de ver o filme! É aquele da Júlia Roberts e do Hugh Grant... Já viu? Eu também, mas vejo de novo! Se aconteceu um amor entre duas pessoas tão desiguais, pode pintar o mesmo com gente como nós, uns duros!

O rapaz pensava na bela Cláudia, com seus longos cabelos loiros e imensos olhos azuis. Tão gentil, educada... como a Júlia! Muito mais bonita, porém! E Joana, em Nícolas, com seus olhos negros de longos cílios, escuros cabelos, cativante sorriso...

– Também acho, Marquinhos! Você é demais, demais!

– Nossa, só por causa de um leitinho quente? Olhe, trouxe

umas bolachas também, que escaparam da gula dos meninos por verdadeiro milagre!

Joana acordou em sua cama. Marquinhos salvara a noite. Certamente o irmão a carregara para o leito... A vida era tão boa! E Nícolas... Nícolas era demais!

Na segunda, ele a aguardava. E na terça, na quarta, na semana toda! Sempre lhe trazia algo: bombons, perfume, uma camiseta... Até roupa íntima... Estranhou, mas ele ajuntou rapidinho:

– Minha irmã escolheu.

Irmã! Falara a seu respeito com a irmã?!

– Como ela se chama?

– Selena! Vai conhecê-la em breve.

Embora esperasse ansiosamente o encontro do sábado, decepcionou-se quando Nícolas alegou urgentes negócios:

– Trabalho com meu pai, linda! Às vezes ele viaja nos fins de semana e preciso ir junto. Representações, clientes importantes... Não posso deixá-lo na mão. Vou hoje à noite e retorno na terça.

– Ah...

– Não acredita? Olhe, que tal se passarmos o sábado e o domingo seguintes em nossa casa de Angra? Nós, minha irmã, alguns amigos...

Joana quase perdeu a voz. Era sério o relacionamento então! A desconfiança se foi...

– Minha mãe não deixaria. Ela nem sabe da gente!

– Se desejar, posso falar com ela, mas acho cedo... Se é como conta, vai impedir nosso namoro, dirá que é muito jovem... Mas olhe para você! Parece ter uns dezoito. Mas mãe é mãe! Talvez seja melhor esperar um pouco. Quando faz quinze?

– Bom, nem fiz catorze ainda, só daqui a cinco meses, no final do ano... Não fique bravo, não quis dizer por medo que não quisesse nada comigo, achando-me criança!

O sorriso de Nícolas afastou seus receios. Não se importava com a idade! Prometeu pensar na tal viagem, tentando achar uma maneira de se ausentar por dois dias sem levantar suspeitas. Na sexta seguinte, o rapaz lhe trouxe, em uma linda sacola de praia, todo o necessário, desde colorido biquíni até toalha, saída, sandália, protetor solar... Precisava ir! Arrumaria um jeito!

A oportunidade caiu do céu! Uma oferta para fazer companhia a Cássia Maria, adolescente filha de uma das clientes de *lavação* de roupa, que breve mudaria para São Paulo. No apartamento, enquanto a mãe combinava tudo, estranhou a irritação da jovem. Sentada na cama do quarto todo decorado em tons de lilás, bem claro deixou não aceitar sua presença, pois não precisava de ninguém para vigiá-la. Entenderam-se, contudo, tão depressa que Joana nem acreditava! Resumindo, ela iria para lá na sexta à noite e ficaria até a segunda à tarde. E poderia cuidar de sua vida, enquanto a garota trataria da dela, com seus amigos e o namorado, integrante de uma banda. Guardariam segredo, a mãe de Joana receberia o pagamento, e tudo estaria bem para as duas!

Assim, naquele sábado de sol, Nícolas apanhou Joana bem cedinho, a alguns metros do luxuoso prédio de apartamentos. De Cássia... nem sinal desde a véspera!

Um helicóptero aguardava-os! A mocinha julgou estar sonhando, sentindo-se como na novela das oito! Selena tratou-a muito bem e os amigos... bem, quanto a esses, eram dois senhores! Esperava jovens como Nícolas e Selena, mas guardou para si a impressão, pois somente o namorado lhe importava. Abaixo, o mar reluzia, ondulante tapete de ondas. Acima, o céu de anil, sem uma nuvem sequer. Certamente o nome daquilo tudo só poderia ser felicidade!

Finalmente chegaram! A casa, incrustada em meio à luxuriante vegetação, com seus jardins bem cuidados e afastada da possível curiosidade de vizinhos, excedia em muito o que imaginara. No píer, um pequeno iate, de graciosas linhas. Os quartos luxuosamente mobiliados, amplos e arejados, com sacadas voltadas para o mar ou para o verde da mata, encantaram-na. Cada um ocupou um dos aposentos e, contando, constatou restarem ainda uns três ou quatro desocupados. Sentiu-se tranquila, pois, se receara algum atrevimento por parte do namorado, com certeza se enganara. Uma coisa que Cidoca lhe ensinara desde pequenina, à custa de mil recomendações e ameaças, era preservar sua virgindade, citando casos e mais casos de meninas que a perdiam, engravidando e *jogando a vida no lixo*, como ela enfaticamente costumava dizer.

Enquanto dispunha as roupas nas gavetas e cabides, Joana examinava o quarto, extasiada com tamanho luxo. Nem nas novelas! O barulho de um carro chegando atraiu sua atenção e ela espiou pela sacada: três jovens desciam, e o motorista do táxi carregava a bagagem porta adentro. Todas muito belas, bem vestidas, maquiadas com perfeição. Olhou-se no espelho, desagradada de sua aparência quase infantil, exclamando:

– Um dia serei do jeitinho delas!

– Posso entrar?

Selena ali estava, um belo sorriso no perfeito rosto.

– Vamos descer? O almoço será servido daqui a meia hora. Teremos tempo para uns drinques em companhia dos demais convidados. O que vai vestir?

– Preciso me trocar? Não está bom assim?

– Que tal colocar aquele vestidinho rosa que Nícolas lhe deu?

– Mas é tão simplinho... apesar de ser lindo! Fico parecendo uma menina com ele!

Selena desatou a rir:

– Joana, quando tiver a minha idade, vai se esforçar muito para parecer uma menina! E olhe que nem cheguei aos vinte e cinco! Vamos, escute meu conselho. E nada de maquiagem pesada... Venha, sente-se aqui, eu lhe mostro!

Minutos depois, Joana contemplava-se no espelho, ainda pouco convencida com sua aparência. Nada de base, somente translúcido pó facial... ligeiro toque de *blush* rosado... suave brilho rosa nos lábios cheios e bem delineados...

– Você tem uma pele maravilhosa! Esse tom moreno é o máximo, sabia? E esses cabelos então?! Brilhantes, negros, pesados, longos, sem um quebradinho sequer... De quem herdou os olhos verdes? De sua mãe? Não, de seu pai... Legal! Cadê o vestido? Coloque!

A mocinha sentiu-se deslocada ao lado das visitantes... Todas tão cheias de si, tão belas, com aquelas roupas sofisticadas! E ela ali, no vestidinho de colegial, batonzinho rosa...

O olhar encantado de Nícolas acalmou-a. Um dos tais senhores examinou-a da cabeça aos pés, exclamando:

— Belíssima, um botão de agreste rosa, caro Nícolas!

Em vão rebuscava em seu restrito vocabulário o significado de agreste... Devia ser elogio, a julgar pela satisfação de seu namorado.

— Vamos, vamos almoçar! Depois, que tal um passeio de iate? Podemos escolher uma praia bonita, nadar, tomar um solzinho...

— Tudo bem, Selena!

O sol se punha, Joana olhava o rastro de luz... Embora o dia tivesse tudo para ser perfeito, algo a incomodava: a atitude de Nícolas! Os senhores desceram com as moças e, do convés, escutava-lhes os risos. Deveriam estar se divertindo! Mais que depressa, o rapaz propusera um passeio pelas areias... Seu coraçãozinho disparara, antecipando beijos e abraços, mas ele se resumira a segurar-lhe a mão, com ela brincando na morna água como se irmãos fossem! Nenhum beijo mais ousado, nenhuma palavra apaixonada! Embora decepcionada, confortou-se, pensando que a respeitava, tendo sinceras intenções! Mas precisava exagerar em santidade?! Lembrou-se de habituais palavras da mãe, rindo interiormente:

— Hoje em dia, as moça não se dão ao respeito! Moço direito não tem veiz! Gosta mesmo é dos malandro!

Pois é, ali estava ela, naquela praia maravilhosa, contestando a maneira certinha de se comportar do namorado... Vai ver dona Cidoca tinha razão!

Novamente na casa, após saborosa ceia, sentaram-se

todos nas cadeiras à beira da piscina, bebendo e conversando, ela e as moças mais afastadas. Os tais amigos falavam em língua estrangeira, recebendo respostas no mesmo idioma. Selena intervinha, decisiva pontuando suas opiniões; Nícolas meneava a cabeça, contrapropondo... Novas discussões e, finalmente, voltaram a falar em língua de gente.

– Vamos dormir! Amanhã será um lindo dia de sol!

Uma das jovens sugeriu:

– Selena, sabe aquela praia onde fomos hoje? Não tinha viv'alma! Poderíamos voltar lá para tomar sol sem roupa! Bem que preciso de um bronzeado por igual, sem essas marcas de biquíni!

– Voltamos então!

Joana ficou vermelhíssima! Nícolas salvou a situação:

– Ficaremos aqui, não é, Joana? Quero lhe mostrar os arredores! Agora, hora de dormir, gente!

Sozinha em seu quarto, por precaução fechou as portas de acesso à sacada e a de entrada. Afinal, não conhecia direito os dois homens... Tão estranhos, pareciam querer comê-la com os olhos. Credo! Exausta, adormeceu imediatamente, ainda pensando no passeio prometido pelo namorado.

O sequestro.

Acordou, sentindo-se meio perdida, desconhecendo onde se encontrava. Em um dos quartos vizinhos, discutiam baixinho e, apesar de quase inaudível, seu sensível ouvido conseguiu captar alguma coisa. Esquisito, eram as vozes de Selena e Nícolas:

– Escute bem! Amanhã não irei com os outros, fico aqui! Não vou deixar você sozinho com essa ninfeta de morro, entendeu? Não confio! Ela tem que ir intacta!

– Como não confia?... Acha que sou irresponsável?!

– Seguro morreu de velho, meu bem, e ainda assim morreu, sabia?! Nem adianta vir para o meu lado com essa cara de anjinho! Estou de olho em você! Não quero conversa! Não sou boba, muito menos cega!

Embora percebesse que a conversa entre os dois ainda prosseguia, não pôde entender mais nada. Seus olhos pesavam de sono e adormeceu, despertando com o sol e delicada batida na porta. Correu para destrancá-la, dando passagem a uma senhora com o desjejum. Café na cama, e quanta coisa!

– Bom dia! Dona Selena ordenou-me servir o desjejum para a senhorita no quarto. Diz que deve estar cansada de ontem. Coloquei um pouco de tudo... Se desejar algo diferente, basta tocar a campainha ao lado do abajur e venho logo. Bom apetite!

A mulher saiu toda empertigada, deixando Joana de boca aberta. Senhorita? Ela? Só rindo!

Comeu com vontade, bebendo todo o suco de laranja, não antes de adicionar generosa quantidade de açúcar, por conta de ligeiro travo, provavelmente devido a alguma fruta menos madura. Uma delícia, geladinho! Meia hora depois, dormia profundamente, praticamente desmaiada. Então, Selena e o piloto do helicóptero transportaram-na para a aeronave, já ocupada pelos dois homens. Quando Nícolas despertou, haviam partido, restando-lhe um envelope com substancial quantia em euros. Sua parte no preço de Joana! E uma Selena triunfante, com ares de gato que devorou o rato, pois havia antecipado a partida da jovenzinha. O rapaz calou; conhecia o gênio da companheira de transações e cama: ciumentíssima!

Enquanto tudo aquilo acontecia em Angra, Cidoca estava às voltas com o marido, tentando explicar-lhe a estratégia de Lalinha e Marcos.

– Burra, tu é uma burra, mulher! Deixa seus filhos fazê o que quisé! Pois trata de dar um jeito de voltá a pegá o dinheiro nas mãos, senão a coisa vai ficá feia pra tu! E depressa, que tenho precisão!

Cidoca não se conformava. Tudo por culpa dos filhos aquela briga toda com Zé Luís! Ainda bem que receberia o dinheiro do trabalho de Joana no fim de semana, e a dona Arlete fora generosa, por conta do mau gênio da mimada filha! Diante do tanque lotado de fina roupa branca, concluía para si mesma:

– Amanhã de tardinha, vô na casa da dona Arlete, entrego a roupa dela, pego a Joana e o dinhero... O Zé pode ficá tranquilo, se precisa, precisa! Logo vai percebê que mulher como eu não arranja em lugar nenhum! E vai dá um pontapé no trasero da loira!

— Cadê a Joana, mãe?

— Tá trabalhando na casa da dona Arlete! Pode ficá sussegado, amanhã busco!

Marquinhos sentiu estranha tontura, uma falta de ar, quase caindo. E um mau pressentimento!

— A mãe não devia deixar a Joana, tão novinha e bonita, na casa dos outros!

— Ah é?! Tu e Lalinha também não devia deixá eu sem dinhero! Filho cresce e acha que é dono do nariz! Pois bem, com a Joana não, que é menina ainda, tem que me obedecê... E grana de serviço dela é aqui, na minha mão, entendeu?

O rapaz calou, coração apertadíssimo.

Na ensolarada tarde do Rio, Cidoca transpirava na condução, protegendo o pacote com as finas blusas de Arlete, resmungando contra a falta de educação dos mais afoitos, que não respeitavam ninguém, empurrando os passageiros no abarrotado circular. Finalmente conseguiu chegar, aguardando na sala do apartamento.

— Aqui está, Cidoca! Coloquei um pouco a mais, por conta das despesas de transporte e da paciência de Joana com minha Cássia. Ela adorou sua filha! Imagine! Primeiro não queria nem saber... Vá se entender as meninas de hoje, não é?!

— A sinhora pode chamá a Joana?

— Chamar a Joana?... Mas a Cássia disse que ela saiu cedo, antes de minha chegada...

– Não, sinhora, a minha Joana não chegô em casa...

– Deve ter parado por aí, entretida com as lojas. Cássia disse que lhe deu um agrado, vai ver está gastando com coisas de mocinha! Certamente estará em sua casa agora!

Pelo caminho, Cidoca remoía a raiva, prometendo uma boa surra para a danada que se atrevera a desobedecê-la. Onde já se viu gastar grana, ainda que fosse gorjeta, com bobagens?!

Anoitecia quando adentrou o barraco, deparando com o impaciente marido a aguardá-la com cara de poucos amigos. Mais que depressa, repassou-lhe o dinheiro, pois bem conhecia aquele olhar, quase sempre acabando em pancadaria. Graças a Deus, ele se fora, sequer agradecendo!

– Fernando, cadê Joana?

– Sei lá, mãe, a senhora não ia trazer ela? Foi o que a Verinha disse! Quando fica pronta a janta? Estou morrendo de fome!

O desaparecimento de Joana revolucionou o morro. Sumira no caminho para casa, dedução dos detetives encarregados do caso, que realizaram rápida busca na câmera de segurança do prédio, constatando sua solitária saída pela manhã... Somente não atentaram no fato de que isso acontecera no sábado, e não na segunda! Os policiais foram ao apartamento, onde uma irredutível Cássia mantivera a história inicial, guardando para si as confidências feitas por Joana a respeito do incrível namorado, sua irmã e o tal passeio a Angra dos Reis. Em momento algum cogitou que seu silêncio poderia prejudicar a outra! Aliás, nem se lembrava direito dos nomes mencionados na conversa! Ainda estava em clima de excitante fim de semana com o namorado...

Desta forma, a menina passara a integrar a lista de desaparecidos, sem pista alguma de seu paradeiro. Dias depois, Arlete e a filha transferiram-se para São Paulo, e mais uma pedra foi colocada sobre o ocorrido. Restava à família tentar encontrá-la, tarefa praticamente impossível.

D. Frederico.

A cabeça de Joana doía horrivelmente. Tentava acordar, mas os olhos pesavam. Ouvia vozes, novamente naquela língua... Depois, num português carregado, alguém lhe dizia:

– Acorde, menina! Estamos chegando. Vamos pousar em breve...

– Deixe que durma! Melhor assim!

E ela voltou a dormir pesadamente. Despertou horas depois em um quarto bem diferente daquele de Angra, pequeno e abafado. A boca, seca e amarga, implorava por água. Percebeu barulho na casa, risadas, vozes... Levantou-se com dificuldade, sentindo-se tonta, tudo girando ao seu redor. Onde seria o banheiro? Logo o descobriu em um dos cantos, decepcionando-se com seu aspecto pouco limpo, mas a sede era tamanha que se atreveu a beber um pouco de água da torneira.

A porta abriu-se e uma jovem, pouco mais velha do que ela, adentrou. Trazia nas mãos uma caneca e um pedaço de pão.

– Tome, trate de comer! Aqui, se demoramos em fazer algo, pode ser que nunca mais tenhamos a chance de... Olhe lá! Não disse?! Lá vem a *bruxa*! Depois a gente se fala.

A caneca continha café, morno pelo jeito! Nem teve

tempo, contudo, de provar, apesar de o estômago doer do que talvez fosse fome, pois uma mulher alta, de anguloso rosto, surgiu, analisando-a com olhar de entendida.

– Hum, não exageraram, vale cada centavo! Tenho o homem ideal para você!

Diante do olhar espantado de Joana, desatou a rir:

– Então é mais uma dessas tontas, que alegam desconhecer por que vieram parar em Barcelona? Pois vou esclarecer direitinho, para evitar problemas futuros! Quantos anos tem? Treze?! Maravilha! Novinha... Foi Nícolas, não é? Bem o estilo dele... jamais nos decepciona!

Ouvindo o nome do *namorado*, Joana animou-se. Logo tudo estaria resolvido! Brincadeira mais boba aquela, deviam estar se divertindo...

– Pode tirar esse ar de felicidade do rosto, mocinha! O rapaz está bem longe, no Rio, provavelmente campeando alguma outra garotinha. Assim espero! Mas vamos ao que importa, vou ser curta e clara: vai ser vendida a um senhor que é louco por virgenzinhas, apreciando-as puras e sem drogas... Assim, se uma dessas moças daqui se atrever a lhe oferecer algo, recuse, para seu próprio bem! Daqui a dois ou três dias, virá um assistente conferir pessoalmente a mercadoria. Até lá, será tratada como princesa, pois a quero descansada, linda, com belas cores nesse rostinho de criança... Ah, mais uma coisa: ainda não andou por aí com rapazes, não é? Hoje em dia, virgindade é artigo raro, e nosso cliente é rigoroso quanto a isso...

Alongou o pescoço, analisando o conteúdo da caneca e o pedaço de pão nada convidativo, sem uma margarininha sequer!

– Desgraçada! Paula, Paula!

A jovem de antes apareceu na porta, assustados olhos.

– Onde está o que trouxe para Joana? Hein, sua cachorra?! O leite, o queijo? As frutas?...

Paula nada respondia. Penalizada, Joana tentou intervir:

– Assim está muito bom... Eu é que não quis nada do que a senhora disse, porque minha barriga dói, estou enjoada!

Os olhos de Paula encheram-se de lágrimas.

– Nada disso, entendeu? O enjoo é por causa do sonífero... Vai comer sim! Ande, infeliz, trate de arrumar uma bandeja com um pouco de tudo e trazer já! Não esqueça o suco de laranja...

Minutos depois, a jovem retornava, suspirando aliviada ao ver que a megera se fora!

– Ufa! Por pouco! Olhe, coloquei o que sobrou. Desculpe, tá? É que a gente não tem essas coisas de luxo por aqui... daí, quando aparecem, as meninas avançam...

– Tudo bem, Paula! Não estou mesmo com fome, mas pode deixar, vou comer para não causar confusão. Como é o nome daquela mulher?

– A *dona bruxa*?! Viu a cara dela... não parece? Matilde! Toma conta da casa. Tem mais aqueles dois que trouxeram você... O magro e alto é o Santiago; o com corpo de lutador de boxe, Enrico! Tem que tomar cuidado com ele, já quebrou o pescoço de uma que passou por aqui, quando quis dar uma de *durona*... créc!

Com os olhos muito arregalados, Joana escutava...

– Isso aqui é o inferno! Vim para cá faz um ano e só fiquei porque Matilde, não sei por que cargas d'água, achou de me colocar na cozinha e parece que gostou do meu serviço. Ela é de Minas também... adora um tutu de feijão! E igual ao meu não tem! Não tem mesmo! Daí, estou livre, graças a Deus, de atender os clientes. E ela não me empurra droga!

Paula foi contando, contando... Quanto mais falava, mais Joana entrava em desespero! Soube que a jovem fora parar em Barcelona, iludida por um agenciador de emprego, que lhe prometera maravilhosa profissão de modelo! E que muitas brasileiras ali estavam, e de outros países também, todas enganadas com semelhantes promessas. Outras eram simplesmente sequestradas ou vendidas por familiares! Paula ajuntou:

– Somos aquilo que a sociedade conhece como escravas sexuais, minha filha!

– Eu não!

– Também, minha linda, também. Sabe o seu maravilhoso Nícolas? Ele é conhecidíssimo por aqui! Engana mocinhas como você nos mais diversos lugares: Rio, Minas, Bahia, cidades do Nordeste brasileiro... São vendidas à rede de escravidão sexual! Todos ganham um dinheirão, dizem que pode ser mais lucrativo do que a droga! Mas a droga segue quase sempre junto, acredite!

Joana chorava... Que fizera?! E o pior é que ninguém saberia de seu paradeiro!

– E Selena, a irmã dele?

– Irmã?! Amantes, isso sim! Mais safada do que ele! É quem o controla, impedindo piedade, compaixão por alguém!

Matilde comenta escancaradamente, pois as duas não se bicam! Ele atrai, ela despacha!

Nos dias seguintes, Joana permaneceu como se anestesiada, tamanha a quantidade de informações terríveis recebidas de uma só vez. Fora transferida do quartinho apertado para um maior e limpo. Como um autômato, comia e bebia, passando a maior parte do tempo dormindo, a única fuga possível! Na manhã do terceiro dia, Paula fez-lhe as unhas dos pés e mãos, esmaltando-as com um rosa bem clarinho, translúcido. Depois, lavou-lhe os longos cabelos, secando-os com cuidado, atando-os com um laçarote de fita branca, em um rabo de cavalo. Satisfeita, exclamou:

– Pronto! Agora trate de vestir aquela roupa sobre a cama... Depressa, pois o motorista não gosta de esperar! Se algo der errado, a *dona bruxa* descontará em nós, e não vai ser nada bom, acredite!

Joana acreditava!

– Mas... Parece um uniforme de escola, Paula!

–Tem doido para tudo, Joana! É assim que ele quer ver você... De saia xadrez pregueada, blusa branca, gravatinha... Uma menininha de colégio... de antigamente... Calce as meias três quartos e os sapatos. E coloque os brinquinhos de pérola... Estão ali, naquela caixinha sobre a mesinha de cabeceira.

Joana nunca havia visto um automóvel como aquele! Espaçoso, até geladeira tinha! Televisão... Se não estivesse assustadíssima, apreciaria cada momento do trajeto. A casa erguia-se magnífica, distante do portão acionado por controle eletrônico e vigiado por sisudos seguranças. Dos terraços suspensos pendiam exuberantes e coloridas flores. Joana suspirou um tanto aliviada, pois aquilo tudo, na aparência, divergia do inferno descrito por Paula. Uma pontinha de esperança surgiu em seu adolescente coração... Em uma das janelas, protegido pela cortina, um vulto espionava-lhe a chegada.

Uniformizada serviçal conduziu-a ao quarto de criança, com bonecas, bichinhos de pelúcia... Seu lado infantil encantou-se, pois há bem pouco brincava de casinha. Certamente o interesse diminuíra ao conhecer Nícolas! Talvez a empregada soubesse de algo:

– Moça...

Antes que pudesse dizer algo, a jovem se retirara, logo retornando com um carrinho repleto de guloseimas.

– Moça, eu...

A porta fechou-se e Joana escutou delicado ruído de chave. Estava confinada àquele belo espaço, dourada prisão. Ao contrário da mansão de Matilde, ali tudo era silêncio... Passeou pelo enorme quarto, examinando cada detalhe, surpresa com a quantidade de atraentes objetos; depois, analisou o conteúdo do carrinho, decidindo comer alguma coisa, constatando que tudo estava uma delícia. Alternou salgados com doces, escolhendo o que repetir. Ah! E os bombons?! Chocolate era a sua perdição! Deitou na cama adornada com alvo e transparente dossel, carregando os restantes. Pena estarem acabando! Breve os olhos pesavam de sono...

A noite desceu, tudo envolvendo em penumbra. Joana dormia. Sequer percebeu a figura alta e corpulenta a observá-la, acomodada na ampla poltrona ao lado do leito...

A manhã seguinte surgiu mergulhada em luz. A mesma

empregada trouxe o desjejum, ainda se recusando a proferir uma única palavra. Começou a impacientar-se com aquela espera em meio ao silêncio, verdadeira agonia. A moça preparou-lhe o banho, um luxo! A menina ficou a fitar a enorme banheira, repleta de perfumada água... Tão bom! E a felpuda toalha?! Envolvia-a por inteiro, muito diferente das pequenas e ásperas de sua casa. Depois, o almoço, o lanche da tarde, o jantar, mais um banho...

Naquela noite, Joana conheceu D. Frederico! E a tortura de ver seus sonhos jogados no lixo, dilacerado corpo, destruídas ilusões. Bem que tentara reagir, esmurrar, chutar, mas estranho torpor parecia invadi-la, como se espectadora de filme de terror. Tudo ouvia, tudo sentia, mas o corpo não obedecia aos comandos do cérebro.

Quando finalmente conseguiu se movimentar, arrastou-se até o banheiro, entrando debaixo da forte ducha. Entre lágrimas, tentava tirar da cabeça os detalhes do que acabara de acontecer... Todo seu corpo doía! Deixou-se cair no chão, esfregando com força a pele, como se o caro sabonete e a áspera bucha vegetal pudessem apagar as marcas das mãos de seu algoz. Quando ficaria livre daquele tormento?!

Persistente sangramento exigiu a presença de uma médica, criatura gélida, de pouquíssimas palavras. Exames, medicamentos, alguns pontos, repouso... Graças a Deus, aquilo afastaria o odioso D. Frederico! Uma semana se passou... Depois, para seu desespero, as visitas retornaram, agora sem a droga aniquiladora. O comando seco, contundente: faça isso, faça aquilo... E as marcas do castigo quando se atrevia a desobedecer!

Os dias foram se arrastando... Impotente diante daquele

abuso todo, mergulhou em apatia, quedando-se deitada no leito. Parecia ali estar há uma eternidade quando, certa manhã, a empregada trouxe as mesmas roupas com que viera, laconicamente dizendo:

– Vista, hora de ir para casa!

Mal podia acreditar em tamanha felicidade! Ia embora! Voltaria para o Rio!

Escrava sexual.

Novamente na casa de Matilde, estranhou a cara piedosa de Paula quando a viu tão feliz, e a informação lançou por terra suas esperanças:

— Joana, vou tentar, para seu próprio bem, explicar como são as coisas por aqui. Quando uma menina como você chega, é vendida a algum figurão, desses que se consideram muito machos. Que gostam de menininhas... São especialmente encomendadas, entende? Virgens... Tem muito dinheiro na jogada. Ficam pouco na companhia deles, até que você durou bastante, mais de mês; logo o interesse passa e o cretino vai em busca de outra pobre coitada. Agora, entenda bem, a moça raramente retorna ao seu país! Volta sim é para a casa onde foi negociada, passando a atender os clientes.

— Jesus! Não pode ser!

— Mas é! Uma moça fica em torno de vinte, vinte e cinco dias em uma casa dessas, passando logo para outra, e assim por diante. Sabe por quê? Sempre há renovação, o que chamam de *carne nova no pedaço*. E tem outro aspecto importante da questão: você acha que uma menina removida em tão pouco tempo consegue estabelecer laços de amizade e confiança? A pessoa fica como se lhe faltasse o chão, sem referências em um país estranho. Vai chorar sua mágoas com quem?! Vai dar queixa a qual autoridade?! Você não imagina o número de figurões, nos cargos mais diversos, inclusive policiais e juízes, que frequentam casas como a de Matilde! Lá fora, eles são uma coisa; aqui, deixam a baixaria tomar conta! Agora sabe por que me sinto grata em ser uma simples cozinheira, pau para toda obra, capacho onde Matilde pisa e limpa os pés!...

– Paula, uma coisa terrível está passando pela minha cabeça... Fui sequestrada, não trouxe nenhum documento, ninguém sabe que estou em Barcelona... Tenho treze anos! Nunca mais vou ver minha família, meu país!

Diante de tanta aflição, Paula procurou consolar a jovenzinha, abraçando-a e dizendo:

– Calma, ninguém morre por isso. Pelo menos, não depressa assim! A pão-duro da *bruxa* trouxe uma compra para a novata, a próxima que vai para o tal D. Frederico. Um dia esse homem vai pagar pelo que faz! Você acredita que esse monstro tem filhas? Não dá para crer! Mas tem, escutei Matilde falando com o Santiago, quinze e nove anos... Deixe para lá! Se pensarmos muito, enlouquecemos de revolta! Olhe, vou lhe dar um pedaço de bolo. Vamos, aproveite! Daqui a uns dias, vai estar implorando por essas coisinhas de nada, que nos ajudam a ter esperança, menina! Um pedaço de bolo, uma fruta, um cliente mais gentil...

Joana começou a atender na mesma noite, pois Matilde não admitia perda de tempo. Bonita, enfeitada, perfumada... Assustadíssima! Afinal, quantos teria que receber em sua cama?! Aprendeu bem depressa que tudo dependeria da disponibilidade financeira e dos gostos do cliente, entendendo o motivo pelo qual as moças disputavam a preferência de alguns mais abonados e generosos, mais exigentes em tempo e atenção e relativamente cordiais. Infelizmente, nenhum desses apareceu em sua estreia e ela perdeu a conta dos que a requisitavam! Depois de algum tempo, sentiu-se como uma boneca, sorrindo maquinalmente, obedecendo simplesmente.

Notou que as jovens dali mal conversavam, imersas na letargia das drogas, anuladas pelo fracasso de inutilmente tentarem reagir aos abusos. A única com quem podia falar era Paula, a mineirinha. Com ela começou a entender o que ocorria nos estabelecimentos de prostituição, conhecendo um pouquinho do mecanismo do ignóbil comércio. Quanto mais ouvia, mais se apavorava!

Paula aconselhava, simples alvitres de mera sobrevivência, porém de inestimável valor:

— Não bata nunca de frente com eles! É pior! Não dispomos de poder suficiente para enfrentá-los! Procure o ponto fraco, se é que existe... O de Matilde, imagine, é a comida de nossa terrinha! A danada é mineira, já lhe disse? Pois é, não sei como veio parar aqui, nesse negócio sujo. Então... Se não puder fazer nada, desligue, deixe a cabeça longe. E fuja das drogas, nem que tenha de fingir estar *chapada*. Depois que se adentra pelo mundo da dependência química, adeus esperança de sair dessa! E eles adoram, pois a pessoa deixa de dar trabalho, vende a mãe por um pouquinho da coisa! Vai haver momentos em que a droga tomará a sedutora aparência de única alternativa para fugir do horror que as pessoas podem fazer com as outras. Não se iluda!

Joana escutava, escutava...

— Mexa aqui essa panela. Como está quente! Hoje não estou nada bem, deve ser cansaço dessa trabalheira toda... Viu o tamanho da casa?... Tenho que limpar, lavar, passar, cozinhar! Todo santo dia...

— Por que não pede uma ajudante a Matilde? Eu, por exemplo...

– Está louca, menina?! Nem pensar! A *bruxa* pode me mandar para a função! Nem pensar, morro trabalhando!

Naqueles vinte e poucos dias em que ali esteve, a carioca aprendeu a cozinhar com a mineira, do jeito que *dona bruxa* apreciava. Inventaram até um teste: Joana fez todo o almoço (arroz e tutu de feijão, douradas bistecas de porco, couve refogada, ovo frito, banana empanada, torresminho...) e Matilde se fartou, exclamando no final, atracada a generosa porção de queijo com cremoso doce de leite:

– Paula, você está cada vez melhor! Continue assim e nos entenderemos!

A mineirinha limitou-se a comentar à meia voz, já na cozinha:

– Come como uma louca e é seca, mais parece um cabo de vassoura!

– Olhe que ela escuta, Paula!

– Virgem Maria! Vire essa boca para lá!

A relativa tranquilidade cessou quando o tal rodízio de corpos ocorreu. Com seus poucos pertences em uma sacola, mal pôde se despedir da amiga, forçada a embarcar no furgão, de onde já haviam saído as *substitutas*. As jovens transferidas da casa de Matilde foram realocadas em locais diversos e logo ela se viu entre completas estranhas. Paula tinha razão, os danados tinham o cuidado de separá-las mesmo!

Vinte dias depois, outra mudança... E outra... E mais outra...

Assim, seis meses transcorreram. Atenta aos conselhos da saudosa amiga, fez o possível e o impossível para não se drogar, embora compreendesse os motivos que levavam aquelas infelizes a optarem por tal rota de fuga da realidade.

Logo deparou com um outro lado da prostituição, a dos rapazes, tão cruel como a das mulheres, conquanto em menor número. Conheceu Miguel, que ali estava enquanto aguardava espaço em uma das residências de rapazes, pois se desentendera na última, causando tamanho tumulto que restara aos aliciadores deixarem-no *de castigo* entre as mulheres. Sua história era semelhante à de muitos... Fora contatado por *agência de modelos masculinos*, na faculdade que cursava no interior do Paraná, depois de trabalho realizado para uma fábrica de *jeans* que começava a se destacar no mundo da moda. O *outdoor*, com sua imagem de desnudo dorso e aderente calça, certamente atraíra a atenção de muitos jovens que sonhavam em ter aquele sedutor visual! Infelizmente, também despertara o interesse dos mercadores de corpos! Daí o enganoso convite! Trancara a matrícula, pois a oferta apresentava-se irrecusável. Pagamento em euro, prazo relativamente curto, dois anos no máximo. Retornaria ao Brasil com um bom capital, experiência em idiomas, pois viajaria muito. Ou, se a carreira decolasse, seria famoso; tantos o eram, por que não ele?

Mal acreditando em finalmente deparar com uma brasileira em condições de lhe dar atenção, relatou a decepcionante jornada, aproveitando os raros momentos de privacidade da hora da sesta, quando a casa silenciava, mergulhada no sufocante calor do início da tarde.

– Nem posso acreditar no que está acontecendo comigo, Joana! A gente ouve falar, escuta na TV, lê na Internet, mas parece que sempre acontece com o outro, jamais conosco! E temos a ideia de que quem entra nesta roubada é um *tongo*, um bobalhão, ou um safado, doido para fazer fortuna a qualquer preço! Quantas vezes não pensei assim, meu Deus! Paguei a língua direitinho!

Condoída, Joana deixava-o desabafar:

– Cheguei todo cheio, achando que ia abafar, tantos os elogios escutados no avião, no Brasil mesmo. Logo, porém, dei de cara com a verdade! Meu passaporte sumiu! E desde então tenho saído com mulheres ricas, com dificuldades de relacionamento e mais algumas taras, que nos *alugam*. E somos obrigados a dar conta! E eles nos fornecem *remédios* para isso, e sei que bem não fazem... mas nos esforçamos, ou as consequências são terríveis, muito terríveis...

Joana não entendeu o alcance daquelas palavras, mas revolveu calar, com medo da possível explicação. Pobre Miguel! Ao contrário dela, fazia uso constante de cocaína. Questionado, confirmou:

– Jamais havia usado, até uma dona cheia da grana insistir, insistir... Ajuda a esquecer as coisas que somos obrigados a fazer e, na maior parte das vezes, vem de graça. Devo ser bom de cama, pois inclusive me dão para trazer para cá.

– Isso não parece boa coisa, Miguel...

– E o que é bom nesta vida, Joana? O quê?! Fico pensando... Por quanto tempo terei esta aparência de garoto bonito, estes músculos sarados? Não faço mais exercícios... Logo vou estar um bagaço! E daí? Será que me restituirão o passaporte e poderei retornar ao Brasil, santa terrinha abençoada?! Não sei não...

Como Paula fazia falta! A mineirinha com certeza teria esclarecedores casos a contar, conselhos a dar... E ela? Que poderia dizer, se pouco conhecia daquilo tudo?! Restava-lhe escutar, abraçar, secar lágrimas, tão doloridas como as que chorava no silêncio de seu quarto, abafadas para não incomodar as demais.

Os rodízios sucediam-se... Novas casas, novos clientes... Sete meses, oito... Os tênues vínculos desfaziam-se aos fortes sopros dos ventos das mudanças, eterno e desesperançado recomeçar, simples repetição do exercício do desamor. A figura bonita de Nícolas perdera-se em meio aos embates de indesejados corpos... Se nele pensava, bania para longe a dolorida lembrança.

Cozinheira, graças a Deus!

Ao final do nono mês, estava novamente na casa de Matilde! Seu coraçãozinho batia forte. Tudo mantinha a mesma aparência, menos as moças, todas desconhecidas. Ninguém ouvira falar de Paula! A notícia veio pela boca da odiosa Matilde:

– Ora, ora... Vejam só! Estou surpresa... como é mesmo seu nome? Joana... Isso! Joana... Difícil alguma voltar, pois são umas molengas, que *desaparecem* por qualquer coisa!

Joana bem entendeu o sentido de *desaparecer*... Durava-se pouquíssimo tempo naquela vida! Drogas, maus tratos, doenças... E desesperança! Morriam como passarinhos ou na violência de ignorantes mãos, nos abortos mal sucedidos, nos penosos tratamentos de doenças venéreas... algumas simplesmente desistiam, escolhendo o caminho das overdoses.

Volveu ao que Matilde dizia, *pescando* o final da frase:

– ... e nunca mais consegui comer algo que preste nessa terra!

– ... Paula?!

– Sim! A maldita resolveu, faz mais de dois meses, morrer! Imagine! O médico disse que foi um tal de aneurisma... Pode ter rompido quando dei uns petelecos mais fortes na cabeça dela, por conta de uns pães de queijo queimados, distração da infeliz. Bati mesmo, pois não estou aqui para passar a mão na cabeça de ninguém!

Joana endoidou. Naquele tempo todo de sofrimento, jamais sentira algo semelhante: uma raiva, uma vontade de matar aquela mulher! Brotava de dentro dela, incontrolável, cegando-a. Tomada de incrível fúria, somente voltou a si quando pesado golpe a lançou ao chão, onde permaneceu, escutando os gritos de Matilde, vendo-a com o rosto lanhado por suas unhas, o sangue escorrendo... Santiago esfregava o punho, as outras moças espiavam assustadas...

– Coloque essa danada no quartinho do castigo! Deus! Parece louca! Ande! Depois vejo o que farei com ela! Desgraçada!

– Quer que entre em contato com aquela pessoa?...

– Talvez seja preciso, Santiago... depois! Tranque a maldita no quarto, sem água, sem comida! Quero ver onde vai parar a valentia dela!

Três dias após o incidente, sede e fome atormentavam-na. No minúsculo espaço, tentava entender o que acontecera, justificando-se pela agressão. Aquela *bruxa* matara Paula! E certamente acabaria com ela aos poucos, livrando-se de seu corpo. Fácil! Certamente inexistiria atestado de óbito para as mortes ocorridas naquele antro e nos demais onde estivera, morrer significava passaporte para o esquecimento! A ideia de onde seriam jogados os corpos martelava-lhe a dolorida cabeça... Sim, onde seriam enterrados rapazes e moças envolvidos naquele hediondo tráfico de jovens e belos corpos? Haveria um lugar para os anônimos advindos de outras pátrias, humildes párias da sociedade ou sonhadores iludidos com o falso brilho da fama, do poder, do dinheiro?

Anoitecera. Largada sobre o imundo colchão, Joana esperava sua hora. Desistira! Lutar? Para quê?!

– Para viver, minha amiga, para viver...

De onde viera aquela voz? Será que alguém finalmente traria comida e água? Melhor não, pois nada adiantaria continuar naquele sofrimento!

– A vida sempre vale a pena, Joana! Não desista, lute!

Parecia a voz de Paula... mas Paula morrera nas mãos daquela megera sem alma!

– Os outros podem achar que deixei de existir, mas você não, Joana. Porque, se acreditar que tudo acaba com a morte, estará negando nossa importância como criaturas de Deus. Somos especiais, cada um de nós é único, não existe ninguém igual ao outro, pois Deus tomou o cuidado de garantir que assim seja. Imagine se Ele iria desperdiçar toda essa *produção* simplesmente para morrermos e acabarmos!

– Paula, onde você está?!...

– A seu lado. Por favor, queira de verdade me ver, Joana!

Ela estava ali mesmo, sentada naquele colchão seboso! Esticou a mão, tocando-a, e o toque lhe pareceu surpreendentemente cálido.

– Acho que morri, meu Deus! Ou estou sonhando!

– Morreu não, minha amiga! Quanto a sonhar, se quiser acreditar nisso... E não vai se entregar de jeito nenhum. Matilde está furiosa! Você arrancou sangue da cara dela, menina, na frente de todo mundo... E ela é muito, muito orgulhosa, vingativa! Mas tem uma coisa que ela é muito, muito, mas muito mais: gulosa! Escute bem: amanhã cedinho, ela vai mandar o Santiago levá-la para um lugar terrível. Quando as meninas são excessivamente revoltadas, rebeldes, enviam-nas para lá; os clientes são muito agressivos, verdadeiros psicopatas, sentem prazer somente infligindo dor física... e moral! Ela vem maquinando desde ontem, pois simplesmente matar você seria rápido demais, deseja que sirva de exemplo!

– Não me importo...

– Importa-se sim! Escute-me! Quando Santiago chegar, peça de joelhos que a deixe cozinhar pela última vez, entendeu? Mencione pão de queijo, broinhas, doce de leite... Tutu de feijão com torresmo, leitão à pururuca... Ele vai direto falar com Matilde! Lembra quando o safado ficava rondando minha cozinha, passando a mão nos quitutes?! Tinha que fazer sempre a mais. Quando Matilde vier, ajoelhe também, peça perdão, humilhe-se, rasteje se preciso... e diga que deseja cozinhar a melhor refeição mineira de todas, seu último pedido, pois está muito arrependida do que fez. Entendeu?

Joana não estava muito convencida... Rebaixar-se diante daquela mulher?! Melhor morrer!

– Não! A vida é uma oportunidade que jamais deve ser desperdiçada! Nada acontece por acaso, um dia vai me entender. Se não quer fazer por você, faça por mim, pela nossa amizade! Agora durma, pois precisa descansar, amanhã será outro dia!

Na manhã seguinte, Joana sentia-se zonza, fraca. Sonho esquisito aquele da noite anterior... tão real! Melhor deixar para lá, provavelmente delírio ocasionado pela fome!

E não é que as coisas começaram a tomar o rumo do tal sonho?! Santiago apareceu e fez questão de insultá-la com detalhes do terrível castigo! Por via das dúvidas, resolveu seguir os conselhos de Paula, e logo Matilde invadia o quartinho do castigo, fitando-a com desconfiados ares:

– Então está arrependida? Tarde demais, vadia!... Hum... sabe mesmo cozinhar?!

– Aprendi com Paula, senhora. Salgados, doces...

– Vamos testar! Prepare a lista de compra e Santiago se encarregará de buscar! Se estiver me enganando, vai implorar para morrer depressa!

Apavorada, Joana caprichou, sabendo que, se fosse para o tal *bordel dos doidos*, dele não sairia viva! E que sofreria muito!

Depois do decisivo almoço, Matilde havia finalmente encontrado uma substituta à altura de Paula, a mineirinha. Resolveu deixar para lá o ocorrido, não sem antes ordenar uma surra de criar bicho, que a menina suportou corajosamente.

Assim, iniciou-se nova fase na existência de Joana. Confinada à cozinha na maior parte do tempo, sobrecarregada com as tarefas da enorme casa, mal tinha tempo para se inteirar do que acontecia com cada garota, a não ser uma ou outra que se destacava particularmente. Qual não foi sua enorme surpresa ao deparar, em uma ensolarada tarde de verão, com ninguém menos do que... Carla!

– Carla...

– Pode me explicar o que está acontecendo? Ande!

A mesma arrogância de antes, o mesmo nariz empinado... Sentiu imensa pena da colega de escola, pois a pobre não sabia a encrenca onde se metera. Resolveu sondar o terreno:

– Como veio parar aqui?

– Isso só pode ser uma brincadeira sem graça do Nícolas!

Que deu na cabeça daquele maluco para me trazer justamente onde você está?! Hum... e bem acabadinha! Vamos, vá chamar o danado, ele vai ver só...

Joana ainda tentou explicar, mas a mocinha atalhou cada informação, atribuindo-a aos sentimentos de Joana em relação a ela, sua rival.

– Escute, garota! Agora ele é meu... meu namorado! Não adianta ficar inventando coisas.

Joana resolveu começar o relato pela viagem a Angra, pois certamente a jovem trilhara idênticos passos, mas foi interrompida pela chegada de Matilde, retirando-se imediatamente. Sabia muito bem qual seria a conversa das duas! Todas sabiam! Cada uma das novatas passara pela terrível iniciação! Até brincavam resignadamente, denominando-a *revelação do apocalipse*!

Nos dias seguintes, Carla recusava-se a falar com Joana, acreditando-a cúmplice daquele pesadelo. Gritava, xingava, surda aos conselhos, aos pedidos de paciência da mocinha. Não iria se curvar de maneira alguma! A casa estremecia com seus gritos e impropérios, até Matilde compreender que aquela renderia pouco, a não ser sedada o tempo todo. Passando pano no chão, Joana escutou sua conversa com Santiago e a decisão final:

– Concordo, Matilde! Não tem jeito mesmo! Para D. Frederico não serve... Rodadíssima! E os outros também não apreciarão uma jovem assim! Muito brava, parece onça acuada! A não ser aquele pessoal... Vamos fazer o seguinte: entramos em contato com eles, tratando de repassá-la o mais rápido possível. Afinal, trata-se de uma garota valente, geniosa, daquelas que se precisa domar, do jeitinho que apreciam! Talvez nem cheguemos perto do que costumamos lucrar, mas assim perderemos menos, pois minha vontade é mandar o Enrico torcer o pescoço dela!

Levada à força, a vociferante Carla teve que ser praticamente colocada em uma camisa de força, à vista de todas as moças da mansão. Matilde vibrou, exemplo como aquele raramente aparecia por ali! A esperta refutou a sugestão de sedá-la, pois seus compradores queriam-na justamente daquela maneira... possessa!

Muito triste, Joana olhou o relógio sobre o armário da cozinha. Treze horas. Às dezoito, *sentiu* que Carla estava morta! No dia seguinte, inteirou-se dos detalhes do ocorrido por animada conversa entre Enrico, Santiago e Matilde. Aprendera muita coisa de espanhol, mais que suficiente para saber do triste fim da moça, e todos pareciam desconsiderar sua presença, como se fizesse parte da mobília.

– Aquela era maluca mesmo, Matilde! Acredita que, mal tiraram a camisa de força, virou uma fera, atacando quem chegava perto?! Nunca vi coisa igual, parecia ter o demônio no corpo! E eles riam, apostando quem a dominaria. O dinheiro correu solto! Deve ter dado um bom lucro para a casa! A danada era tão valente que até eu fiquei com vontade de entrar no jogo... Sabe aquele bosque que tem por perto? Soltaram a Carla lá e caçaram a danada como um bicho... Quem conseguiu agarrá-la finalmente foi um cara grandão, dizem que esteve um bom tempo preso, um tal de Juanito. Agarrou a Carla e se embrenhou pelas profundezas do bosque, mas ela nem parecia aquela garota bonita que aqui chegou botando banca de invencível...

– Estava viva?...

– Ainda...

Joana mal conseguiu chegar ao sanitário, vomitando no chão mesmo. Pobre Carla, por que não a escutara?! Pobrezinha...

A história espalhou-se, rendendo obediência irrestrita durante muito tempo, circulando principalmente entre as recém-chegadas.

O tempo foi passando, meninas chegavam e partiam.

Segunda Parte

A vida continua...

Cidoca não se conformava com o desaparecimento de Joana. Dois anos, parecia ontem... O sofrimento, causado pela perda da filha e a definitiva deserção do marido, servira para burilar algumas ásperas arestas daquele temperamento forte. Zé Luís bandeara-se definitivamente para o apartamento da tal loira, acabando por assumir sua função de passador de drogas; Lalinha ainda trabalhava na casa de Cláudia; Marquinhos curtia em silêncio a paixão pela patroa de sua irmã; os menores cresciam amparados pelos mais velhos. As coisas até haviam melhorado depois que o pai parara de frequentar a casa e levar o suado dinheirinho deles.

Lalinha voltara a morar com a mãe; não queria deixar os irmãos sozinhos, pois a presença materna pouco representava desde que se vira abandonada. A pobre passara a lançar a culpa da separação no desaparecimento de Joana, como se o esposo sempre tivesse sido o mais leal dos homens. Não raro, escutavam-na contando a uns e outros:

– A gente vivia tão bem... Um hóme bom... A Joana sumiu e o coitado distrambelô... Deve de tê sido a perda dela que botô a cabeça dele fora do juízo! De uma hora pra otra saiu de casa, arrumô caso com uma zinha... Um sofrimento só!

– Marquinhos, escute só a mãe. Fala do pai como se ele fosse um santo! Deus me livre! Vende droga na porta de escola! Ele mesmo, não manda os outros não...

– Lalinha, tem coisa que a gente não entende... E não adianta querer mudar a cabeça dela, já tentei abrir seus olhos, mas se recusa a sequer escutar. Acredita que ela reza pela volta dele?!

– Acredito!

– Pois é... melhor mesmo é cuidar da nossa vida, que já está uma dificuldade só com tanta boca para alimentar, principalmente depois que a mãe adoeceu e deixou de lavar roupa para fora. Umas dores estranhas, que médico nenhum consegue explicar, dizem que é emocional...

No circular, Lalinha pensava na vida. Tirando a constante saudade da irmãzinha desaparecida, tudo seguia na mesma rotina. Às vezes, a recordação de Eduardo batia mais forte, fazendo seu coração apertar. Desde aquela vez, nunca mais visitara a prima, e Cláudia contava que ele estava no estrangeiro, estudando e trabalhando. Sentia muita falta de seu apoio, das conversas repletas de ensinamentos e consolo, pois fora ele quem mais a confortara no momento do sumiço de Joana. Jamais esqueceria suas palavras na hora da despedida:

– Lalinha, sei que é muito difícil aceitar algumas perdas, principalmente as envoltas em mistério. Quero que guarde em seu coração uma verdade: nada nos acontece por acaso, pois não existe fatalidade aos olhos de Deus, tudo se encaixa em suas perfeitas leis. Joana não está só, desamparada ou entregue à própria sorte. Se assim acreditássemos, seria duvidar da bondade do Pai. No momento, ela certamente precisa de muitas orações e vocês, de uma coisa chamada esperança. Nunca perca a esperança, Lalinha! Dê um tempo e tudo irá se arranjando...

Eduardo falava tão bonito... Algumas coisas não conseguia compreender, mas sentia serem certas!

A esposa do porteiro confidenciou sorridente:

– Vai ter uma surpresa, Lalinha!

Só podia ser Eduardo! Que coincidência, pois pensara nele o caminho todo! A porta da área de serviço não estava chaveada como de costume, o cheiro de café fresquinho espalhava-se convidativo... e o moço ali estava, sua presença bonita preenchendo o vazio da cozinha. Durante o abraço, a constatação caiu em cheio sobre ela: amava aquele homem!

– Lalinha, minha Lalinha!

Ficaram ali, abraçados, unidos naquele mágico momento de reencontro. Depois, o longo beijo...

– Seu Eduardo...

– Lalinha, dá para parar de me chamar de senhor?... Ou vou achar que sou muito velho para você, que o abraço e o beijo apaixonados foram coisa de minha imaginação!

Quanto passa pela cabeça de uma pessoa em breves instantes! Lalinha pensava nas diferenças... social, cultural... Por outro lado, Eduardo receava havê-la constrangido ao beijo, pois era quase uma menina, ingênua, talvez fragilizada pelos problemas familiares...

A abrupta entrada de Cláudia desfez o tenso clima:

– Dona Cláudia, a senhora levantou tão cedo!

– Pois é, Lalinha! Aquele meu agente ligou a esta hora, imagine, falando sobre uma temporada em Barcelona. Se eu toparia... Quase bati nele pelo celular! Não poderia ligar mais tarde?!

– E a senhora vai?

– Não sei, vou pensar... Não é coisa que uma modelo famosa decida assim, na correria. Por favor, coloque a mesa de café na sala, pois estou morrendo de fome! Ah, Eduardo nos fez uma surpresa, aparecendo ontem à noite! Não é, primo?

Nunca um pedido foi atendido tão rapidamente! A moça tratou de ajeitar tudo, o rosto em fogo. No peito, o agitado coração doía. Eduardo era bonito, estudado, rico... Que poderia querer com ela, a não ser uma aventura?! Tinha certeza de que não suportaria passageira relação! Melhor ficar bem longe dele, embora desejasse estar perto.

Para completar as emoções daquele dia, ao retornar do serviço com o coraçãozinho em frangalhos, Lalinha deparou com uma novidade instalada no sofá, uma jovem bonita, envolta em caras roupas da moda... Cidoca adiantou-se:

– Lembra da Cássia, a filha da dona Arlete?

Infelizmente, impossível esquecer! Então, aquela era a famosa Cássia Maria, a tal Cássia que a pobre Joana fora pajear? Que estaria fazendo longe de São Paulo?

– Ela sentô agorinha mesmo, tava até oferecendo um cafezinho...

– Precisa não, dona Cidoca! Vim para falar com a senhora... e acho bom sua filha estar presente. Ultimamente tenho pensado muito e, embora não seja nada fácil para mim, resolvi abrir meu coração e contar algumas coisas que envolveram o desaparecimento de sua filha, a Joana. Não sei se vai ajudar, mas talvez possa fornecer alguma pista.

Cidoca ficou de boca aberta! Sua Joana, a meiga Joana, estava de namoro com um rapaz mais velho?! E marcara um passeio com ele e a irmã em um lugar... Angra?... Não podia ser!

– Pois é, dona Cidoca, eu saí na sexta-feira com meu namorado e a Joana ficou no apartamento, pois o namorado dela viria no sábado de manhã apanhá-la. E ela não apareceu mais! Menti, com medo do castigo... Ela não saiu de nossa casa levando o dinheiro do tal agrado. Quando voltei na segunda pela manhã, não estava... E não chegou... Daí, para não enfrentar a fúria de mamãe, inventei tudo!

– Sua mãe sabe que está aqui?

– É... sabe, mas disse que eu teria de sozinha resolver a confusão que arranjei. Ficou lá em São Paulo!

– Menina, como é que escondeu de todo mundo, da poliça até, uma barbaridade dessas?!

Compreendendo a situação da jovem, Lalinha interferiu, procurando aprofundar as informações.

– Você iria conosco à delegacia?... O caso poderá ser reaberto!

– Certamente! O que desejarem! Vim para ajudar! Preciso tirar esse peso de minha consciência! Entendam e me perdoem, comportei-me como uma criança irresponsável!

Embora as informações de Cássia Maria mudassem totalmente o rumo das suposições levantadas inicialmente, muita coisa continuava obscura. Qual o nome do namorado? A moça não lembrava... E o da irmã dele? Muito menos! Somente o lugar... Angra dos Reis!

Conquanto satisfeitos com as novas revelações, de uma

hora para a outra as feridas causadas pela perda voltaram a sangrar. Onde estaria Joana? Viva, morta?

Na manhã seguinte, Lalinha surpreendeu-se ao deparar com o quarto de hóspedes vazio. Nem sinal de Eduardo! Realizou os afazeres da casa esperando sua chegada a qualquer momento, alternando desespero e alívio, conflitante mistura de emoções! Em torno das duas da tarde, Cláudia apareceu, envolta em sua camisolinha de seda, pedindo um café, o suco... e dando finalmente as almejadas notícias:

– Lalinha, nem precisa se preocupar, Eduardo teve que fazer uma viagem inesperada, imagine! Negócios, negócios. Não informou quando volta... Ah! Sabe de uma coisa? Resolvi aceitar a tal da proposta para uma temporada em Barcelona! Eles concordaram com minhas exigências, pois detesto me estressar com *coisinhas*...

– Vamos sentir falta da senhora...

A risada de Cláudia encheu a sala:

– Que é, Lalinha?! Está querendo se ver livre de mim? Nem pensar! Vou levar você comigo! E estou procurando um motorista de confiança! Até pensei em seu irmão...

– Marquinhos?!

– E quem mais? Ele não está estudando espanhol?

– Inglês também... O dinheiro nosso não dá para faculdade, mas ele disse que, no futuro, isso vai ajudá-lo a sair da beira da chapa.

– Pois o futuro chegou, minha filha! O que acha?

Lalinha pensou no caso de Joana... Seria interessante

sair do Rio naquele momento? A mãe certamente não daria conta sozinha, ainda mais Marquinhos indo junto.

– Sei não, dona Cláudia, ontem tivemos novidades a respeito de desaparecimento de minha irmãzinha...

Cláudia escutou a história de queixo caído! Depois parou, pensou, fazendo uma pergunta à queima-roupa:

– Lalinha, sua irmã é bonita? Será que não foi enganada por algum malandro? Não falo de simples namoro, mas de coisa mais séria. Muitas mocinhas são seduzidas com ofertas de dinheiro, empregos milionários, ou simplesmente são sequestradas! Ficamos direto sabendo de coisas assim; às vezes vão parar até na Europa, transformadas naquilo que hoje chamam de escravas sexuais, obrigadas a se prostituírem, impedidas de retornar ao país de origem, uma loucura!

– Minha Nossa Senhora, dona Cláudia!

– Olhe, vamos pensar melhor sobre isso... Se você e sua família autorizarem, colocarei meu advogado no caso, e ele certamente vai contratar um bom investigador particular para rastrear os passos de Joana... Aí estaremos mais bem informadas!

– Mas, dona Cláudia, isso vai sair caro!

– Pelo amor de Deus, menina! Esta é a maneira como posso ajudar! Dinheiro não me falta! Vou deixá-lo abarrotando as contas nos bancos? Ou comprando roupas, joias, imóveis? Há muito descobri que, dessa maneira, ele não me proporciona uma felicidade real, verdadeira. Tenho plena consciência de que minha carreira na passarela é efêmera, pois beleza e juventude constituem requisitos essenciais, indispensáveis. Outras mais jovens e belas acabarão assumindo meu lugar. Coisas da vida... Daí, poupar constitui saudável opção, contudo não quer dizer que tenho de ser avarenta com o muito que Deus me deu, Lalinha! Não gosto de sair espalhando, mas ajudo muitas instituições, procuro remunerar justamente meus funcionários. À noite, deito e adormeço em paz, com meu coração repleto de gratidão pelo muito que tenho: saúde perfeita, beleza, inteligência... E, principalmente, gratidão pela oportunidade de auxiliar!

Lalinha escutava de queixo caído. Apesar da bondade e gentileza de Cláudia, jamais imaginara que ela fosse daquele jeito!

Assim, o caso Joana passou às competentes mãos do Dr. Otávio, um senhor gentil, de educadíssimas maneiras e firme olhar. Uma semana depois, novidades! O investigador particular conseguira uma pista, justamente a partir da informação de Cássia a respeito de Angra dos Reis. Há algum tempo, pessoas suspeitas haviam alugado luxuosíssima mansão à beira-mar e a movimentação era, no mínimo, estranha. Os comerciantes falavam sobre um rapaz que dizia se chamar Nícolas e sua irmã, uma morena belíssima, que quase nunca aparecia, de longe sendo vista na piscina ou correndo pela praia, sempre só. Ao contrário dos demais veranistas, jamais contratavam trabalhadores locais, sequer para meros préstimos de faxina e jardinagem. Um casal com ares de poucos amigos cuidava da casa, havendo também um piloto de helicóptero, igualmente utilizado na condução de pequeno iate. Há algum tempo haviam desaparecido, o que não preocupou em absoluto os proprietários, pois, antes de ocuparem a casa, acertaram todo o aluguel antecipadamente. Tudo apontava na direção deles, a dificuldade seria achá-los.

Cláudia tentava consolar Lalinha, recomendando paciência, pois advogados e investigadores têm seus próprios métodos, muitas vezes encontrando *agulhas em palheiro*. E a moça acreditava sinceramente que Deus presidiria a investigação.

— Decidiu se vai comigo? E Marcos?

— Vamos, dona Cláudia! Não só pelo excelente salário, mas principalmente pela consideração que temos pela senhora. Imagine se a deixaríamos sozinha por tanto tempo!

Um mês depois, estavam em Barcelona.

Quem disse que um raio não cai duas vezes no mesmo lugar?

– Dona Cláudia, não entendo direito o que esse povo fala!

Cláudia ria, aconselhando:

– Lalinha, nada de andar por aí enquanto não se familiarizar com a língua e os costumes. Logo você aprende! Vá com Marcos, ele fala até legalzinho...

O trabalho da bela modelo tomava-lhe quase todo o tempo, aparecendo somente para as refeições e olhe lá. Muitas vezes Marcos levava a bandeja especialmente preparada para a agência, tantos eram seus compromissos. Marcos... cada vez mais apaixonado, a ponto de a irmã desesperar-se:

– Pare de olhar para dona Cláudia com esse olhar de peixe morto!

– Que mal tem? Ela nem me vê, parece que não existo.

– Existe sim, mas não como o príncipe encantado. Ah, meu irmão!...

Cláudia receberia amigos no elegante apartamento, brasileiros na maioria, daí optarem por servir uma comida regional. Pensaram, pensaram... Feijoada? Muito quente para a ocasião... Churrasco? Muito comum... Comida baiana? Talvez...

– Sabe do que os brasileiros mais sentem falta, dona Cláudia? Do nosso arroz com feijão de todo dia! Já percebeu que comemos arroz e feijão todo santo dia e não enjoamos?! E por aqui se trata de raridade... Eu, se fosse a senhora, faria um arroz bem soltinho, um feijãozinho de caldo grosso, um tutu com torresminho também, couve refogada na hora, bistequinha de porco douradinha, ovos fritos, banana empanada... E, de sobremesa, o tradicional pudim e doces caseiros, que aqui são difíceis de encontrar!

– Isso está com cara de comida mineira... uai! Concordo com você, Lalinha! Vou sair da dieta, que ninguém é de ferro! Mas... onde encontraremos os ingredientes?

– Credo, dona Cláudia, tem hora que a senhora nem parece moça moderna! Já ouviu falar no Google?! Deixe comigo e com o Marcos. A gente pesquisa e descobre onde comprar tudo! Vou fazer doce de abóbora com coco, doce de leite cremoso, aquele de gruminhos também, laranja em calda, mamão verde enroladinho... Só preciso das frutas!

A semana decorreu em meio a panelas e tachos. Lalinha trabalhava a pleno vapor, feliz em poder se ocupar, distrair-se daquilo que ultimamente lhe enchia a cabecinha: o sumiço de Joana... e o de Eduardo!

Naquela manhã, Marcos entrou na cozinha com uma sacola de figos verdes.

– Olhe o que encontrei!

– Encontrou como, comprou?...

– Sabe aquele mercado de produtos estrangeiros? Sabe sim, aquele que tem coisa de todos os países... Estava lá e um sujeito entabulou conversa comigo, um papo meio estranho, perguntando o que fazia, onde malhava... Em espanhol... Ao saber que era brasileiro, começou a arranhar um português até certinho, e ficamos conversando sobre comidas regionais... Adivinhe qual a predileta dele? Justamente a que você vai servir no almoço de domingo! Aí ele me falou de um pomar que tem nos fundos do lugar onde trabalha... Bingo! Olhe aí os figos! Com a condição de reservarmos um pouco da compota para ele...

— Tá... Você foi onde ele trabalha?

— Fui, mas não me pergunte como se chega lá. Acredita que o sujeito deu tanta volta que até estranhei?! A casa é grande, enorme, meio longe da cidade... verdadeira mansão! Tem guarda na entrada, nos fundos... e uns cachorros grandões num canil. Nem bem entrei, senti uma vontade enorme de sair correndo, um peso no coração... Você conhece essas *coisas* que sinto... Faça o doce, coloque em um pote, eu deixo no mercado e vou ficar bem longe desse cara. Sabe aquilo que o povo chama de *carregado*? Ele é assim... *carregado*... Fiquei zonzinho ao lado dele!

Verdadeiro sucesso o almoço. As meninas, todas muito esbeltas e lindas, pareciam nunca ter visto comida! Lalinha divertia-se, olvidando os problemas. Marcos somente olhava, quieto, ensimesmado...

A conversa fácil e descontraída, ao lado da piscina, parecia não acabar nunca... À tarde, o lanche com pão de queijo, broinhas, bolos, tortas, empadinhas que derretiam na boca... Para beber, sucos e um café forte e quente, daqueles que não despencavam de fraqueza ao sair da garrafa térmica. Às nove da noite, Lalinha adentrou a sala, sugerindo uma canja... Quase apanhou! Não sobrara nada do almoço? Pois queriam! Lalinha que esquentasse, fritasse mais bistequinhas, bananas... Ovo não precisava... Não se esquecesse da couve e dos torresminhos! Ainda bem que havia fartura de comida! Canja?! Comida de doente... nem pensar!

Preocupada, temendo que faltasse algo, Cláudia passava pela cozinha. Lalinha ria, dizendo:

– Dona Cláudia, as amigas da senhora vão ter que fazer regime pra mais de mês se quiserem perder o que conquistaram hoje! Nossa! Agora entendo o verdadeiro sentido de escravidão da moda, pobrezinhas... Estão morrendo de fome!

– Que exagero, Lalinha! Eu, por acaso, morro de fome?

– Quase...

– Cadê o Marcos?

– A senhora precisa dele? Deve estar no quarto, não gosta de muita gente ao redor. Se quiser, chamo...

– Para ajudar você...

– Imagine, dou conta sozinha. E seus convidados são legais, não implicam nem torcem o nariz... Daqui a uma meia hora, coloco tudo na mesa de jantar! Quentinho! Ah! Só o doce de figo acabou...

– Mas... vi um pote na geladeira...

– Ah, dona Cláudia, aquele é do moço que deu os figos. Ele pediu, mas, se a senhora quiser, sirvo e explico ao Marcos que o povo comeu tudo...

– Não, imagine! Tem mais sobremesas... O nome disso, Lalinha, é gula, inclusive minha! Ai, que perdição! Amanhã, frutas, sucos, um peitinho de frango grelhado, nadinha de carboidratos, escutou? Nem que eu implore! E trate de dar tudo o que sobrar de doces às empregadas da vizinhança... senão acabo comendo!

– Se sobrar alguma coisa!... As moças atacam que faz gosto.

No dia seguinte, Marcos olhava a xícara de café como se ela fosse com ele conversar... Lalinha tratou de extrair do irmão o que estava ocorrendo.

– Você não vai acreditar! Sabe ontem, no meio de toda aquela confusão dos amigos de dona Cláudia?... Pois havia uma moça na sala, parada, olhando-me. Quando cheguei perto, ela sumiu! Depois tornou a aparecer perto do meu quarto, com uma fisionomia preocupada. Uma hora, lá na sala, chegou do lado da mesa de sobremesas, apontando, fazendo sinal negativo. Tratei de expulsá-la mentalmente... só me faltava essa... Ver coisas aqui, na Espanha?! Vou ser internado como louco!

– Como ela era?

– Muito bonita, jovem, uns dezessete ou dezoito anos, talvez menos, com certa seriedade no olhar. Não me deu má impressão... Parecia querer falar alguma coisa, alertar, mas, com aquela gente toda, nem pensar! E não quero papo com fantasma de jeito nenhum, não dou nem conta dos vivos!

Na manhã seguinte, Marcos levou a compota de figo ao mercado, tentando deixá-la aos cuidados do vendedor para que a entregasse ao espanhol, recebendo a notícia de que não o conheciam. Assim, o doce ficou na geladeira. Qual não foi sua surpresa, no entanto, ao deparar, dias depois, com o sujeito justamente onde adquiria os produtos naturais con-sumidos por Cláudia! Marcos retraiu-se, pois algo naquele homem causava arrepios. Inútil! Insistiu em que tomassem um café, terminando por levá-lo a elegante cafeteria, onde se apresentou como Santiago e logo foi inquirindo:

– Pelo que vejo, trabalha como motorista... está satisfeito?

Conquanto reservado, sentiu-se na obrigação de responder afirmativamente. Ainda assim, a tentadora oferta não se fez tardar:

– Marcos, aqui na Espanha valorizamos muito a beleza latina, principalmente a brasileira. Muitos modelos de sucesso tiveram o início de suas carreiras entre nós. Já pensou em mudar de profissão?

Mudar de profissão... mal acabara de deixar a chapa de sanduíches da lanchonete. E Cláudia pagava muito bem! Além do mais, podia estar ao lado dela, embora a moça jamais o enxergasse a não ser como mero motorista...

Santiago notou-lhe o olhar repentinamente tristonho. Ali havia coisa! Continuou, insinuando oportunidades maiores, uma carreira de sucesso. Dinheiro, projeção social, mulheres a seus pés...

O rapaz nada dizia. O espanhol conduziu o assunto para Cláudia, falando a respeito de seus desfiles. Nunca assistira a um?! Por quê? Seria bom se conhecesse de que se tratava, já que estava lhe oferecendo a chance de adentrar o mundo da moda!

Bem na mosca! O mundo de Cláudia, do qual se sentia inapelavelmente excluído!

– Neste fim de semana haverá um... Gostaria de ir? Tenho dois convites...

– Acho que sim... Vou aproveitar e trazer seu doce...

Imaginara um público enorme... Nada disso! Santiago explicava que a amostra era direcionada a seletos compradores e consagrados profissionais da área. Coisa fina! Marcos sentiu-se mal na roupa barata, que nada tinha a ver com os trajes de perfeitos corte e confecção dos demais. Não devia ter vindo! Santiago acompanhava-lhe as reações. Muito bom! Era assim mesmo que desejava vê-lo, inseguro, sequioso de ascender, vulnerável a seus convites. O ponto fraco daquele jovem era Cláudia, a linda Cláudia, o amor impossível! Como descobrira? Pela transformação ocorrida no semblante do motorista quando a moça adentrara a passarela! Depois, no final do desfile, a tradicional aparição em vestido de noiva... Justamente Cláudia! Maravilhosa! Divina! Inacessível! Estrela inconquistável!

– Bonita jovem...

Silêncio...

– Devem ser muitos a cortejá-la... Será casada? Não? Mas logo certamente aparecerá o homem ideal, aquele que a arrebatará das passarelas talvez... Algumas casam com nobres, abandonando a terra natal...

Observando a silenciosa dor do rapaz, julgou conveniente lançar a isca:

– Por outro lado, poderá interessar-se por alguém do mundo da moda, quem sabe um modelo de sucesso, alguém do meio...

Marcos sentiu que talvez a mudança de atividade profissional fosse interessante. Cláudia poderia enxergá-lo finalmente como um igual!

– Como é essa história de ser modelo? Tenho realmente alguma chance? Pode ver que sou simples, um caipira da cidade grande...

– Qual é, Marcos, já se olhou no espelho?! Fará sucesso, basta um treinamento, coisa nada difícil quando se é dono dessa estampa! Tem documentos? Passaporte? Então, meu caro, está legalizado no país, será fácil dar um rumo à sua carreira. Vamos marcar amanhã, naquela casa onde pegamos os figos... Assinaremos contrato com importante agência e terá um salário superior ao que imagina e oportunidades como nunca pensou! Mas não fale nada a Cláudia, será uma surpresa quando se encontrarem nas passarelas, muito menos à sua irmã, pois mulher não guarda segredo. Amanhã à noite, às oito, na entrada do condomínio... pode me esperar. Não convém usar o carro de sua patroa para assuntos particulares, levo você e trago de volta!

Apesar da gentileza, aquele homem continuava a lhe causar arrepios. Talvez fosse melhor ignorar tudo aquilo, mas a lembrança de Cláudia no vestido de noiva falou mais alto ao seu coração! Valia a pena tentar! Se não desse certo, sempre poderia retomar o antigo emprego! Antes de deixar o trabalho, no entanto, trataria de arrumar alguém confiável para substituí-lo, pois não desejava causar preocupação às duas moças.

A casa toda iluminada deixou-o mais tranquilo. Aquele lugar lhe dava calafrios! Provavelmente, coisa de sua cabeça... Foi então que a viu, ao lado de um dos pilares do portão, a mesma moça do almoço em casa de Cláudia... e fazia sinal para que se fosse! Finalmente o portão se abriu e Santiago seguiu com o carro na direção dos fundos da mansão. Olhou pelo vidro traseiro, aliviado constatando que ela desaparecera...

Em uma construção desvinculada do corpo principal da casa, naquilo que se assemelhava a um escritório, entregou o passaporte ao espanhol, que o conferiu com ar satisfeito, mencionando o contrato, puxando um papel da gaveta. Sempre conversando, serviu um café nada saboroso, com estranho gosto, que se forçou a engolir para não parecer mal-educado. Minutos depois, tudo começou a girar, girar... Santiago permanecia em pé, enquanto outro homem entrava, seguido por uma mulher alta e magra... Quis sair dali, mas a escuridão o envolvia cada vez mais... Antes de desabar pesadamente, enxergou a moça do portão, fitando-o muito séria... e ouviu uma voz de mulher que parecia vir de longe, muito longe:

– Belo rapaz, Santiago! Tem olho clínico para a beleza, meu caro. Este dará bom dinheiro!

Lalinha estranhou a ausência de Marcos... Não era de seu feitio sair sem avisar e muito menos dormir fora de casa, principalmente em um país estranho. Ainda mais preocupada ficou quando a patroa relatou tê-lo visto no desfile, em companhia de um desconhecido, e isso acontecera justo na noite imediatamente anterior ao seu sumiço. Cláudia aventou a possibilidade de um caso amoroso, o que não a convenceu, pois bem sabia da secreta e arrasadora paixão que o moço nutria pela jovem modelo, afastando-o de outros interesses.

Esperaram mais um dia e finalmente acionaram a polícia... Embora houvesse câmeras de segurança no local do desfile e na entrada do condomínio, nenhuma delas conseguiu flagrar a imagem do rosto daquele desconhecido. Assim, o desaparecimento de Marcos juntou-se a muitos casos mais, todos insolúveis, misteriosos...

A jovem não podia acreditar que um raio houvesse caído duas vezes sobre sua família! Primeiro Joana, agora Marcos! Decidiu guardar silêncio, pois nada adiantaria revelar o acontecido aos parentes no Rio, somente ficariam desesperados.

Em meio àquela aflição toda, uma luz: a abençoada chegada de Eduardo, finalmente livre dos urgentes compromissos. Conquanto a boa vontade de Cláudia, seus desfiles e fotos exigiam dedicação integral, e assim ficavam ambas de mãos atadas. O moço poderia ajudá-las a desvendar aquele sumiço!

Conversando com os Espíritos...

A cabeça doía muito. Náuseas... Estava escuro e quente. O que acontecera?... O aposento recendia fortemente a lugar fechado, e ele compreendeu ter sido vítima de infame armadilha. Mas o pior veio depois, quando cinicamente lhe informaram que, caso se recusasse a trabalhar na *profissão de modelo*, a integridade de sua amada Cláudia estaria em risco. Tão fácil colocar corrosiva substância em um dos cremes da sala de maquiagem...

O rapaz acreditou piamente na hedionda ameaça, pois nem de longe imaginava o teor da conversa ocorrida assim que o haviam sequestrado, envolvendo os três comparsas, Matilde, Santiago e Enrico. Tudo se resumia em cruel blefe, nem de longe lhes passava pela cabeça concretizar o terrível feito, que somente atrairia para eles a atenção do mundo. Imaginem! Danificar um rosto admirado e cobiçado por milhões! Mais coerente sumir com o rapaz se persistisse na recusa; afinal, tantos havia à disposição!

Modelo... Logo percebeu haver adentrado o obscuro mundo da escravidão sexual! Dali por diante seria objeto de desejo, negociado, corrompido, seviciado se assim quisessem e pagassem. Horrível pesadelo!

Na manhã imediata ao sequestro, Marcos viu-se transferido para um outro local, o que pôs fim à oportunidade de encontrar-se com Joana, pois a irmã achava-se ali, aquele era o prostíbulo gerenciado por Matilde!

Jamais se interessara pelo assunto, ainda mais envolvendo a escravidão masculina, que lhe parecia fora da realidade. Agora estava prestes a ser *alugado*... Como seria isso, se jamais, desde que se apaixonara pela bela Cláudia, conseguira enfrentar um relacionamento sem amor? Antes, assim como os demais rapazes de sua faixa etária, saía com umas e outras, *ficava*... Cláudia estabelecera um marco em sua existência, a partir do qual começara a pensar seriamente a respeito do amor e do ato sexual, comumente dissociados na moderna sociedade.

Do lado de fora, a casa parecia inocente moradia de rapazes, todos muito belos. *Modelos masculinos ou acompanhantes*... As mulheres que lhes solicitavam os préstimos, em sua maioria solitárias criaturas, criavam fantasias sobre um relacionamento com belos corpos, não raro mantendo fidelidade à escolha do parceiro ao se agradarem de alguém. Surpreso, descobriu que muitas eram casadas, tinham filhos, netos... A droga marcava presença quase sempre, favorecendo a alienação da realidade.

Significativa parcela deles ali chegara com a promessa de fabulosa carreira, fama, dinheiro. Afinal, não fora assim com ele mesmo? Conquanto o motivo de haver concordado com as ofertas do insinuante espanhol fosse uma posição de destaque que despertasse a atenção de Cláudia, abrindo as portas de seu inacessível coração, o brilho da carreira também acenara convidativamente. Por que desprezara suas intuições, que sinalizavam desde o início algo errado, confrangendo-lhe o coração? Quanto arrependimento!

Espantou-se com o esquema dos aliciadores... Tudo começava em um *site* muito bem elaborado, no qual apareciam com a fictícia denominação de *acompanhantes* e *modelos*.

116 | Joana

As que não dispunham de local próprio para os encontros podiam optar por apartamentos pertencentes à organização, discretos e luxuosos; para as mais temerosas, casas em locais afastados, dotadas de invejável infraestrutura. Decididamente, não era coisa para pessoas de baixa renda! Com certeza rolaria muito dinheiro... De imediato, informaram-lhe a inclusão da droga no preço do *pacote*, cabendo-lhe, além do repasse, a tarefa de convencer as não usuárias a experimentar pela vez primeira.

Ao acordar naquela manhã, Marcos entrou em pane. Aquilo estava errado! Ainda deitado, seus angustiados olhos fixaram-se nas belas vigas de madeira de lei que adornavam, de espaço em espaço, o teto. Seria fácil escavar o gesso em uma das partes e inserir o cinto, que felizmente não lhe haviam subtraído. Somente precisava de coragem!

– Pensando em desistir, Marcos?

A jovem estava bem ali... A moça do jantar, do portão da casa de Matilde...

– Quem é você?

– Uma amiga, sua e de Joana.

– Conhece Joana, sabe onde está? Meu Deus, fale!

Paula relatou como conhecera a jovem. Ao se inteirar do fato de ela estar com Matilde, a comparsa de seu sequestrador, Marquinhos apavorou-se.

– Calma, agora as coisas estão mais tranquilas para ela, pois desempenha a função de cozinheira, não é obrigada a servir aos clientes masculinos.

– Meu Deus, como fui entrar nessa?! Joana ainda vai, ingênua, novinha, mas eu, macaco velho, cair numa dessas?!

– Olhando de fora, causa espanto mesmo. Sabia que muitas pessoas ainda jogam a culpa nas vítimas? Cansamos de escutar colocações do tipo: *Foi porque quis...*; *Se estivesse quietinha dentro de casa, não teria entrado nessa fria...*; *Vai ver sabia de tudo e agora vem dando uma de boazinha...*; *Exagero, a história não é bem como falam...* e vai por aí adiante. Quando a coisa envolve o tema sexo, as pessoas ainda são muito, muito preconceituosas. Quer ver? Se eu lhe disser que você vai ter que suportar, fingir-se de conivente para desbaratar essa célula do tráfico sexual, aceitar relacionar-se com as mulheres que contratarem seus serviços, passar a droga quando exigirem, o que diria, meu amigo Marcos?

– Não vai dar não! Prefiro morrer!

– Não falei?! Morrer... Saída honrosa, do seu ponto de vista... E inútil!

– Mas...

Diante da desolada fisionomia do moço, Paula começou a rir; embora penosa, a situação não deixava de ter seu lado tristemente hilário.

– Se visse sua cara!

– Claro! Essas mulheres com as quais tenho que sair são desprezíveis! Ou será que desconhecem de onde viemos, como somos forçados a isso?! São iguaizinhas aos bandidos!

– Muitas sabem, uma parte prefere não saber, algumas ignoram os hediondos processos de aliciamento e coação... O mais importante, contudo, é que, assim como nós, todas são filhas de Deus; embora incorrendo em graves erros, pelos quais responderão no futuro, continuam dignas de nossa compaixão e respeito, como cristãos que somos.

– Nem pensar! Não vou conseguir... e Cláudia vai pagar por isto! Se eu morrer, eles vão deixá-la em paz, entendeu?

Paula sorriu.

– Por acaso acredita que vão cometer a besteira de atacar Cláudia?! Não são loucos! Sabe em quantas revistas de moda aquele rosto e aquele corpo apareceram? Sabe quanto de dinheiro rola nesse negócio de passarelas e estúdios fotográficos? Olhe, Marcos, prometa-me que não vai cometer nenhuma asneira. Pelo menos hoje... A tal lista de clientes entra em vigor a partir da semana que vem, não é? Querem que você tenha um tempo para aceitar o inevitável, senão poderia causar problemas com as contratantes; se necessário, serão obrigados a prorrogar o prazo... Então! Hoje à noite, quando adormecer, vou levá-lo a alguns lugares, reavivar sua memória...

O rapaz ficou olhando-a com ares de incompreensão. Paula tratou de rápido explicar:

– Desculpe, Marquinhos, sempre esqueço que você ainda não estudou, no decorrer da atual existência, nadinha a respeito de como as coisas espirituais funcionam. Quando dormimos, nosso corpo está na cama, até roncando, mas nossa alma se liberta e pode ir aonde seus interesses a conduzirem...

Marcos sentiu-se repentinamente angustiado, uma sensação de *preferir não saber*, de que vinha *chumbo grosso*...

– Dê sua palavra, vamos! Guarde esse cinto, esqueça essa bobagem de suicídio e vamos conversar melhor. À noite...

– Nem sei seu nome...

– Pode me chamar de Paula...

– Só mais uma pergunta. Desculpe, mas você é um *fantasma*, não é?

– Se quiser colocar dessa maneira, mas eu diria que sou um Espírito desencarnado...

– Hã?...

– E você, meu amigo, é um Espírito encarnado, ou seja, com corpo físico...

– Mas as pessoas não enxergam você... Por que consigo fazer isso e ainda por cima conversar, como se estivesse viva?!

– Não pareço estar viva?! Só não tenho um corpo físico, motivo pelo qual a maioria das pessoas não me vê. Em seu caso, particularmente, isso é possível por você ser aquilo que denominamos médium.

– Todo médium vê Espíritos?

– Nem sempre, depende do tipo da mediunidade. Mas o importante é que pode me ver e conversar. Joana também consegue...

– Quer dizer que as duas conversam?! Sempre?

– Embora muitas pessoas pensem que Espíritos não têm nada a fazer, somos muito ocupados. Apareço quando necessário, às vezes ela me atrai pelo pensamento ou, quando muito desesperada, chama alto, como se eu fosse surda. Mas certamente não ficamos à disposição da pessoa vinte e quatro horas por dia, até porque os encarnados precisam cuidar eles próprios de suas vidas. Auxiliar, passar intuições, tudo

120 | Joana

bem, mas carregar nas costas, jamais! Além de tudo, cada encarnado tem um anjo da guarda, que é aquele Espírito designado para acompanhá-lo desde a hora de seu nascimento até o desencarne, evitando que ocorram males maiores. Ainda assim, cada indivíduo tem a liberdade de escolher seus caminhos, nem sempre enveredando pela senda do bem, por mais que seu protetor se esforce para desviá-lo das encrencas.

Paula desatou a rir da surpresa do moço quando acrescentou, lendo-lhe o pensamento:

– Sim, Marquinhos... Matilde, Santiago e Enrico também possuem seus anjos da guarda.

– Virgem Maria! Esses anjos devem passar por apuros!

– Passam sim! Ficam tristes com os desatinos de seus protegidos, constantemente procuram meios mais eficazes de auxiliá-los, recorrem a outros Espíritos mais evoluídos... mas jamais desistem! Fazem o que podem! Agora, chega de papo! Por que não toma seu café da manhã e aproveita o sol? À noite nos vemos!

O dia arrastou-se interminável, uma agonia, um aperto no coração... O rapaz sentia-se dividido: uma parte ansiava pelas descobertas, outra queria delas fugir.

Passava das onze. Revolvendo-se na cama, Marcos não conseguia conciliar o sono. Melhor assim, quem sabe o que encontraria... Mas precisava adormecer, precisava, precisava, precisava...

Paula ali estava, a seu lado, estendendo-lhe a destra. Agarrou-a como se fosse a salvação. Olhou para o leito, deparando com seu corpo adormecido, do jeitinho que ela explicara. Estranho... E se não voltasse?

– Calma, nada de mal vai ocorrer. Quando a pessoa dorme, deixar o corpo é natural.

– Para onde vamos?

– Conhecer alguns amigos... vai gostar deles, são muito legais.

Em desolado local, de amarelada aparência e raquíticas plantas, a construção rodeada por altos muros destacava-se, as paredes muito brancas brilhando como se emitissem luz própria. A mocinha explicou:

– Aquele é um posto socorrista. Considerável número de criaturas, ao desencarnarem, acham-se em lamentáveis condi-ções, decorrentes de sentimentos demasiado imperfeitos, dos excessos cometidos, e acabam sendo atraídas para regiões de sofrimento, onde permanecem até que se conscientizem do que fizeram, arrependam-se, implorem a assistência de Deus e estejam prontas para mudanças interiores. Tipo assim: *errei muito, reconheço; quero mudar, desejo reparar meus erros... Deus, ajude-me*!

Então, equipes compostas por trabalhadores espirituais saem para socorrer os que se acham em condições de resgate, ou seja, aqueles que finalmente deram abertura para isso. Depois de uma triagem, são enviados ao que chamamos de colônias espirituais, iniciando nova jornada, aprendendo e trabalhando, preparando-se para a próxima reencarnação.

– Por que sinto que esses conceitos me são familiares? Mas não me lembro de jamais ter neles pensado quando acordado...

– Vamos por partes. Quando estamos presos ao corpo físico, este funciona como um escafandro. Sabe... aquele equipamento que os mergulhadores colocam ao irem para as regiões profundas das águas. Nosso corpo físico é bem assim, pois serve de envoltório para a alma, a fim de que ela possa vivenciar as experiências da matéria necessárias à sua evolução. Presos ao corpo, muitas das nossas recordações e sensações da vida extrafísica se embotam e, ao dormirmos, elas têm a oportunidade de se tornarem mais vívidas. Agora, há casos em que a pessoa é tão materialista que isso não ocorre nem dormindo...

– Ah! Quer dizer que não estou tão ruinzinho?...

– Vamos dizer que sim... E de onde viriam esses conhecimentos que você sente possuir, que nada têm a ver com sua atual existência na Terra? Pense!

Relutante, Marcos arriscou:

– Estive em uma dessas tais colônias?...

– Bingo! Antes de reencarnar como Marcos, esteve em uma colônia espiritual e estudou, pois lá os Espíritos estudam, preparando-se para encarnações melhores, onde possam desenvolver suas potencialidades.

– Nossa... você tem toda razão. Mas... por que não me lembro de nadinha quando acordado? E, mesmo agora, recordo do *geralzão* somente?

– Um dos motivos seria a influência do corpo físico, do qual não está totalmente liberto, mas simplesmente dormindo. Vê esses filamentos prateadinhos saindo de você? Reparou que eu não tenho? No encarnado, ligam a alma ao corpo físico. Como não tenho corpo físico, inexistem em mim... São elásticos, distendendo-se, permitindo ampla liberdade de movimento. Na hora de acordar, retraem-se, trazendo a alma de volta ao corpo. Nunca sentiu como se estivesse sendo *puxado*, tipo puxa e cai e depois parece que estabilizamos, sentimos até um ligeiro tranco?

Outro motivo poderia ser seu pouco conhecimento a respeito dos assuntos espirituais. Mas tem intuições e sensações, não é? Se começar a estudar com seriedade, tudo lhe parecerá muito fácil, repleto de lógica, plenamente aceitável, sem nadinha de sobrenatural. Acontece muito com pessoas que começam a frequentar estudos nas casas espíritas e têm a impressão de *já ter visto aquilo antes*.

– Estou meio confuso, Paula, com a sensação de que alguma coisa não se encaixa perfeitamente...

A moça parou por instantes, pensou um pouquinho, e finalmente resolveu abrir o jogo:

– As coisas não deveriam ser da maneira como aconteceram, Marcos. Devido ao episódio com Joana e a questionamentos cada vez maiores referentes ao assunto escravidão sexual, você, Lalinha, Cláudia e Eduardo iniciariam um grupinho de estudos, com a finalidade de estarem devidamente preparados para enfrentar acontecimentos envolvendo a turma de sequestradores. Esta seria a primeira parte da missão do grupo! Mas você exerceu seu direito de livre-arbítrio e tumultuou um pouquinho as coisas, caindo na conversa de Santiago. Somente Joana seria sequestrada...

– Ah! Era por isso que você aparecia como se quisesse me afastar daquele bandido... Por que não falou?!

– Todos nós temos liberdade de escolha e, às vezes, escolhemos de uma maneira um pouco diferente daquela que seria a ideal... Tentei avisar que algo estava errado, mas você me expulsava sempre! Olhe, lá estão nossos companheiros. Vamos, vai gostar deles!

O rapaz esperava senhores de séria fisionomia e severo aspecto, deparando, contudo, com dois sorridentes jovens de sua idade. Apresentaram-se como Lucien e Adriano, e seus firmes apertos de mãos transmitiam enérgica confiança.

– Estávamos aguardando ansiosamente sua vinda, Marcos. Chegou a hora...

Intimamente o rapaz questionou que hora seria aquela... caso se referissem ao sequestro, péssima hora!

– ... de você entrar em contato com a missão que escolheu realizar nessa etapa de sua existência.

Marquinhos finalmente se convenceu: havia uma missão!

– Venha, vamos até nossa sala de projeções.

Filme?! Não se sentia nem um pouco à vontade para ficar assistindo a filminhos... Logo percebeu, porém, que algo muito mais importante ali ocorreria. Acomodaram-se e, enquanto Lucien orava sentidamente, implorando o auxílio de Jesus, começou a sentir-se leve, flutuando... Seus olhos fixaram-se na tela recobrindo toda a parede, na qual tridimensionais imagens iam se formando. Estranho... Parecia fazer parte da história, interagindo, vivenciando tudo aquilo. Como em alguns sonhos, nos quais, apesar de ter outra aparência, sentia-se ele mesmo...

Terceira Parte

Relembrando passadas existências...

– Patrão, a moça está na carroça...

– Foi fácil?

– Nem pensar, um perigo só! O patrão acha mesmo que compensa ir atrás dessas mocinhas de família rica? Muito mais simples arrebanhar as da plebe, dá menos trabalho, corremos menos risco...

– E lucramos bem menos! Não adianta nos enganarmos, as de famílias abastadas geralmente receberam educação primorosa, são prendadas... Que poderá oferecer uma filha da plebe ou de um escravo? Um belo corpo e nada mais! As outras, com raras exceções, pintam, bordam, tocam instrumentos, muitas conhecem as letras... Quando tens uma loja no mercado, expões um único tipo de mercadoria? A lã que vendes será toda na cor azul, sem opções? E somente terás lã? Muitos desejarão linho... Vendemos carne humana, meu amigo, precisamos de variedade! Se temos clientes para ambas as modalidades, precisamos dispor das duas mercadorias... E não se fala mais no assunto, senão me aborrecerei!

– Que seja, patrão! Mas acho bom levantarmos acampamento, porque essa é filha de gente importante de verdade, os guardas podem aparecer e revistar a caravana...

– Achas isso mesmo? E aquelas moedas de ouro que tenho guardadas à espera deles? Virão sim, mas para pegá-las! E, se não aparecerem, arrumo um jeito de as entregar, nem que precises ir à cidade pessoalmente tratar do assunto... Com meus cumprimentos! Jamais nos importunarão! Somente não podemos exagerar... Uma de família abastada, duas ou três pobrezinhas... e sem testemunhas!

– Sem testemunhas, patrão! Com essa última, veio a criada também... que faremos com ela? Não é nenhuma beleza...

– O de sempre, homem! No caminho, longe daqui, nós a venderemos a um desses bordéis de beira de estrada, em que a clientela não está preocupada com a aparência da mulher. O dinheiro é teu, pronto! Grande coisa não vai valer mesmo...

– Se o patrão me fizer esse presente, vou tratar de lhe disfarçar a feiúra com panos e adereços! O preço aumenta...

O riso dos dois homens perdeu-se no dourado crepúsculo.

Na manhã seguinte, logo aos primeiros raios de sol, a caravana seguia. Levava preciosa carga de perfumes e sedas do Oriente e outra muito mais lucrativa: jovenzinhas no esplendor da adolescência. Seriam vendidas a ricos senhores ou acabariam em luxuosos prostíbulos, bem longe dali, para não deixar rastros do crime, muito comum naqueles tempos. As menos favorecidas na aparência ou recalcitrantes, pouquíssimas na verdade, terminariam seus dias em obscuros locais. Pouco se durava naquela vida...

Em cada cidade do caminho, dispunham de contatos para a realização dos nefandos planos. Nem precisavam ficar por muitos dias, pois recebiam as informações e, muitas vezes, os próprios informantes providenciavam o sequestro, de olho no polpudo adicional, pago de bom grado pelo esperto Abdul. A rede assim se expandia, hedionda teia de exploração sexual.

A imagem de uma moça muito loura, olhos claros, vestida com sedutor traje de seda lilás, dominou a tela. Segurava uma

130 | Joana

corrente de ouro à qual se prendia exótica criatura selvagem, leopardo domesticado desde filhote, que comia na palma de sua delicada mão. Reclinada no triclínio, comandava a rica casa de prazeres. A luxuosa sala repletava-se de ricos romanos, garbosos comandantes em seus uniformes, membros do senado, representantes de nações diversas, todos irmanados pelo anseio de livremente dar vazão aos instintos.

– Lucila, minha linda Lucila! Os deuses te protejam, pois sem ti a vida seria um tédio sem fim! Roma não seria a mesma sem a bela Lucila e suas mulheres deslumbrantes...

– Senador... Vossa deferência honra-me. Que seria de mim, pobre mulher, sem os senhores de Roma?!

– Sem dúvida, sem dúvida! Mas... que novidades teremos hoje? Soube que Abdul aportou...

– Senador, decididamente, nada vos escapa! Verdade! Abdul trouxe belíssima peça... reservei-a para o senhor, pois bem sei de suas preferências. Intacta... Conforme nosso acordo de sempre, poderei usá-la aqui na casa depois...

– Novinha?

– Sim! Como o senhor aprecia... onze, no máximo doze anos...

– Perfeito, minha cara, perfeito! E... Abdul já se foi?...

Uma expressão contrafeita perpassou pelo belo semblante, ligeira, fugaz, de imediato substituída pelo mais encantador dos sorrisos:

– Desconheço-lhe o paradeiro... o que não importa aliás, pois se trata de mero fornecedor. Voltará certamente...

– Sim, sim!

Logo, em um dos grupos, o senador Licinius comentava o possível e secreto romance entre a bela Lucila e Abdul, o mercador, bisbilhotando sobre as causas do segredo que a moça insistia em manter. Um dos participantes maliciosamente alvitrou:

– Lucila ocupou o posto de amante de César... Ou acreditais que ela começou do nada e acabou chegando à casa de prazeres mais luxuosa de Roma? Os homens se cansam das mulheres... e das amantes! Seria diferente com César? Perde-se o posto no coração, mas, quando belas e espertas, podem se transformar em grandes aliadas. Tomai cuidado com o que revelais no leito a essas mocinhas com ares de tolas, pois tudo vai parar nos ouvidos de Lucila e dali, direto nos de César. Como achais que Julio César ficou sabendo do tesouro que Varinius *esqueceu* de mencionar ao regressar de sua vitoriosa campanha contra os bárbaros? Custou-lhe a vida, meu caro! Cuidado...

– E onde Abdul entra nisso?

– *Abdul*!... O coração das mulheres é estranho. Aposto que tem vergonha da paixão que sente por esse *mercador cheirando a camelo*. Olhai bem para ela. Parece um flor... Delicada, gentil, suave... e venenosa! Pobre Abdul, tão eficiente nos negócios... e tão à mercê da bela Lucila!

– Pode ser que estejais falando a verdade... De um imperador para um mercador, decaiu muito nossa bela Lucila!

– Licinius, Licinius... Na cama títulos se perdem, nada valem diante da força avassaladora do desejo. Não, não! Calai a menção da palavra amor, que prenuncio em vossos lábios! *Amor*... Desconheço, considero-o mera figura cantada e decantada pelos poetas... A paixão sim, esta existe, arrebata, faz-nos cometer loucuras, mas tem o efêmero tempo das chamas de uma pira de palhas. Depois, nada mais resta, muito menos esse tal *amor*...

– Ora, ora... Estais inspirado nesta noite, meu caro Flavius... Achais que o caso entre Abdul e nossa anfitriã pode ser classificado como passageira paixão?

– Com certeza! Muito diferentes... Ela, se não o sabeis, veio para Roma muito menina, despojo de guerra, filha de um guerreiro bárbaro que ousou enfrentar a águia romana! Foi arrebatada em leilão pelo falecido senador Glaucius...

– Glaucius, aquele que caiu em desgraça, que teve seus bens encampados pelo Estado?! Desapareceu, talvez tenha morrido na miséria, no exílio... Assim, do nada. Nunca soubemos direito o que ocorreu... Mencionado em uma das festas palacianas, o assunto irritou César de tal modo que todos tratamos de silenciar, receosos do peso de sua ira!

Então, isolavam-se em um dos cantos da ampla sala somente os dois homens, confabulando baixinho.

– Naquele tempo, já estava eu no cargo de assessor do próprio César. Recebia-lhe a correspondência pessoal, organizava a entrada dos representantes das conquistadas nações, intermediava seus casos amorosos... Uma trabalheira sem fim, muito lucrativa, todavia, pois institui um sistema infalível de chegar rapidamente a César, uma polpuda taxa que ia direto para minha bolsa. Não adianta me olhar com esses olhos invejosos... como julgais que amealhei fortuna tão jovem? Mas vamos voltar à história! Pois bem... Muitas eram as recepções no palácio. Embora repetidamente convidado, Glaucius sempre declinava dos convites. Aborrecidíssimo! Naquela noite, no entanto, impossível recusar, pois César havia expedido não um convite, mas verdadeira convocação, incluindo os familiares. E Glaucius veio, acompanhado da esposa e da filha adotiva, a jovenzinha que hoje conheceis como Lucila.

– Não acredito! Filha de Glaucius?! Mas... não se chamava Lucila naquele tempo?

– Não!... Tinha um nome estranho, desses que os bárbaros costumam colocar em suas crias, e que Glaucius manteve. Não me lembro mais... não tem importância! Quando nosso César viu aquela maravilha dos deuses, enlouqueceu de paixão. Na época, a menina teria uns treze ou catorze anos... Ao saber tratar-se de antiga prenda de guerra, adquirida em leilão e estranhamente adotada como filha, acalmou-se, pois as coisas ficariam mais simples. Tirar de um senador uma filha legítima? Escândalo! Comprar-lhe a jovem adquirida em leilão? Naturalíssimo!

Flavius aceitou o vinho que quase desnudo servo lhe oferecia, sorvendo-o lentamente, antegozando a expectativa do companheiro.

– Pessoalmente assisti à entrevista. Glaucius recusou a oferta e fez mais: asseverou tratar-se de sua filha, afirmando que ele, César, não poderia colocar suas mãos sobre ela!

– Louco!

– Deu no que deu, meu caro, família exilada, bens confiscados... e a menina no palácio!

– Mas... Eu não soube disso, nem tenho conhecimento que outros souberam...

– Sois a primeira pessoa com que me abro, nem sei o porquê. Deve ser esse maravilhoso vinho! Guardareis segredo, pois se trata de assunto perigosíssimo, verdadeiro decreto de morte. Na época, pessoalmente intermediei tudo, o que quer dizer que, se a história vazar, saberei a quem culpar...

– Podeis ficar sossegado. Será um segredo... Vamos! Como termina a história?...

– Nosso César colocou na cabeça, tão apaixonado estava, que ela o amaria! Tolice, bastaria tomá-la à força! Acreditai, período difícil aquele, pois a menina o ignorava, derretia-se em prantos, expulsava todos que dela tentavam se aproximar, uma loucura. Foi aí que tive o salvador lampejo! Localizei o pai adotivo em uma vila distante, num casebre à beira da estrada, informando que sua querida filha seria sacrificada caso sua rebeldia persistisse. Convenci Glaucius a lhe redigir uma missiva, aconselhando que reconsiderasse, dizendo estarem bem, nada lhes faltando, elogiando a generosidade de César, mencionando a justeza das leis que lhe apoiavam a decisão de considerá-la sua propriedade.

– E ele fez isso?! Glaucius?!

– Fez... e bem feito! Afinal, prometi-lhe que ela voltaria assim que César tivesse seus desejos satisfeitos. Ah!... todos sabem que os impulsos apaixonados de César sempre duram pouco! Glaucius se acalmou, concordando com minha sugestão de mencionar a tal promessa como se adviesse do próprio imperador. Recordo-me do fato de ter estranhado seu pouco entusiasmo quando mencionei que lhe devolveríamos o patrimônio confiscado... O homem somente pensava na filha adotiva! De posse do precioso documento, deixei a um dos guardas a incumbência de executar o casal na calada da noite, sem testemunhas, sumindo-lhes com os corpos e os vestígios das presenças no casebre. Fiz mais ainda, pois calculei que ela poderia um dia procurá-los: plantei falsas informações na vilazinha, dizendo haverem partido para bem longe, em excelentes condições financeiras, abastados e felizes.

– Por Vênus! Sois um gênio! César sabe disso tudo?

– Estais louco?! Acredita até hoje que ela se deixou cair de amores por ele! Tempos depois, enfastiou-se... Sei de segura fonte que ela conseguiu rastrear os passos dos pais adotivos, mas certamente grande deve ter sido o baque ao saber que a haviam abandonado. Então, César já deitava seus inconstantes olhos na direção de muitas e o destino encarregou-se de presenteá-la com esta casa maravilhosa, com as moças que nos repassa...

– Talvez seja decepção o motivo pelo qual não se envolve com ninguém... começo a duvidar dessa história de Abdul... Será?!

– Somente o tempo dará a resposta. Mas... que nos importa? Lucila nada mais é do que Lucila, a dona da casa de prazeres mais célebre da região. Basta-nos isso, nada mais! Ah! Parece que ela está trazendo vossa prenda!

– Para aprovação, antes que seja enviada à minha casa de campo. Lá não seremos importunados pela cara feia de minha *digníssima* esposa... Depois, quando me fartar, procederei como César, com menos generosidade é claro, pois ele é César, o todo-poderoso, e eu, um simples senador de nossa amada Roma. Será mais uma das meninas de Lucila, à disposição de todos. Mas eu... eu terei sido o primeiro!

Para Lucila, a noite parecera interminável. Abdul provavelmente a estaria aguardando em seus aposentos... Por que não conseguia convencê-lo a deixá-la em paz? Simples, fácil. Afinal, com tantas e belas jovens à sua disposição, por que se interessava justamente por ela, que nada mais esperava dos homens?... Temia ceder às suas apaixonadas juras...

Não se enganara. Ansioso, Abdul aguardava-lhe o retorno...

— Abdul... Não desistes afinal?!

— Bem que o desejaria, mas somente penso em ti! És um veneno que percorre as minhas veias e me alucina! Doce veneno...

Lucila contemplou-o demoradamente, enquanto ele persistia em suas declarações. Pelo menos, poderia ser menos belo! Seria mais fácil negar... Receava também que o lado comercial ficasse abalado em decorrência de sua obstinada recusa amorosa... Se isso acontecesse, quem lhe forneceria as moças para o movimento da casa? Outros haveria com certeza, todavia Abdul sempre fora perfeito nas transações, coisa difícil naqueles tempos, onde quase não se podia confiar em ninguém. Melhor ir devagar...

— Tens que entender as razões de minha recusa. Não desejo qualquer tipo de envolvimento contigo ou com qualquer outro... E não adianta dizeres que sou jovem, linda, que meu corpo pede o fogo da paixão! Pode até ser, mas eu mando em meu corpo, ele me obedece! Sei o que é melhor para mim... e não quero um relacionamento amoroso em minha vida! Tudo está tão bem assim, calmo, seguro, confortável! A presença de uma paixão somente tumultuaria tudo. Mas, se queres continuar insistindo, faze-o...

A fisionomia do jovem aclarou-se! A moça acenara com uma possibilidade...

– Quando pretendes partir?

– Amanhã... hoje, melhor dizendo, pois breve amanhecerá. Compromissos inadiáveis!

– Nesse caso, vamos acertar nossas contas!

– Não tenho pressa...

– Pois deverias ter, és negociante e sou uma de tuas clientes! Vejamos... Foram cinco jovenzinhas desta vez... O preço é o mesmo da anterior? Poderias dar um desconto naquela menos bonita, a de cabelos negros... muito comum! Empurrei-a para Licinius, que se julga grande entendedor. Coitado! Confere a idade, quanto mais jovem melhor. Acreditas que não distingue entre negras, morenas, ruivas, louras? Somente lhe interessa ser o primeiro. O primeiro... qual o laurel de ser o primeiro a desvirginar à força uma pobre criatura indefesa? Em minha opinião, louros deve receber aquele que se une por amor a alguém... Infelizmente, ele não é o único a pensar assim! Como se a virgindade roubada tivesse o poder de agregar valor àquele que a subtrai, valendo-se do dinheiro, da força física, das artimanhas... Estou no ramo há cinco exaustivos anos e ainda não consigo compreender os homens!

– Pensaste que talvez os homens também não a compreendam?...

Lucila calou-se. Por instantes uma sombra toldou as belas feições e ela sentiu um frio desagradável percorrer seu corpo, apesar da cálida temperatura da madrugada romana. Como explicar o que lhe corroía o coração, fazendo-a despertar em angustiosos transes, com a sensação de que um fantasma lhe rondava o leito de sedas e rendas? E o fantasma tinha um nome... Glaucius!

Finalmente só, revolvia-se no colchão de plumas, tentando conciliar o sono. Embora exausta, os olhos insistiam em permanecer abertos, secos...

A infância não parecia tão distante... Nômades, paravam em lugares por algum tempo, até que nada mais houvesse a explorar, seguindo depois para outras terras, os guerreiros conquistando e matando, estabelecendo novos domínios. A figura máscula do pai, em suas vestes de peles e couro, impunha-se manejando a espada, a machadinha. Quantos filhos teria? Uma imensidão, com eles não se preocupando, nasciam como os animaizinhos selvagens e se criavam livres... Em seu caso, no entanto, sempre fora diferente... Os pais costumavam preferir os meninos às meninas, mas não *o seu pai*, o chefe bárbaro temido e admirado por todos. Desde cedo ensinara aquela filha a cavalgar, a manejar armas, a ser uma guerreira. E exigia da companheira, uma das muitas, que dela cuidasse especialmente...

Mal completara dez anos, Roma caíra sobre eles de maneira avassaladora. Restaram poucos da carnificina, somente algumas mulheres, as mais jovens e belas, e ela, a única criança ironicamente poupada...

Tudo naquela criança refletia uma indômita rebeldia, uma coragem, um destemor... E que bela figura! Os olhos de um azul muito claro refulgiam no rosto bronzeado pelo sol inclemente. Ao contrário das demais meninas, envergava roupas muito semelhantes às dos guerreiros, mas com encantadores detalhes femininos. Como o pai, lutara valentemente, até que a espada fora arrojada de sua pequena mão por certeiro golpe, indo distante parar. Ainda assim não desistira, arranhando, mordendo, quedando vencida somente quando a lançaram aos pés do pai guerreiro, cuja ânsia de lutar persistia mesmo à beira da morte... Vendo a vida esvair-se do ferido corpo, o bárbaro erguera a espada para eliminá-la, poupando-lhe sofrimentos futuros, mas o oficial sustara o golpe, levantando-a nos ensanguentados braços. Aquela valeria seu peso em ouro!

O leilão... Um homem envolto em alva túnica a adquirira. A casa era grande, com um luxo jamais sonhado. A esposa, pálida criatura, recebeu-a como se fosse um brinquedo de pouco valor, questionando a compra. Sentira-se indesejada... mas Glaucius bruscamente ordenara:

– Não temos filhos... Eu a adotarei!

– Se queres filhos, senhor meu esposo, por que não um menino? Uma menina de nada nos servirá!

– Cala-te, mulher! Sei o que faço.

– Quantos anos terá?...

– Dez, onze... Trata de entregá-la às servas, que dela cuidarão. É alta para a idade, será uma bela moça. Providencia um excelente professor! Não fala nossa língua, tem péssimos modos, um terror! Amanhã mesmo cuidarei dos papéis de adoção...

– Para quê?! Pode ser mais uma das servas, uma escrava como as outras...

– Não! Terá meu nome!

Assim fora feito. Recebera o ilustre nome de Glaucius... e os melhores professores, criadas para servi-la, trajes luxuosos. Aos poucos se ambientava, encantada com as facilidades, deslumbrada com os jardins, as roupas, as joias, os brinquedos... A esposa não escondia seu desagrado, tratando-a de forma seca, muitas vezes ríspida. Mas o pai adotivo, Glaucius, este a mimava, raro era o dia em que não surgia com presentes. Inteligente, culto, exigia dos mestres esmero em sua educação. No começo, detestava as aulas, mas logo se apaixonou pelas letras, pela história... Bordar, pintar, somente por imposição! Os pergaminhos, no entanto, fascinavam-na, a ampla biblioteca transformara-se em seu reduto favorito. Sentia-se até feliz... até aquela noite, um pouco antes de seu aniversário de onze anos...

A presença de Glaucius em seu quarto a surpreendera. A casa repousava no silêncio da gélida madrugada. Quando ele partiu, o corpo registrava as marcas do abuso, mas o coraçãozinho doía muito mais, decepcionado com a traição ao amor filial que lhe dedicara. Como se iludira! De repente, entendeu a rejeição da esposa... ela não era uma filha, e sim uma rival!

O tempo foi se arrastando... Sentia-se envolta em pegajosa teia, da qual não lograva escapar. Então...

O convite chegara bem cedo, em linguagem incisiva... Júlio César, o famoso conquistador, comemorava seu aniversário e convidava a todos para a festa no palácio...! Glaucius bradava contra as pretensões do anfitrião; as ordens, no entanto, eram claras: *todos*!

Pela primeira vez, a mulher interessou-se pelos trajes de festa da jovenzinha, eximindo o irritadíssimo esposo da tarefa. Por ele, a filha apresentar-se-ia singelamente vestida, mas a romana superou-se na escolha. Em preciosa seda branca bordada com minúsculas pérolas e diamantes, a larga faixa de cetim envolvendo a cintura, longo e diáfano véu protegendo as delicadas espáduas, sandálias de tiras nos pezinhos... Fez questão de lhe emprestar joias suas, de raro valor, herança de família... Os febricitantes olhos da mãe adotiva contemplavam-na e a menina sentia-se desfalecer sob o peso da carga de ódio neles contida. Com certeza, sabia das incursões noturnas do esposo!

Cabeças voltavam-se à sua passagem, despertando em Glaucius um ciúme atroz, um desejo de arrancá-la dali. Tarde demais! César adentrava a sala. Em silencioso desespero, o senador recriminava-se por não haver colocado em prática o plano há muito acalentado: eliminar a esposa. Bastaria um veneno isento de vestígios, talvez a simulação de um ataque por parte de algum ladrão, ou fatal acidente... Estivera a estudar minuciosamente o assunto... A pretexto de desgosto pela perda da *amada* companheira, juntaria a imensa fortuna, partindo para bem longe dali, começando nova existência com a filha adotiva, agora como cônjuges. Mas o olhar de César já se demorava na encantadora mocinha, avaliativo, sedutor...

Finalmente tudo terminara e o senador pôde conduzir as duas mulheres de volta ao lar. O alívio pouco durou, pois, na manhã seguinte, recebeu novo convite do imperador para que sozinho fosse ao palácio, lá recebendo a aniquiladora notícia: o Estado, representado por ele, Júlio César, retomava o despojo de guerra para dele dispor como bem entendesse! Logicamente, seria reembolsado pelos cofres públicos...

Nessa parte, as lembranças coincidiam com a narrativa de Flavius a Licinius...

Tudo fora muito rápido. Retornando a casa, um febricitante Glaucius tentava arquitetar emergencial plano de fuga. Deixaria a esposa para trás, desaparecendo no mundo com a filha! Há muito vinha recolhendo a seguro cofre, em uma de suas propriedades rurais, significativa quantia, bastante para lhe permitir ócio e prazeres até o final de seus dias. Todavia César, prevendo sua obstinada recusa, antecipara-se! Enquanto o senador se encontrava no palácio, a jovem para lá fora conduzida, sob as vistas complacentes da esposa do senador, exultante com a vingança contra o companheiro e a indefesa filha adotiva.

No palácio, a menina teve tempo para avaliar o ocorrido, chegando a triste conclusão: as mulheres quase sempre estavam à mercê dos homens! Primeiro Glaucius, agora César... Pelo menos, este deixara bem claras as suas intenções... Quanto a Glaucius, todos o consideravam pai amoroso, ninguém lhe conhecia as deploráveis tendências e ações, o que a colocava em sério dilema: César a considerava intocada!... Que seria dela se o imperador soubesse do histórico noturno que lhe flagelava a alma? Lembrou-se do pai verdadeiro, das vezes em que fascinada acompanhava suas estratégias de ataque, estudando o oponente, prevendo-lhe os passos, aproveitando ao máximo as condições favoráveis, ainda que mínimas... Igualmente teria que jogar se desejasse sobreviver! Frustrado em suas pretensões de virginal pureza, César provavelmente não hesitaria em eliminá-la. Assim, resistiu, negou-se a ceder, desprezou amorosas declarações...

Descontente com seu nome, César chamou-a Lucila. Em latim, significava luminosa...

Aquela singular mistura de recato e desafio estimulou a paixão do romano, a ponto de deixá-lo alucinado. Lucila tornara-se uma obsessão! Imperioso conquistá-la, dobrar-lhe a cerviz, tê-la amorosa, submissa... Mas até quando persistiria a perigosa e incômoda situação? A interferência do jovem intendente, entregando nas mãos da moça a missiva de Glaucius, colocou fim ao impasse.

César prometera que voltaria ao convívio de Glaucius? Nem pensar! Qualquer coisa seria melhor do que aquilo! Cedeu, simulando inocência na primeira vez, tratando de alimentar aquela paixão que intuía passageira, desesperada por encontrar uma maneira de se fazer necessária, única chance de evitar o repugnante contato com o pai adotivo.

Certa manhã, ainda no leito, escutou a voz do odioso intendente dizendo da presença de uma mulher na saleta contígua, mencionando importantes informações. O olhar satisfeito do amante ao regressar fez com que simulasse conveniente cena de ciúmes.

– Podes te acalmar! Em tempos passados compartilhamos o leito, mas hoje nada mais resta, a não ser negócios vantajosos para ambos...

– Negócios, que negócios, meu senhor? Que negócios o poderoso César poderia ter com uma mulher?! Estais a me enganar! Ai, eu morro!

Lisonjeado com tamanho amor, Júlio César explicou o esquema de espionagem, o acordo em que a antiga amante lhe fornecia confidências do leito de prazeres e ele, substanciais quantias.

Os meses foram passando, o interesse do imperador arrefecendo pouco a pouco, por mais que ela se esmerasse no leito. Outra musa inspiradora roubou-lhe os suspiros de paixão, e mais outra, e outra... Até que finalmente Lucila foi liberada! Estava só, com catorze anos, sem destino. Conseguira amealhar generoso pecúlio, composto principalmente de joias, mas não bastava... Tratou então de colocar em prática o plano que lhe garantiria o futuro.

– César, meu adorado César, infelizmente já não sou digna de vosso amor... mas não desejo afastar-me da corte, pois assim posso acalentar a esperança de rever em vossos olhos a chama que tem me aquecido o coração. Tola esperança talvez... Há tempos, ao notar vosso desinteresse, mesmo em meio ao sofrimento da perda, uma ideia tem me inspirado: a instalação de luxuosíssima casa de prazeres, com jovens de rara beleza, todas servindo ao meu senhor, recolhendo informações sigilosas! Na cama, os homens revelam segredos, meu senhor! Assim estaríeis por dentro de tudo e Roma, segura.

– Ah, minha feiticeira, certamente queres dinheiro para a compra da casa... Tens algo em vista?

– Sim, o palácio do traidor Varinius... Está desocupado desde que a família foi exilada. Pertence-vos, senhor!

– Ora, ora... Não seria melhor uma propriedade mais simples?... Afinal, o palácio pertence a Roma...

– Vós sois Roma, meu senhor! E, além do mais, será utilizado para servir a Roma... Conseguis vislumbrar as vantagens de colocar em prática vossos planos de espionagem em um local à altura? Não estou propondo a instalação de mera casa de prazeres, mas de importante ponto de coleta de segredos guardados a sete chaves, recolhidos de gente importante, personalidades romanas, estrangeiras...

– Convenceste-me! O palácio é teu! Com a promessa de comandares pessoalmente essa coleta de informações. Até o momento, isso tem sido realizado de maneira informal, porém, ouvindo-te, percebi claramente a necessidade de encarar com mais seriedade a questão. Além dos romanos, ordenarei a Flavius que todos os visitantes de outras nações te sejam encaminhados, pois nunca sei o que realmente pensam e desejam.

– Pois sabereis, meu senhor, sabereis! Cada detalhezinho... Direto de meus lábios para vossos ouvidos. Nada de intermediários! Seria perigoso alguém se inteirar de material sigiloso de tal monta...

– Flavius...

– Não seria conveniente que ele detivesse tamanho poder! Assim que os primeiros lotes de confidências vos forem repassados, dareis razão a esta humilde serva!

– Talvez estejas certa... Quanto mais ouvidos, maior o perigo de sermos traídos!

– E nenhuma das meninas da casa saberá do que se trata, prometo! Para elas, serão intrigas simplesmente.

– E Glaucius, tua mãe? Não pretendes procurá-los, reatar tua existência com eles?...

– Somente a segurança de meu senhor conta! Eles fazem parte do passado... Vós, meu senhor, sois o presente e o futuro!

Lucila aprendera a mentir, a lisonjear, a enganar, mera questão de sobrevivência. Lembrava-se do pai, um bárbaro... Havia mais honra em um único fio de cabelo seu do que em todos aqueles romanos!

Jamais relatara a alguém a verdadeira história de sua vida no palácio de Glaucius. Para quê? Ninguém se importaria, talvez até considerassem normal.

E agora Abdul conseguia mexer com seu coração endurecido pelas decepções! Mas era tão infame quanto ela mesma! Vendia corpos, destruía corações, enlutava famílias...

Lucila suspirou... e aquele sono que não vinha!

Tantas haviam passado pela luxuosa casa de prazeres... Conquanto generosa, cobrava resultados. Treinava cada uma delas para desempenhar o papel de ardorosa amante e ardilosa espiã. Os resultados surpreendiam! César mal podia acreditar! Lucila conseguia o que seus melhores oficiais não logravam obter, de maneira indolor, eficaz. Embora não houvessem combinado recompensas adicionais, passou a incluí-las, assim demonstrando seu apreço. Lucila as dividia com as informantes, num gesto de incomum honestidade.

Por que fazia isso, se as moças eram simples mercadorias, compradas a bom preço, por ela mantidas? Ah! Despertava enfim a consciência, em lento processo de burilamento espiritual, que se estenderia por séculos.

Não raro a moça atravessava insone a madrugada, somente adormecendo aos primeiros raios de sol, quando se sentia segura. Resquícios do trauma provocado pelas noturnas visitas do pai adotivo. Fitando o teto do palacete, tentava fugir das tristes e constrangedoras lembranças... e da sensação de culpa por adquirir aquelas pobres vítimas de sequestro. Quanto tempo mais teria de estonteante beleza física? E aquelas moças, que não haviam nascido com sua esperteza e tino para negócios? Onde terminariam seus dias? Acabava sempre se deixando dominar pela razão:

– O mundo é assim! Cada uma que resolva seu problema! Não posso fazer nada! Ou quase nada...

O *quase nada* resultava no repasse de polpudas somas às informantes, o que lhe tranquilizava momentaneamente as crises de culpa. Às vezes pensava em desistir, desaparecer com o patrimônio amealhado, mas acovardava-se, temerosa de enfrentar a vida sem o disfarce de mulher fatal e poderosa. A seu favor, mencionaríamos a injusta estrutura social, privilegiando unicamente os homens, rebaixando a mulher ao nível de mero objeto sexual. Certa vez ousou mencionar às jovens da casa a possibilidade de libertá-las, deparando com inesperada onda de pânico:

– Senhora, para onde iremos?! Não temos mais família. E mesmo que a localizássemos, com certeza seríamos expulsas. Morreríamos de fome ou nos sujeitaríamos a trabalhar dia e noite em um desses bordéis para onde vai a plebe, a soldadesca. Senhora, por piedade! Aqui temos abrigo, comida, remédios. E até conseguimos economizar para a hora em que homem nenhum nos deseje! E a senhora nunca nos manda surrar...

Lucila chorou. Nem Glaucius lograra arrancar lágrimas de seus orgulhosos olhos, mas aquelas moças, a maioria tão jovem quanto ela ao iniciar sua forçada vida sexual, aquelas jovens conseguiram tocar fundo seu coração! E, diante de tanto sofrimento, de tamanha exclusão das mulheres, uma pergunta se fez em sua torturada alma: por quê?

Algum tempo depois, Abdul trazia-lhe mercadoria muito especial, uma jovem de estonteante beleza, verdadeira raridade, que certamente mereceria as atenções do próprio César. Assim que as perfumadas águas libertaram-na da poeira da estrada, Lucila decidiu levá-la à presença do imperador.

– Lucila...

Arrojando-se-lhe aos pés, a moça explicou:

– Meu senhor, trouxe-vos um presente...

Estranhamente, embora a considerasse belíssima, o imperador não se entusiasmou como seria esperado, pois algo nela lhe causava singular desconforto. Notando o olhar encantado de Flavius, generosamente determinou:

– Não a quero! Podes levá-la para tua casa.

– Senhor!

Decisivo gesto encerrou o assunto. Nenhum dos dois reparou no lampejar de ódio que fazia brilhar os claros olhos da moça.

Noite após noite, tudo se repetia na casa de prazeres de Lucila... Fitando a seleta clientela espalhada pelos triclínios, as moças sorridentes e belas, vestidas com luxo que muitas patrícias não podiam ostentar, sentia o peito apertado, pois lhes conhecia os dramas íntimos. Balançou a cabeça, tentando afastar tais pensamentos. Talvez Abdul tivesse razão quando educadamente a dizia incompreensível! Uma das jovens, justamente a mais amorosa, assentou-se-lhe aos pés, indagando:

– Senhora, por que estais tão pensativa, com esses ares tristes?

– Abdul...

– Abdul?! Mas ele vos ama, fará o que quiserdes. Vós, senhora, insistis em ignorá-lo, desprezais seu amor. O pobre só falta beijar o chão que pisais...

– Será, Lavínia, será? Sabes o que desejaria? Que ele abandonasse o negócio de sequestrar jovens pelo caminho e se dedicasse a uma atividade honesta. Afinal, tantos mercadores conseguem sobreviver somente com a venda de mercadorias que não sejam as humanas! Poderíamos nos unir bem longe daqui, onde ninguém nos conhecesse, onde eu não fosse a dona do prostíbulo e ele, o mercador de jovens bonitas e indefesas. Vês? Estás de boca aberta! Também não me entendes!

– Senhora... entendo sim! Mas, se não perguntardes a ele, jamais sabereis o que lhe vai no coração! Quem sabe ele pensa igual...

Lucila fitou a jovem. Catorze anos, advinda de família abastada, subtraída ao convívio dos seus durante imprudente passeio sugerido por serva de confiança, que fora iludida por sedutor namorado, justamente o ardiloso sequestrador que a entregaria a Abdul... Ela adquirira Lavínia há dois anos, obrigando a jovem a servir à clientela de sua casa... Ainda assim tão gentil, tão solidária. Talvez estivesse certa... precisava saber como Abdul se sentia a respeito da atividade por ambos exercida!

– Hoje descobrirei! Se for para ficar nesta angústia, sofrendo, prefiro que não mais me procure. Jamais desejei a presença de um homem em minha vida, pois sempre me causaram tristezas e dores! Agora, não sei bem o porquê, tenho pensado em Abdul mais do que deveria. Podes me ajudar, Lavínia, talvez ele ainda esteja no palácio... Dize-lhe que me espere, eu o encontrarei assim que todos se forem! Pede às servas que o conduzam a meus aposentos, que lhe sirvam vinho e o melhor para comer, pois a espera talvez seja longa. Anda, menina!

Abdul sentou-se mais uma vez. E tornou a levantar, caminhando de um lado para o outro. Quanta demora! Novamente retirou pequenina caixa do bolso da túnica, abrindo-a, fitando o precioso anel. Talvez seus sonhos se realizassem... Uma joia daquelas conquistaria o coração de muitas mulheres, por que não o de Lucila?! Guardou o presente, desajeitado se recostando no triclínio. Mania que os romanos tinham de descansar o corpo, como se eternamente exaustos. Comiam e bebiam demais, esbaldavam-se com mulheres... Ainda bem, pois de seus hábitos desequilibrados advinha a maior parte de sua fortuna... Dos gostos exorbitantes e devassos dos conquistadores do mundo! Riu de si mesmo... Desde que conhecera Lucila, passara a questionar a desenfreada poligamia, ansiando unicamente por seu amor. Tomava, contudo, muito cuidado para que ninguém soubesse, pois seria dificílimo explicar, naquela sociedade permissiva em questões sexuais, o desejo de estar somente com Lucila. Ah! E se soubessem que ela o rejeitava então?! Ririam dele!

– Devo estar com algum problema... essa mulher está me enlouquecendo!

Minutos depois a moça adentrava o aposento:

– Abdul, perdoa-me! Alguns convidados demoram-se além do esperado, meu caro. Vejo que estás com ares de cansaço. A viagem longa...

– Nada! Estou às ordens. Querias falar-me?

– Sim... Estive pensando... em nós... talvez devamos nos entender...

Abdul mal podia acreditar! Como por encanto, o anel estava em suas mãos e logo no dedo da moça, onde se encaixou com perfeição. Dali para as almofadas, tudo ocorreu como se Lucila flutuasse; jamais havia imaginado que poderia ser daquela maneira, que os beijos e carícias não despertariam nojo, e sim aquela sensação maravilhosa de amar e ser amada.

Amanhecia. A luz da aurora atravessava as diáfanas cortinas, colocando rosados reflexos nos corpos sobre o leito.

Somente uma coisa a incomodava...

– Abdul, precisamos combinar alguns detalhes antes de nos casarmos...

Estaria escutando direito?!... *Casar*?! Quando deixara a impressão de que teriam mais que um caso? Jamais se uniria a alguém que passara por outras mãos! Não pretendia se casar, muito menos com a dona de um bordel, ainda que de luxo! Seria motivo de riso!

– Há muito venho refletindo... Esta vida que levamos tem causado muita dor. Famílias perdem suas filhas, jovens são maltratadas por homens inescrupulosos, os abortos muitas vezes resultam em morte da mãe... Muito antes dos vinte anos, essas moças estão incapacitadas, doentes do corpo e da alma. Tantas morrem... e são repostas como gado! Não sei os motivos que te levaram a optar por esse comércio, mas tenho analisado os meus. E são todos egoístas! Tenho pensado somente em mim, em meu conforto. Não posso apagar o que fiz, mas posso recomeçar, sair disso, viver longe daqui, talvez em uma fazenda... Nossos filhos terão espaço, Roma estará distante!

Lucila certamente enlouquecera! Aquele era o negócio mais lucrativo do mundo! Os *fornecedores* exigiam pouco; a *mercadoria* muitas vezes saía de graça; depois de *consumida*, nem a família a desejava de volta, significando que continuaria a dar lucro por muito tempo, repassada a diversas mãos, giro fácil que incentivava futuras vendas. Morriam? Coisa da vida! Tantas havia à disposição... E os poderosos protegiam o esquema, os guardas e soldados faziam vista grossa, quem se atrevesse a contestar acabaria morto ou relegado ao esquecimento. Desde que o mundo era mundo, assim acontecia! E ela vinha com tolas culpas, remorsos?!

– Estás tão calado... Discordas de meus pontos de vista?

Precisava pensar, arrumar desculpas convincentes, pois pretendia proteger o romance, principalmente agora que a tivera nos braços. Jamais se sentira daquela forma com alguém!

– Minha querida, como disseste, estou exausto da longa viagem, e nossa madrugada de amor acabou por me derrubar... Vem, deixa-me enlaçar-te, também deves estar cansada.

Segundos depois, adormecia como uma criança... Lucila mal podia acreditar, um assunto tão importante e ele ...! Melhor dormir um pouco também.

Quando finalmente despertou, Abdul se fora. Decepcionada, tocou a sinetinha dourada, indagando da jovem serva o paradeiro do moço, tranquilizando-se ao receber a informação de que ele saíra às pressas, pois algo ocorrera na caravana, prometendo retornar assim que o assunto estivesse resolvido.

Durante o banho, entre pétalas de rosas na tépida água, as dúvidas voltaram. Abdul parecera estranho durante a conversa, que se transformara praticamente em monólogo. Mas não discordara! Detalhes, simples detalhes... Tudo daria certo!

Lavínia adentrava, trazendo o desjejum. Envolta na ampla toalha, convidou a jovem a compartilhar da refeição.

– Quero que faças algo muito importante para mim. Conversa com todas as meninas da casa, investigando o que cada uma desejaria fazer de sua vida se tivesse liberdade para tanto. Entendeste?

– Fácil, senhora! Mas... para quê?

– Estou com umas ideias... acordei com elas em minha cabeça...

A noite de amor com Abdul reforçara-lhe a intenção de se afastar definitivamente daquela vida, pois finalmente conseguira entender a fundamental diferença entre um relacionamento forçado e aquele onde os ditames do coração imperavam. Quanto sofriam as mulheres que se viam obrigadas a prostituir o corpo! Não poderia, contudo, libertar as jovens pura e simplesmente, abandonando-as ao próprio destino, de alguma maneira tentaria ressarci-las dos prejuízos causados por seu covarde egoísmo. Isso mesmo! Egoísmo! As joias conseguidas durante o relacionamento com César teriam sido mais do que suficientes para que ela abrisse um negócio humilde, porém honesto, que não precisasse explorar outras tão infelizes quanto ela. Mas a ganância e o medo de enfrentar os desafios de uma existência com poucas posses e sujeita a reveses haviam-na conduzido ao sombrio universo da exploração sexual, nele se demorando por tantos anos. Talvez a mágoa e a revolta tivessem influenciado, como se estivesse se vingando de tudo e todos pelo pesadelo dos anos com Glaucius, pela insegurança do tempo com César... Nada, no entanto, justificaria o mal que deliberadamente causara àquelas jovens! Precisava fazer algo por elas, garantindo-lhes um futuro melhor. Ainda bem que tinha posses para tanto!

Ao anoitecer, um lacônico recado de Abdul mencionava ter sido obrigado a partir inesperadamente, devido a sérias complicações. Nenhuma palavra terna, nenhuma referência à maravilhosa noite de amor.

Enquanto isso tudo ocorria, Flavius apaixonava-se perdidamente por Célia, nome que pessoalmente escolhera, por considerá-la um presente dos céus.

A jovem guardava um segredo em seu orgulhoso e ultrajado coração. Não se tratava simplesmente de alguém de privilegiada família, mas a noiva de poderoso senhor de distantes terras, arrebatada durante ataque à caravana nupcial. Abdul a recebera das mãos de um de seus novos fornecedores de mercadoria humana, não se importando em lhe averiguar as origens, tratando-a como todas as outras, deixando de atentar para o fato de que tamanha beleza, altivo porte e esmerada educação certamente sinalizariam nobre origem. O mercador, nos últimos tempos, somente conseguia fixar-se em Lucila e no descaso da moça por seu declarado amor; um pouco mais atento, teria feito mais perguntas, acabando por devolver a explosiva mercadoria ao sultão, pois sempre lhe atravessava as terras com a caravana e jamais fora incomodado!

Célia odiava toda aquela gente: Abdul, que intermediara sua venda; Lucila, que a ofertara ao imperador, como se fosse mero objeto; César, que a repudiara; Flavius, que não lhe respeitara os virginais medos, machucando-lhe o corpo e a alma.

Flavius... Tão jovem e tão desprezível! Detestava suas juras de amor, o toque de suas mãos enojava-a. Era subserviente, falso, invejoso... Considerava-se o máximo! Como não lhe percebia a repulsa?! Pelo contrário, acreditava em suas mentirosas juras de amor, abrindo-se, confiando-lhe segredos de alcova que abalariam o império.

Na realidade, o apaixonado romano tratava-a como preciosa prenda, concedendo-lhe inclusive uma serva pessoal, incomum luxo. E foi justamente essa serva a lhe confidenciar a novidade que circulava pelos corredores da casa de Lucila, a odiosa Lucila. O entregador de lenha, um jovem ingênuo e falante, desfiara a história: Lucila pretendia libertar suas moças, partindo de Roma com Abdul! Falava em vender o palácio, comprar uma fazenda. Quem lhe contara? Fonte segura, flerte seu, uma das moças. Ah! Ele mesmo tecia planos de montar negócio próprio, unindo-se à jovem liberta.

Ah! Todas se dariam bem, menos ela! Odiou ainda mais Lucila! Flavius tinha que saber das pretensões da moça!

Assim, muito antes de Lucila falar com César, tratou de fazer a cabeça de seu dono contra a venda do palácio, insuflando em sua mente que ambos poderiam tocar o vantajoso negócio... ela na direção e ele somente contando os lucros.

Independente da opinião de Abdul, Lucila resolveu colocar em prática seus projetos. Lavínia caprichara, e a lista lhe pareceu de fácil resolução, conquanto dispendiosa. Em menos de uma semana, as trinta e tantas moças tomaram seus caminhos, todas com a quantia necessária ao recomeço. Somente Lavínia insistiu em continuar a seu lado, maravilhada com a atitude de sua ex-senhora, com ela aguardando o retorno de Abdul, decidida a partir somente quando o casamento se realizasse e o casal saísse de Roma. Fraternal afeição fazia com que Lucila cogitasse em dela se fazer acompanhar quando partisse, pelo menos por algum tempo, pois acreditava que, distante do devasso cenário romano, a moça conseguiria sincero relacionamento afetivo.

A entrevista com César decepcionou-a! Se não estivesse tão envolvida emocionalmente, teria desconfiado que o imperador já se inteirara do assunto... O antigo amante mostrou-se avesso às suas decisões, dizendo-a ingrata e ingênua, questionando inclusive sua união com Abdul e a suposta anuência do mercador a *tais planos mirabolantes*. Ao mencionar sua intenção de negociar o palacete para a compra de uma propriedade rural, opôs-se terminantemente, alertando-a:

– Minha cara, o palácio Varinius pertence ao patrimônio de Roma...

– Senhor, com ele me presenteastes!

– Para trabalhar... não para vender! Disseste que montarias uma rede de espionagem, com o intuito de me servir! Agora que tudo segue às mil maravilhas, queres jogar tudo para o alto?! Onde estão teus protestos de fidelidade e amor a mim? Esqueceste? Além do mais, repito, o palácio pertence a Roma. Tens algum documento que comprove o contrário, minha cara?

– Tenho a palavra de César, mais preciosa do que qualquer pergaminho!

– Minha palavra... dei-a porventura? Faz tanto tempo... não me recordo de haver dito algo a respeito de te fazer proprietária de bem tão valioso.

Assim, o palácio retornou às mãos de César! E Lucila se viu às voltas com um patrimônio exíguo, que mal lhe daria para sobreviver, contudo seu coração estava em paz finalmente, pois até a posse do dinheiro resultante da venda do imóvel lhe parecia injusta. Tocaria a vida em frente, não lhe faltava disposição para o trabalho honesto. E havia Abdul... juntos venceriam!

Os dias foram passando e nada de Abdul...

Enquanto isso, em casa de Flavius, Célia sonhava com a derrocada de seu sequestrador. Na hora certa... César a repudiara, como se fosse uma qualquer, porém Flavius tinha acesso irrestrito ao imperador, o que acabara resultando em algo muito melhor, pois o apaixonado romano, sob o domínio de suas sugestões, poderia influenciá-lo continuamente.

Naquela noite, entre as sedas do leito, regozijara-se ao escutar de seu senhor os detalhes da entrevista de Lucila com Júlio César, deixando, no entanto, que o romano acreditasse ter sido ele o autor da brilhante ideia de administrar o lucrativo prostíbulo.

– Ah, meu senhor, sois tão inteligente! Destes a volta direitinho naquela mulherzinha...

– Dei mesmo, minha linda! O imperador lhe concedeu uma semana para deixar a propriedade. Considerei demasiado, mas não interferi, senão poderia despertar suspeitas de meu interesse.

– Ah, então não expusestes vossos planos?!

– Não inteiramente... Quando César teve a confirmação do que lhe adiantei há dias, ficou deveras descontente, pois a quantidade de informações que ali obtinha era espantosa! Tratei de acalmá-lo, prometendo iniciar minuciosa análise da situação, propondo-me a continuar a tarefa. Temporariamente... Quando tudo estiver correndo às mil maravilhas, ele mesmo se anteciará, solicitando nossa permanência!

Célia intimamente concluiu que Flavius era menos tolo do que pensara... Ele poderia desconfiar de suas intenções... Esmerou-se nos carinhos, vencendo a repugnância, a mente voltada o tempo todo para a almejada vingança.

Os dias transcorriam céleres para Lucila, em vão aguardando a chegada de Abdul. Finalmente tiveram que abandonar a casa, e somente a generosidade de Lavínia aplainou as dolorosas arestas da situação. A moça adquiriu, com o dinheiro recebido de sua antiga dona, pequenina propriedade no campo, para onde se mudaram.

Decorreram meses.

Certa manhã, Lavínia adentrou correndo a casa humilde, trazendo a notícia:

– Abdul passou por aqui! A caravana pernoitou perto do lago, seus homens compraram alimentos frescos nos sítios próximos!

– Vamos até lá!

– Partiram de madrugada... Mas, quando chegar a Roma, receberá nosso recado no palacete, deixei com vários serviçais que continuaram ali. Com certeza, virá vos procurar!

Em Roma, o acelerado coração de Abdul quase parou ao deparar com a gélida figura de Célia nas instalações onde dantes Lucila reinara. Se o reconheceu, a orgulhosa criatura soube manter a indiferença, negociando todas as moças de que o mercador dispunha, pois seu plantel estava praticamente zerado após a *absurda* libertação das jovens por sua antecessora. Apesar do ódio, controlou-se, pois precisava de tempo para regularizar a casa. Saberia aguardar o oportuno momento em que se livraria daquele que lhe arruinara os sonhos de amor e poder!

Abdul não reconheceu, naquela mulher principescamente vestida e adornada, a jovenzinha trazida tempos antes e negociada com Lucila. As saudades atormentavam o moço, mas a razão falou mais alto, principalmente depois de saber, pelos antigos servos da casa, o que ela fizera, dilapidando seu patrimônio, repartindo tudo com as moças, perdendo o palacete e a proteção de César. Insanidade! Transtornado, mais uma vez perdeu a oportunidade de reparar em Célia... Mal completara a transação, ordenou voltassem sobre a trilha que os trouxera!

Lucila entendeu... Abdul a abandonara! Suas juras de amor não passavam de vazias palavras!

Meses depois, novamente o mercador compareceu ao palacete Varinius, negociando com Célia. Agora, finalmente a casa estava com seu contingente de escravas sexuais mais do que completo e ela poderia dele prescindir, havendo tempo para localizar outro que lhe garantisse bom preço e qualidade de mercadoria. Um mensageiro de inteira confiança sua, com falsas credenciais fornecidas pelo astuto Flavius, portadoras inclusive do sinete de César, ironicamente seguia com a própria caravana de Abdul, sem que ele soubesse de suas reais intenções. Muito bem escondida, uma missiva ao atual sultão, o príncipe com o qual se consorciaria não fosse o lamentável episódio do sequestro. Nela, narrava em pormenores o ocorrido, suplicando vingasse o insulto à casa real; no mais, afirmava saber de sua ínfima condição, restando-lhe somente pedir perdão pelo transtorno involuntariamente causado. Pobre Célia! Vítima do próprio preconceito! Acreditava-se a mais ínfima das criaturas, assestando contra si mesma as baterias do julgamento pré-estabelecido, e a pontaria não poderia ser mais certeira, detonando-lhe a autoestima, deitando por terra quaisquer intenções de mudança, decretando sua falência como mulher e ser humano.

O coração de Abdul pesava mais do que o habitual, como se um funesto pressentimento rondasse o acampamento... De olhos fitos nas nesgas douradas do crepúsculo, sentia haver deixado para trás alguma coisa importante. A chegada de um fornecedor conduzindo algumas jovens distraiu-o por momentos, sobre as infelizes girando a conversa. Procedência, idade, preços... Foi então que o homem comentou:

– Deves ter conseguido excelente quantia por aquela de olhos azuis...

Tantas havia de olhos azuis...

– Aquela... *aquela*, Abdul! Pois é... Depois soube que se destinava ao príncipe, agora sultão, após a morte do pai em estúpido acidente de caça.

– Escrava?...

– Claro que não! Uma mulher daquelas?! Esposa... a principal! O harém daquele afortunado abriga mais de cem delas... por enquanto! Mas aquela veio de um reino com o qual negociavam, coisa grande, estava tudo preparado para as núpcias. E ela era mesmo uma beleza!

Abdul gelou. Uma sensação horrível! Para quem a repassara? Lucila! Sim...e a moça dela fizera presente a César...

Não se recordava muito bem da fisionomia da jovem, pois tudo ocorrera justo naqueles dias em que obsessivamente pensava na conquista de Lucila. Talvez seu servo mais fiel e próximo soubesse de algo...

– Patrão, o senhor não reconheceu a danada?! É a tal Célia, a dona do palacete. Enfeitada como ela só, mas ela mesma...

Noiva de um sultão! Como entrara naquela enrascada?! Amaldiçoando o infeliz que cometera tal desatino, ainda ousou indagar do servo:

– Sabias como foi sequestrada?

– E o patrão não?! Costuma ser a primeira pergunta do patrão...

– Não! Se soubesse, eu a teria despachado de volta incontinenti, dando uma de salvador, e ainda por cima acrescentaria régio presente de bodas! Ou me consideras louco?! Por que não me avisaste? Devia te cozinhar em óleo, infeliz! Mas agora não adianta lamentar! Anda! Providencia para partirmos amanhã, antes de o sol raiar! Sabes em que terras estamos, inútil? Nas terras do tal príncipe! Espera... Onde está o mensageiro de César?

– Ficou para trás, senhor. Mencionou importantes negócios a resolver na cidade, aquela pela qual passamos hoje cedo. Tem algum problema, senhor?

– Não sei, um pressentimento muito ruim... Onde já se viu alguém partir sem se despedir do dono da caravana?

O sol não surgiu para Abdul e seus servos! Antes do amanhecer, os soldados do sultão aniquilaram-nos com bárbaros requintes de crueldade. Em meio à tortura, Abdul somente lamentava não haver acatado a sugestão de Lucila.

Lucila... A imagem da jovem congelou-se na tela.

Entendendo as recordações.

Quando as imagens sumiram, restando somente a branca tela diante dos olhos de Marcos, o rapaz sentiu-se gelar, quis desesperadamente fugir à verdade que o entontecia...

– Mas... Não pode ser! Sinto-me como se fosse ele... Parecia que eu mesmo estava cometendo o horror de raptar aquelas meninas! Meu Deus! Digam que não fiz aquilo!

– Marcos, *aquilo* ocorreu há muito tempo, antes da vinda de Jesus ao planeta Terra. Você foi, em uma de suas encarnações, o mercador Abdul...

– Virgem Maria! E por que somente agora isso me é revelado? Não me lembrava de nada, juro!...

– O esquecimento constitui a maior das bênçãos! Permite que recomecemos. Algumas pessoas dizem que apreciariam lembrar-se de tudo, pois assim confirmariam a existência da reencarnação... E saberiam como agir, não repetiriam os erros. Não têm noção do que estão pedindo! Fazemos tanta coisa errada quando somos muito imperfeitos que o peso da culpa anularia a chance de começar de novo. Sem falar que renascemos justamente com as pessoas envolvidas, presentes em nossa família, no grupo de trabalho, de amizades... Imagine uma mocinha dessas nascendo como sua filha, ambos recordando de tudo. Não haveria chance alguma de se acertarem! Fique calmo, foi há muito tempo... Desde então você tem reencarnado, século após século, derrubando pouco a pouco as imperfeições gravíssimas que lhe aprisionavam o Espírito. Naquela época, considerava certo fazer aquilo, rendia bom dinheiro, poder. O orgulho e o egoísmo o dominavam.

– Lucien, uma pessoa como eu merece o castigo que está recebendo! É pouco ainda!

– Não se trata de castigo...

Marcos emudecera por instantes, desatando depois a fazer perguntas e mais perguntas, todas pacientemente eluci-dadas por Lucien:

– Lucila nunca soube do trágico fim de Abdul, acredi-tando que ele sumira para evitar compromissos maiores. Jamais se casou, apesar dos muitos pretendentes. Lavínia, ao contrário, uniu-se a honesto e trabalhador rapaz, com ele gerando muitos filhos. As duas permaneceram juntas, tratan-do-se como verdadeiras irmãs. Quis o destino que a meiga Lavínia desencarnasse em um dos partos, e Lucila assumiu as crianças, educando-as e amando-as. Nem preciso dizer quem ela é hoje, preciso?

– Cláudia, a minha amada Cláudia... Sinto que Lalinha foi Lavínia, estou certo?

– Certíssimo!

– E aquela Célia, que me custou a vida?

– Célia... Célia cuidou da casa de prazeres como se fosse propriedade sua, colhendo preciosas informações, repassan-do-as a César, o que causou a desgraça de muita gente. No meio do caminho, achou um jeitinho de livrar-se de Flavius, intrigando-o junto ao imperador, que diplomaticamente lhe *arranjou* um cargo em distante província. Com o assassinato de Júlio César, simplesmente mudou de patrão, reinando até desencarnar, soberana entre as meninas de sua casa, nelas descontando suas frustrações, sua ira.

– Por que me contaram tudo isso?

– Juntamos reminiscências de uma vida passada sua como Abdul e daquela então conhecida como Lucila para que entenda e aceite com menos rebeldia as dificuldades. Sabe, Marcos, para quem errou demasiado em algum segmento existencial, muito embora tenha se modificado, o desejo de reparação constitui regra. No mundo espiritual, quando já nos livramos de certos entraves evolutivos, tudo assume maior clareza, nossa consciência cobra isso de nós mesmos. Assim sendo, quando da oportunidade de reencarnar, a pessoa propõe atuar em missões que auxiliem a evolução de si mesma, dos demais e, consequentemente, do planeta. Neste milênio, a Terra está passando por uma fase de transição, em que deixará de ser um mundo de provas e expiações...

Diante do olhar interrogativo do rapaz, Paula adiantou-se, explicando:

– Marquinhos, a Terra não é o único mundo habitado, seria um absurdo acreditar que Deus houvesse criado o Universo todo, essa imensidão, e somente existisse vida em nosso planeta! Um desperdício, não acha? Só para a gente ver, bastariam umas estrelazinhas dependuradas no céu! Daí, partindo do princípio da pluralidade dos mundos habitados, facilmente deduzimos que Espíritos de diferentes níveis de evolução habitam esses mundos. E a nossa Terra está do jeitinho que Lucien explicou: um mundo de provas e expiações, povoado por Espíritos com sentimentos ainda muito imperfeitos. Aqueles que estão melhorzinhos, que se esforçam para não causar o mal, submetem-se a situações de dificuldade, denominadas provas, tendo em vista consolidar a mudança de sentimentos ou promover novas mudanças. Agora, aqueles que ainda persistem no erro, que fariam *tudo de novo*, esses passam por experiências dolorosas, por expiações, pois precisam do remédio amargo, sem o qual não se modificariam. Na verdade, a maioria dos encarnados na Terra passam pelas duas condições simultaneamente, por isso vemos tanta dor e miséria, mas também muitas realizações nobres advindas de pessoas que enfrentam sérios problemas. Ah! E tem uma coisa importante: cada caso é um caso, não se pode generalizar, pois os projetos reencarnatórios são específicos para cada ser.

Marquinhos olhou novamente com cara de *não estou entendendo...*

– Vou dar um exemplo... Imagine um assassino, como o tal que ordenou a morte do pobre Nico e de muitos outros. Ao reencarnar novamente, aquele Espírito poderá vir com sérias deficiências físicas, cerceando-lhe a liberdade, evitando novos erros, disciplinando sua rebeldia. Existem as celas da justiça humana, nem sempre justas, e as celas perfeitas da Justiça Divina. Mas um Espírito com certa evolução poderia escolher a deficiência física e nascer no seio de uma família, ensinando seus membros, pela condição de dependência, a ter paciência, a amar incondicionalmente. No primeiro caso, seria expiação... No segundo, missão! Sabe por que estou falando isto? Porque existe, entre muitos daqueles que se consideram entendidos em Espiritismo, uma mania de precipitadamente analisar as causas de o indivíduo estar desta ou daquela maneira, sem o conhecimento profundo dos mecanismos reencarnatórios pertinentes a cada caso em particular. Jamais devemos generalizar!

Lucien complementou:

– Bem colocado, Paula. Continuando... a Terra, até o momento, seria um mundo de provas e expiações. Materialismo desenfreado, famílias desestruturadas, drogas, abusos, escravidão sexual, fome, miséria, saúde comprometida, defeitos físicos, corrupção... Uma escola onde exercitamos nossas potencialidades, aprendendo e ensinando, pois cada um de nós se torna aluno e professor, em constante interação. Escolhemos nossos modelos e alguém certamente nos selecionará para constituirmos seu modelo existencial, em certa época de sua existência ou mesmo em toda ela.

– Ah, sei não... e se o modelo for tranqueira?...

– Trata-se de uma questão de afinidade, Marquinhos. Reparou como os piores elementos sempre têm seus seguidores? Estarão ali por obrigação, enganados simplesmente? Não! Pode reparar! Sentem igual, pensam igual, agem igual... ou jamais fariam parte do grupo.

Breve a Terra se tornará um mundo de regeneração, ou seja, um mundo onde o mal não mais predomine, onde o sentimento de amor ao próximo se imponha sobre a materialidade. Embora ainda imperfeitos, os seres aqui encarnados privilegiarão o bem. Para ser exato, o processo de transformação já está em andamento...

– Mas... Não é que eu duvide, entenda, mas as coisas parecem cada vez mais pretas! Olhe Matilde, Santiago, Enrico... A rede de prostituição... Os traficantes matando com armas e drogas...

– Aí é que está, meu amigo. Para melhorar, muitas vezes teremos a impressão de que tudo piora cada vez mais!

Estamos atravessando um momento crucial, pois uma quantidade enorme de Espíritos recalcitrantes no mal ou ainda inconscientes de sua destinação reencarnaram e ainda estão reencarnando, para terem sua última chance. Se não modificarem seus sentimentos, serão conduzidos a outros mundos, inferiores à Terra, onde passarão por experiências difícílimas até que consigam a mudança, percebe?

– Mais ou menos...

– Por outro lado, Espíritos evoluídos também estão encarnando, com a destinação de acelerar a evolução do planeta. E outros, que já conquistaram relativo entendimento, propõem-se a reencarnar em situação nada confortável, sujeitos a se envolverem em tarefas de semelhante finalidade. Exemplificando, a rede de escravidão sexual comandada por Matilde e seus sequazes constitui um dos alvos. Paula se propôs a encarar o desafio, Joana, Cláudia, Eduardo... e você!

– Eu?!

– Sim. Agora, graças ao desvio do plano inicial, talvez seja preciso aceitar a ingrata tarefa... E tem outra coisa: essas pessoas não estão para brincadeira. Se não ceder, acabará morto! Pense em Joana, na mesma situação...

– Meu Deus! E quem é Joana afinal? Faz parte da história que acabei de ver?

– Célia...

– Não pode ser, Lucien! Aquela megera?! Joana é doce, amiga, sincera... Ah! Você deve estar enganado!

– Tudo passa, as pessoas mudam. Este é o propósito das sucessivas reencarnações: nada mais, nada menos do que aprimorar sentimentos. Quanto mais o Espírito se desvencilha do egoísmo, do orgulho, mais sente a necessidade de colaborar para a evolução de todos. Célia destruiu a existência de muitas jovens, torturou-as dia após dia, delas exigindo irrestrita obediência, punindo com a morte aquelas que ousavam se rebelar contra sua autoridade, privilegiando abortos e mais abortos. Enfrentou muitas encarnações dificílimas, superando as imperfeições pouco a pouco, até o presente.

Pode acreditar, meu amigo, no tocante à escravidão sexual, existe muito pouca diferença entre o que ocorria há quase três mil anos e o agora. Talvez sejamos mais bem informados, pois hoje os meios de comunicação são incrivelmente rápidos e globalizados, mas não se iluda! A informação existe à disposição de muitos, contudo cada um a processa de acordo com seu entendimento, sempre vinculado à própria evolução espiritual. Assim, muitos se revoltam com o tráfico sexual, mas uma esmagadora parcela esquece que essa exploração mantém os pretensos *sites* de modelos e acompanhantes, a pornografia adulta e infantil, os leilões humanos virtuais... E *navega* à vontade...

– Ai! Não é que é mesmo?...

– Não se pode barrar a marcha do progresso, impedir que as pessoas entrem em contato com as mais variadas formas de notícias e informes. Podemos sim ponderar melhor sobre nossas ações, ainda que virtuais, sabendo que tudo repercute no universo, seja ele físico ou espiritual.

– Bom, Célia mudou, não é mais aquela *bruxa* do passado... Virou Joana! E eu?!

Diante de toda aquela aflição, Paula começou a rir:

– Em seu caso, ainda existe o apego a Lucila, bem lá no fundinho, mas a Espiritualidade compreende, aceitando esse amor como o prenúncio de algo muito maior.

O rapaz suspirou desanimado:

– Ai, meu Deus! Amanhã vou recordar disso tudo?

– Perfeitamente? Nem pensar! Mas restarão sensações, intuições... Amanhã, meu caro, nem pensará em suicídio, razão e coração aceitando as dificuldades, o trabalho não parecerá tão pesado e sujo...

O jovem Adriano, até então mero espectador, considerou:

– O grande problema, quando adentramos o submundo da prostituição e das drogas na qualidade de missionários do bem, consiste justamente em crenças e valores arraigados de forma tão profunda em nós que deles sempre resta alguma coisa, apesar de nossos nobres propósitos. Assim, torna-se difícil para muitos conviver com a ideia de que Joana aceitou, antes do reencarne, submeter-se à situação que hoje enfrenta. Já pensou com mais cuidado sobre isso, Marquinhos?

– Bom... Já que tocou no assunto, vou ser sincero! Como ela consegue, meu Deus?! Parece uma coisa degradante, indigna...

– Direto no ponto! Se Joana viesse paralítica ou cega para realizar uma missão, tudo bem, não é? Porque ainda se encara sexo como algo impuro, herança das épocas em que vivemos, nas quais a religião assim o considerava. Sexo e pecado andavam de mãos dadas! Se Joana gosta do está acontecendo? Lógico que não! Sente-se agredida? Claro! Mas não pelo sexo em si, que constitui divina criação, e sim pelo mau uso que dele as pessoas fazem.

Em um primeiro momento, talvez Joana tenha enfrentado significativo desequilíbrio emocional, pois não é uma santa, mas simplesmente um Espírito em evolução, com condições, porém, de concluir que *eles não sabem o que fazem*...[1] E perdoar, usando a experiência vivenciada para realizações no bem. Acredito que ela conseguirá!

— Não sabe como estarei torcendo para que esteja certo, Adriano!

— Lembra da Célia, quando enviou a missiva ao jovem sultão? Pobrezinha... Após o pedido de vingança, *desculpou-se pelo transtorno*, como se houvesse sido a culpada, admitindo-se indigna e suja, conforme o conceito daquele tempo. E de agora ainda! Muitas pessoas pensam da mesma maneira! Ela se vingou sim, mas continuou a apontar a espada contra si mesma, excluindo-se do rol das mulheres com direito ao amor, ao respeito.

Por outro lado, meu amigo, quais seriam as condições de seu casamento com o tal príncipe? Arranjo de famílias, jamais haviam se visto, interesses outros que não a comunhão de almas os ligaria. Dinheiro, por exemplo... Prestígio... Pelo que sei da educação do jovem sultão, a noite de núpcias dos dois não seria nada diferente daquela que a jovem teve com Flavius. Em minha opinião, apesar do mau caráter do romano, ele pelo menos estava apaixonado e a protegia.

O conceito de prostituição excede os hipócritas e restritos limites ditados pela cultura de cada civilização. A verdadeira prostituição vai além do corpo físico, encontrando real reduto no espírito. Ah! Jesus entendia muito disso, ao se sentar ao lado de mulheres da vida, compreendendo-lhes a dificílima condição;

---

[1] Lucas, 23: 34

ao falar sobre os túmulos caiados de branco por fora e repletos de podridão por dentro, referindo-se aos que hipocritamente ditam regras, como se perfeitos fossem. Sabe qual o verdadeiro significado da palavra prostituir? *Por à venda*... Quantas mulheres e homens, embora com certidão de casamento legalizada, não se *põem à venda* em troca de luxo e conforto? Quantas famílias não conduzem suas filhas e filhos a avaliar primeiramente o lado econômico, desrespeitando os anseios da alma? Não seria também uma forma de prostituição?

Paula tomou a palavra, olhos marejados de lágrimas, continuando:

– Embora sejamos os *mocinhos*, precisamos estar no meio de tudo o que repugna a sociedade. Mas, se a própria sociedade tem acoitado o que ocorre! Nunca Jesus me pareceu mais atual! Lembra o caso da mulher adúltera?[2] A que ia ser apedrejada? Pois é... Deve ter *pecado* sozinha, uai! Onde estava seu companheiro de erro? Longe do apedrejamento, protegido pelos valores distorcidos da época. Jesus ajoelhou-se, *escrevendo* na areia... O quê? Aquilo que cada um tinha dentro de si, que não pode ser traduzido por meras palavras, pois essa não é a linguagem da alma. Cada um *entendeu* simplesmente... E todos os acusadores se foram, deixando as pedras caírem ao chão, pois ali não havia ninguém que não houvesse errado. Já parou para pensar a respeito disso, Marquinhos?

– Não...

– Certamente havia muitos *certinhos* ali, do ponto de vista daquela encarnação especificamente. Até poderia ser, mas o Mestre adentrou os arquivos de vidas passadas daquelas criaturas, permitindo que cada um também tivesse acesso a eles e recordasse, ainda que de maneira breve, o monte de erros

---
[2] João, 8: 1-11

cometidos. Penso, aqui para mim, que foi como uma *pedrada* naquelas consciências! E cada um se retirou, murcho, de mansinho...

Tomo a liberdade de transferir o ensinamento para os dias atuais. Onde estava o companheiro de *pecado* daquela mulher? Onde estão os que buscam os serviços desses rapazes e moças, indiferentes aos tormentos de suas almas? Se não houvesse procura, inexistiria oferta...

A cabeça de Marquinhos parecia rodar... Mais uma vez, intimamente questionou:

– Como me meti nessa?! Terei mesmo me oferecido para isso?! Não entendo quase nada, tudo me parece novo... Alguém assim pode acreditar que está em missão?! Vou é dar trabalho!

Percebendo-lhe os questionamentos, Lucien explicou:

– Até que o amigo não deixa de ter relativa razão! Vamos raciocinar um pouco mais... Para evoluir, faz-se necessário conviver, condição presente nos planos físico e extrafísico. No mundo espiritual, os Espíritos agrupam-se de acordo com o grau individual de evolução, tendo em conta sentimentos e propósitos. Formam comunidades, colônias, cidades, de acordo com a lei de afinidade.

– Então há cidades onde só existem Espíritos maus?

– Claro! Cada um está no lugar que lhe pertence, de sofrimento ou de felicidade, nas mais diversas gradações... Quando um Espírito evolui, processo íntimo de mudança que somente ele pode empreender, em seu próprio tempo e ritmo, seria como se *passasse de ano na escola*. Sai das regiões de sofrimento, candidatando-se a ser conduzido àquilo que denominamos colônia espiritual. Nessas colônias funciona a lei de afinidade, donde podemos deduzir que as atividades e os estudos em cada uma delas submetem-se ao grau evolutivo de seus integrantes. Quanto aos projetos reencarnatórios, o mesmo ocorre, são elaborados levando em conta a evolução individual... Lembra daquela história de que ninguém recebe a cruz que não consegue carregar? Certíssima!

Agora chegamos ao seu receio de fracassar. Sempre se corre tal risco, até os bem preparados estão sujeitos a isso ao envergarem o corpo físico, principalmente porque entrarão em contato com a pesada psicosfera da Terra...

– Psi... o quê?

– Psicosfera poderia ser definida, em palavras simples, como sendo as emanações de natureza psíquica que envolvem determinado ambiente. No caso das colônias espirituais dedicadas ao bem, são provenientes dos Espíritos afins que ali estão, dos benfeitores espirituais. Um Espírito maldoso não poderia fazer parte de tal agrupamento, entende? Na Terra, ao contrário, vemos encarnados de diferentes níveis evolutivos, tem gente boa e gente muito má, resultando em uma psicosfera que ainda deixa muito a desejar. E aí surge a pergunta: será que, de posse do corpo físico, em contato direto com essas emanações eminentemente materialistas, muitos não se desviarão da rota antes traçada? Com certeza!

Paula ajuntou:

– Você deve compreender que as mudanças precisam ocorrer no íntimo das pessoas, incidindo sobre os sentimentos. Costuma-se acreditar que, se mudarmos o mundo, tudo se resolverá. Estrondoso engano! Impossível mudar alguma coisa de fora para dentro! As mudanças começam pelas criaturas, constituindo um processo gradativo, espalhando-se pela sociedade, mais rápidas e maiores na direta proporção da intensidade da reforma íntima e do número de *reformados*. Assim, meu caro, não vá achando que resolveremos tudo! Vamos desbaratar essa infame quadrilha, mas outras surgirão, outras continuarão existindo... Quando a coisa mudará? Quando formos todos melhores!

Lucien desatou a rir:

– Paula, assim você assusta o Marquinhos de vez!

– Não, Lucien, a maior parte das pessoas acredita mesmo que as mudanças tenham que vir de fora, da parte do governo, da polícia, das organizações. Logicamente que, se houver corrupção nesses setores, a coisa fica muitíssimo pior. Mas pense, Marquinhos, pense com essa cabecinha linda! São pessoas que formam o governo, a polícia, as organizações, a sociedade enfim. Podemos dizer que a qualidade geral resultaria do somatório das qualidades de cada um. Ficar todo mundo sentadinho, bonitinho, esperando que a coisa se transforme por milagre, produto de reformas externas, é utopia que o ser humano vem tentando há muito. Muda partido, muda governo, muda o nome das instituições, e tudo continua na mesma, porque somente a reforma íntima de muitos poderá transformar o planeta. Veja o caso da rede de prostituição... Tem notícia na mídia, na Internet, novelas, livros... Aí a pessoa, aquela considerada de bem, que frequenta regularmente a igreja, qualquer que seja ela, que se diz cristã, vai a uma badalada casa de espetáculos e se permite usufruir de jovens prostitutas, algumas adolescentes ainda, *ignorando* suas origens. E fica indignado com a prostituição infantil, com o tráfico sexual?!...

Marquinhos fitava a bela Paula de queixo caído. Seguramente, ela não se encaixava em seu modelo de guia espiritual!... Segundo seu conceito, teria que ser suave, doce, meiga... evitaria assuntos menos elevados... poderia falar em Jesus, orar, consolar, amparar...

Captando-lhe os pensamentos, Lucien sorriu:

– Um mentor espiritual faz tudo isso, Marquinhos. Coloca Jesus à frente, pautando-se pelos ensinamentos do Mestre, jamais perdendo o ensejo de levar as lições iluminadoras do Evangelho a cada ser. Ora, consola, ampara, mas também reconhece a importância de se instruir, deixando de lado preconceitos, falsos pudores.

A sexualidade sempre foi encarada com reservas pela sociedade humana e bem pouco se sabe a respeito dela... O desconhecimento é muito maior do que você pensa! O ser humano atual está para a sexualidade assim como o homem da Idade Média estava para a existência dos micróbios! A educação sexual que se recebe nas escolas, quando se recebe, é organicista, desprezando a existência do Espírito, que comanda toda essa força sexual, da qual o homem nem imagina o poder, cujo direcionamento se submete aos sentimentos e à vontade de cada um, dela resultando magníficas criações ou perturbações e destruição.

Nas casas espíritas, em pleno século XXI, falar a respeito de sexualidade e estudá-la constitui espinhosa tarefa, e quem concorda em assumir os riscos pode se preparar para as *pedradas*. Ah, estou me estendendo demasiado, meu amigo, desculpe a empolgação, mas o assunto é deveras fascinante!

Não se inquiete! Amanhã iremos à casa de Cláudia... algo muito legal deverá acontecer ali!

Quarta Parte

Formando um grupo de estudos...

Marcos despertou aos primeiros raios de sol, sentindo-se enfermo; uma gripe talvez, pois o corpo doía, calafrios percorriam-no. A coisa foi piorando, piorando... Permaneceu no leito, esperando por um médico, que somente apareceria no dia seguinte, quando severa pneumonia se instalara em ambos os pulmões.

Naquelas condições, impossível trabalhar. Assim, o moço obteve uma trégua, sabiamente preparada pela Espiritualidade através de oportuna doença, pois ele necessitava de um tempo maior para se adaptar. Enquanto isso, naquela noite mesmo, mal adormecera, sua alma deparava com os amigos espirituais. Iriam ao apartamento de Cláudia! Mal podia esperar!

Sorrindo, Adriano comentou:

– Desta vez você adormeceu rapidinho, embora tenha ficado no leito o dia todo, por conta da enfermidade física; muito diferente da última vez, quando até tivemos que utilizar o magnetismo para adormecê-lo, ou ficaria a noite toda de olhos estalados, em uma insônia terrível, impossibilitando nosso primeiro encontro.

O rapaz balançou a cabeça, em sinal de não entender o porquê da diferença. O instrutor prosseguiu:

– Tem tudo a ver com o que desejamos, meu amigo. Em nosso contato anterior, você temia as revelações. Embora delas não se recordasse, existiam em seu inconsciente, arquivo de passada existência, e *sentia* que não seriam agradáveis. Constitui natural mecanismo de defesa evitar dormir para não entrar em contato com quem ou o quê pudesse fazê-las emergir. Agora, no entanto, você quer muito ir ao apartamento de Cláudia, inteirar-se do que está ocorrendo lá, verificar se ela está sofrendo com o seu desaparecimento, não é?

Marquinhos sorriu sem graça. Adriano acertara na mosca!

– Pois vamos lá, meu amigo, vamos lá!

Na ampla sala de estar, Eduardo, Cláudia e Lalinha ocupavam o confortável sofá. Sobre a mesinha de centro, intocada bandeja com xícaras de chá e bule. Com natural elegância, a mocinha começou a servir a fumegante infusão e o agradável odor da calmante erva-cidreira invadiu o aposento.

Cláudia parecia nervosa, tensa:

– Lalinha, como vamos contar à sua família? Trouxe vocês até aqui e agora Marcos some, não se tem pista alguma! Segundo a polícia, o comércio de escravos sexuais corre às soltas, sendo difícil de coibir, pois os aliciantes escolhem vítimas sem destaque, vulneráveis... sem mencionar o fato do acobertamento por parte de pessoas importantes! Recorda-se do que ele falou, Lalinha?

– Isso mesmo... Depois, lá fora, quando fui acompanhá-lo como a senhora mandou, fez questão de afirmar, com ar de piedade, que achar o Marquinhos seria um milagre.

Percebendo que a reunião descambaria em choro, Eduardo resolveu intervir, pedindo licença para opinar:

– Estive pensando... Dias atrás, Lalinha fez uso de uma

expressão que me balançou: *o raio caiu duas vezes no mesmo lugar*... Quer dizer, por duas vezes o mesmo infortúnio desabou sobre a mesma família: primeiro Joana, depois Marcos. Não pode ser acaso, pois acaso inexiste na vida das pessoas. Seria muita incompetência divina deixar ocorrências tão significativas ao mero sabor do acaso, não lhes parece? Para tudo o que ocorre tem que haver uma causa. Então, quais seriam as reais causas dos sequestros? Por que Joana e Marcos, e não Mariazinha e Zezinho?

– Sei lá, primo!

– Por outro lado, a família está lá, no Rio, distanciada dos acontecimentos... Restamos nós, entendem? Nós... nós, Joana e Marcos... Por quê?! Ainda não sabemos, mas deve haver um motivo para tudo o que está ocorrendo.

As moças fitavam-no com espanto. Não é que ele tinha razão?! Eduardo conseguira sintetizar, de forma inteligível, aquilo que elas intuíam de maneira confusa. Mas... faltavam elos naquela história!

– Faltam elos, meninas, que a polícia procurará descobrir, ou que, *talvez*, nós mesmos levantemos...

– Ah, nem pensar, Eduardo! Essa gente é muito perigosa, não vamos sair por aí dando uma de detetives amadores em país estranho!

– Nem eu sugeriria isso, prima, pois entendo a coisa de outra maneira. Quando nos dedicamos a estudar um assunto, aprofundando-nos, informações semelhantes chegam até nós, parece que as atraímos... Já perceberam isso? Um exemplo... você começa a trabalhar em algo entusiasticamente e logo surgem pessoas interessadas na mesma coisa...

Os olhos azuis da moça arregalaram-se e ela interrompeu:

– Isso mesmo! Às vezes, parece que a pessoa copiou da outra a ideia! Vira uma indignação só, um brigueiro danado! Nós mesmas, as modelos, geralmente ficamos sabendo dos detalhes finais das roupas nos últimos dias, para não haver risco de *clonagem*... as oficinas de costura são cercadas de cuidados incríveis. Ainda assim...

– Sempre existe a possibilidade de atos reprováveis, mas pode acontecer que essas pessoas tenham acessado uma fonte diferente daquelas a que nos acostumamos. Vou tentar explicar melhor! De maneira geral, as pessoas consideram o pensamento algo descartável. Já atentaram para o tanto de pensamentos que temos em uma única hora? E o que acontece com eles?

– Ah, Eduardo! A maioria não resulta em nada, pensamos e fica por isso mesmo...

– Pois os Espíritos ensinaram diferente! Afirmam que os pensamentos se propagam no cosmo até o infinito! Pelo pensamento, minha prima, todos os seres do Universo, encarnados ou não, estamos interligados! Interesses comuns constituem a poderosa força de atração. Afinidade! Nem precisamos nos esforçar, ocorre naturalmente... Por isso, meninas, algo me diz que, se começarmos a estudar a respeito dessa tal escravidão sexual, de que tanto se fala hoje em dia, surgirão coisas novas... e interessantíssimas!

– Eduardo, você está ligeiramente atrasado! Lalinha e eu já entramos na Internet e lemos tudo a respeito; também assistimos a vídeos, a um filme de uma moça que trabalhou em um órgão oficial de auxílio e proteção a países no pós-guerra, deparando com o drama do sequestro e da prostituição de jovens, com deplorável corrupção em muitos segmentos da sociedade, inclusive onde ela desempenhava suas funções. Para falar a verdade, não quero ver mais nada, nem a Lalinha, não é, Lalinha? Dói demais! Principalmente quando temos casos pertinho, dentro de casa!

– Entendo, mas o estudo que tenho em vista segue outra linha, a espiritual. Vou explicar, escutem primeiro e depois discutimos se vale a pena.

O rapaz concentrou-se, procurando achar palavras adequadas:

– Vocês concordam comigo que todos temos uma alma, que não somos somente corpo físico? Sim? Agora faço uma pergunta às duas: o sexo tem a ver com o corpo físico ou com a alma?

As duas se entreolharam e Cláudia explodiu:

– Pergunta mais difícil, Eduardo! Os corpos físicos de todos os que nascem, exceto casos excepcionais, têm genitália feminina ou masculina; é a primeira coisa que a pessoa confere para descobrir se é menino ou menina... Mas, então, por que o exercício da sexualidade se diferencia de pessoa para pessoa? Teria algo a ver com a alma?...

– Bingo! Justamente! Embora a maioria das pessoas continue a encarar a coisa toda como algo inerente ao corpo físico somente, as raízes das forças sexuais encontram-se na alma! E na Terra existem gradações evolutivas, minhas queridas, não há como contestar isso. Lalinha, por exemplo, um doce, meiga, gentil, prestativa, trabalhadora. O pai, com todo o respeito, agressivo, egoísta, manipulador. Percebem? Para você, Lalinha, tenho certeza, qualquer envolvimento sexual implicará sentimentos mais elevados, comunhão de almas... Para seu pai, no entanto, o simples prazer resolve.

– Verdade... Marquinhos, nos momentos de indignação, costumava questionar como ele e a mãe brigavam tanto e tinham oito filhos!

– Entre tapas e beijos, menina!

Eduardo riu da brincadeira de Cláudia, prosseguindo:

– O que leva algumas pessoas a privilegiarem o prazer imediato e outras a sentirem a necessidade de algo mais? O que faz com que muitos aluguem corpos de infelizes, forçados a se prostituírem, em doloroso processo de destruição emocional e física, para seu prazer egoísta e imediato? Por que violência ao invés de carinho e respeito?

– Belas perguntas!

– Outra coisa que gostaria de deixar bem clara: quase sempre há conotação condenatória na abordagem de tais assuntos... Sugiro, tanto no caso de sequestradores como de sequestrados, uma abordagem livre de preconceitos, de tabus; caso contrário, enveredaremos pelo tendencioso campo do julgamento, o que não resolve nada, pois assim estaremos encarando os fatos com desconhecimento das causas por detrás deles... Seremos dominados pela emoção, daí a vontade de *matar os responsáveis, acabar com a raça deles.*

Lalinha adiantou-se:

– De minha parte, adoraria um estudo desse tipo, pois há muito venho me perguntando, sem resposta logicamente, como funcionam essas coisas da alma, porque também não acredito que eu seja só um corpo que a Terra irá comer e tudo se acabará. Sabe o policial? Na porta, ele me convidou para um *programa*, deu até a quantia em euros... Quando educadamente recusei, perguntou-me se eu era *daquelas empregadinhas que não se deitam com os donos do país*. Tive que engolir e ainda arrumar uma desculpa, para não prejudicar a investigação! Como vou explicar que meu coração deseja mais do que uma simples transa?! E tem outra coisa muito triste... Diante da crueldade que envolve as vítimas de tráfico sexual, impossível não querermos vingança, não desejarmos o pior para os exploradores. Realmente... é como você diz... Sobe uma raiva, uma vontade de esganar quem faz isso... Deixamos de ter paz, nosso pensamento retorna sempre ao mesmo ponto, um horror!

Surpresa, Cláudia fitava Lalinha. Quem diria?! Explicara bem melhor do que ela, detentora de diploma universitário, poliglota, conhecedora de muitos países e pessoas...

– Primo, sei que você é espírita... o Espiritismo influenciará esse estudo?

– Não tem como deixar isso de lado, pois tudo em que acredito baseia-se no ensinamento dos Espíritos evoluídos. Se discordarem de algo, analisaremos juntos a questão, não sou daqueles fanáticos que pretendem abrir a cabeça das pessoas na marra, substituindo suas crenças e valores à força.

– O que são crenças e valores?...

– Pergunta muito legal, Lalinha, mas que precisarei responder um pouquinho mais adiante, se concordar. Pode ser?

– Lógico...

A essa altura, Paula, Adriano, Lucien e o espantadíssimo Marquinhos achavam-se instalados há muito nas poltronas restantes, ouvindo com atenção.

Eduardo terminou:

– Então, amanhã à noite, oito horas, com direito a cafezinho e bolo, começaremos.

– Nem pensar, Eduardo! Chego praticamente a essa hora, mais tarde ainda... Acabarei perdendo muita coisa! Olhe, que tal às onze? Muito tarde para vocês?

Os dois concordaram de pronto. O moço sugeriu uma prece e logo o Pai Nosso invadiu a sala, pausado, sentido. Suave luz envolvia os três encarnados e os visitantes... Marquinhos sentiu-se renovado, uma paz imensa asserenando seu dorido coração. Lucien abraçou-o, despedindo-se:

– Até amanhã à noite, meu amigo.

O dia seguinte arrastou-se para o rapaz. Confinado ao leito, queimando de febre, uma tosse contínua maltratando--lhe o peito. Como se não bastasse, a visita deveras desagradável de seu algoz! Santiago passara para ver como iam as coisas na casa dos rapazes, irritando-se com a notícia da enfermidade do novato.

– Só nos faltava essa! Além de teimoso, doente! Não será fingimento, doutor?

– Pneumonia dupla! Calma, Santiago, isso passa rápido. Ele é jovem, forte como um touro, nem sei como contraiu essa enfermidade, acredito que se deva à queda imunológica motivada pelo estresse...

– Pode falar claro, doutor! Estresse provocado por estarmos forçando *sua alteza* a sair com clientes. Quem ele pensa que é? Vem de um país subdesenvolvido, até fome deve ter passado, e quer dar uma de *gostoso*?! Qual o problema,

188 | Joana

doutor?! Uma clientela selecionada, droga à vontade, e ele não quer?! Muitos dariam o sangue por isso!

O doutor sorriu. Santiago não tinha necessidade de *torcer* a verdade, conhecia muito bem seus pacientes. Suspirou... Desde que enfrentara aquele processo por incompetência e erro médico, restara-lhe trabalhar para os aliciadores de *carne humana*. E não estava sendo nada fácil, embora ganhasse muito mais do que nos tempos de medicina autorizada. Quando o chamavam, o que nem sempre acontecia, quase nada podia fazer, pois as doenças apresentavam-se em avançado estágio. Ou se tratava de overdose, abortos, maus tratos... Ah, se não tivesse uma família para proteger, certamente estaria bem longe! Uma vez dentro, como sair?

– Santiago, olhe bem, não há motivo para preocupação! Daqui a quinze dias no máximo, o rapaz vai estar inteirinho, bonito e saudável. E rendendo bom dinheiro, pois se trata de um belíssimo espécime! Calma!

– Quinze dias?!

– Quinze dias... ou um pouco mais... Você quer que ele passe essa doença para uma de suas clientes? Quer?!

– Não... mas, se passar, a *dona* vai reclamar com quem? Dizer que *pegou de um acompanhante*?! Duvido!

– Para que se arriscar? As notícias correm, uma conta para a outra, sua credibilidade decai... Deixe os antibióticos atuarem, a fraqueza passar, as cores voltarem, e ainda fará muito dinheiro com ele!

– Deus o ouça! Senão...

O doutor calou-se. Bem conhecia o significado daquele *senão*... Quase sempre terminava em óbito.

Após a tardia e rala sopa do jantar, Marcos sentiu-se muito sonolento, adormecendo profundamente, logo se encontrando entre seus amigos espirituais, que o aguardavam para o início do estudo na casa de Cláudia. Defronte ao elegante e sofisticado edifício, percorreu com os olhos os andares, parando em uma das sacadas, onde as plantas cuidadas com carinho por Lalinha explodiam em flores. Surpreso, notou a presença de esvoaçante flâmula azul, que parecia irradiar luz própria... Adriano explicou:

– Aquela bandeira tem a função de sinalizar nosso local de estudo, que se trata de importante atividade relacionada ao Mestre Jesus. Espíritos dedicados ao mal não se aproximam, porque sabem da existência de uma barreira magnética destinada a proteger estudiosos e orientadores do ataque das trevas.

Marquinhos pensou:

– Tanto trabalho para três pessoas estudarem... Mais eu, de ouvinte apenas, pois não podem nem me ver...

Mal adentraram o apartamento, o rapaz quase perdeu a respiração. A sala projetava-se no espaço, poltronas brancas alinhavam-se a perder de vista, ocupadas por aquilo que achou serem desencarnados... ou talvez encarnados dormindo, como ele mesmo! Suavíssima melodia convidava ao silêncio...

– É sempre assim quando um grupo se reúne para estudar?!

– Depende. Quando o estudo se reveste de seriedade, quase sempre... Obedecendo, logicamente, a determinadas diretrizes, dentre as quais poderíamos citar a finalidade do estudo, o nível de conhecimento dos participantes e do coordenador encarnado, a disposição do grupo... Imagine algumas pessoas que se propõem a estudar, mas não há perseverança, inexiste disciplina e desejo de aprimoramento, popular *fogo de palha* ou *quando posso*... O mundo espiritual jamais montaria essa estrutura, fatalmente fadada ao insucesso. No caso de Eduardo, ele se propôs a auxiliar nossas irmãzinhas; para tanto, necessitará aprimorar seus conhecimentos e desenvolver adequadas técnicas pedagógicas, pois nenhuma de suas companheiras de aprendizagem compartilha sua crença, e seria impossível abordar tal assunto sem os ensinamentos espíritas, ficaria somente repetindo o lugar-comum, aquilo que se vê na Internet, na mídia...

– E ele sabe do anfiteatro?!

– Sequer imagina... Se Eduardo tivesse conhecimento de sua imensa plateia, perderia a espontaneidade, que constitui justamente um dos aspectos mais interessantes de seu curso. Ignora, inclusive, a presença de mentores espirituais especialmente encarregados de assessorá-lo... Quanto ao trabalho em si, nós o catalogamos na categoria principiante, porque Eduardo vai partir do básico, do início, daquilo necessário à maioria dos encarnados e desencarnados presentes para ampliar a visão a respeito do tema, demasiado circunscrita ao corpo físico até o momento.

Paula interferiu:

– Não esqueça de mencionar, Lucien, que todo estudo desse tipo segue uma norma jamais desdenhada por Jesus: cada um assimila aquilo que lhe permite a evolução. Recorda-se das famosas parábolas? Assim, o grande e difícil segredo do sucesso consiste em ensinar de maneira que todos possam explorar suas potencialidades e, a partir dali, cada um terá condições de aprofundar os conhecimentos. Importante mencionar, Marquinhos, que esse processo de aprendizagem tem pouco a ver com escolaridade, pois há pessoas que mal estudaram na atual existência e captam perfeitamente os conceitos, enquanto que outras, portadoras até de diplomas universitários, encontram dificuldades. Ah! Lá vem sua irmã!

Deus e a reencarnação.

Lalinha adentrava a sala trazendo a garrafa térmica e uma cesta de vime forrada com toalhinha xadrez, repleta de dourados bolinhos recém-fritos, o que provocou um murmúrio na assistência do lado espiritual, liderado pelos adormecidos encarnados e endossado por muitos desencarnados, ainda saudosos dos quitutes terrenos. Eduardo, como se teleguiado pelo cheiro, invadia o recinto, com olhar de garoto travesso:

– Lalinha, minha doce Lalinha, esses bolinhos são para mim, não é? Cláudia nem chega perto dessa gostosura. Ai! Com açúcar e canela, quentinhos, iguaizinhos aos que mamãe fazia... Nem me fale que isso é para mais tarde!... Vão esfriar! Vou experimentar agora mesmo!

Lalinha desatou a rir. Agora entendia por que o moço jantara pouco, com certeza de olhos no que viria depois! Observando a alegria com a qual os saboreava, regados com café forte e praticamente sem açúcar, até se sentiu mais confortada em relação ao sumiço do irmão querido. Algo lhe dizia que as coisas mudariam!

Cláudia chegava, fitando com inveja o satisfeito primo. Ah, se pudesse imitá-lo! Depois, não mais aguentando, escolheu o menorzinho, servindo-se de café, recusando a oferta de adoçante:

– Não, Lalinha, quero puro mesmo. E um bolinho, unzinho

só! Amanhã cedo é a prova final dos vestidos da *maison*. Imagine se eles não entram!

– Ai, que exagero, Cláudia. Sabe, acho que vocês engordam de tanto pensar nisso! Relaxe, coma sem culpa. E nem pense em mandar a Lalinha cortar o lanche! Ai, está simplesmente divino... Lalinha, tire isso daqui, leve para a cozinha. Traga no final!

Cláudia desatou a rir:

– Trazer o quê, Eduardo?! Só sobrou um! Coma esse também! Lalinha, a partir de amanhã, você traz o lanche sempre no final do estudo, depois que eu for para o quarto, entendeu? Tenha pena de mim, menina!

– Pode comer, seu Eduardo, larguei outro tanto na cozinha...

– Assim é que se fala, menina!

Minutos após, irmanavam-se todos na prece proferida pelo moço. Depois, ele perguntou à queima-roupa:

– E daí, acreditam em reencarnação?

– Isso é complicado. Sempre fui católica, embora não frequente a igreja, a não ser quando não posso fugir, missa de sétimo dia, casamento... E não existe reencarnação para a igreja católica, o senhor bem sabe. Mas, *ultimamente*, falar de reencarnação está na moda, coisa que anos atrás ninguém se atrevia a mencionar. Tem até filmes a respeito... novela... minissérie... Então, prefiro deixar em aberto.

– E você, Cláudia?

– Sincera mesmo? Não acredito! Nascer de novo, em outro corpo, eu?! Quando morrer, espero ir para o céu, que muito pecado não cometi. Além do mais, adoro este corpinho que Deus me deu! Não quero outro!

– Quando iniciamos um estudo sério sobre sexualidade humana, impossível deixar de lado a reencarnação, pois sobre ela repousa o princípio evolutivo, ou seja, através de sucessivas reencarnações vamos pouco a pouco evoluindo, num processo que inclui a sexualidade. Então, se as meninas permitirem, vou colar aqui na parede, não se preocupem que não vou estragar a pintura, algumas perguntinhas... Quero que olhem, comentem, e depois analisaremos as respostas. Legal?

Para facilitar, vou lê-las em voz alta... Primeira: você acredita em Deus, Ele existe? Segunda: você classificaria Deus como bom e justo? Terceira: como você explicaria as diferenças sociais, as de saúde, a miséria e a fartura? E a existência de pessoas boas e de outras muito más? E o nascimento de um bebê aleijado, ou cego, ou com problemas que logo o levarão à morte, como um câncer? Podem pensar... Vou tomar uma água e volto dentro de alguns minutos.

Lalinha olhou para Cláudia como se dissesse bem assim: *onde amarramos nosso jegue*?...

A modelo caiu na risada, exclamando:

– Ah! Fácil de responder! São os mistérios de Deus, que ninguém consegue explicar.

Lalinha corajosamente confessou:

– Sabe, dona Cláudia, essas perguntas todinhas já me fiz a respeito de Deus... Sei que tenho pouco estudo, pois desde menina trabalho para ajudar em casa, mas eu penso! Tudo no Universo é perfeito... jamais uma estrela despencou em cima de nós, o sol aquece e espalha vida, há flores, o mar... Tudo fala da beleza e perfeição do Criador, só não enxerga quem não quer!

Por outro lado, minha família vive na favela e lá a gente vê coisa do arco-da-velha! Traficantes, criança de dez anos passando droga, pais de família que abandonam os filhos, brigas, confusão, mortes... E tem doente de toda idade lutando por uma vaga no SUS, aguardando meses e meses por um exame, uma consulta com especialista, como se doença esperasse fila andar... E criancinhas procurando o que comer no lixo... E os animais? Já viu o que os pobrezinhos passam?

– Não é fácil, Lalinha!...

– Mas também vemos tanta gente se esforçando para levar a própria vida numa boa e, ainda por cima, ajudando os outros, apesar de ter bem pouco... Não tem como deixar de questionar! Mas não aceito essa de *mistérios de Deus*! Tem que haver uma explicação! E também não acredito naquela conversa de gente revoltada, que diz que Deus está cego para o que acontece aqui na Terra! Se o Universo é essa perfeição toda, será que o ser humano é a única criação imperfeita?

Da porta, Eduardo presenciava o desabafo da mocinha, contendo-se para não bater palmas. Que cabecinha aquela! Adentrou o recinto, exclamando:

– E então, vamos lá, meninas?! Por partes, uma questão de cada vez...

Deus existe? Sim, ambas concordam que sim. Mas... qual será a concepção das pessoas a respeito de Deus? Na primeira questão de *O Livro dos Espíritos*, Kardec faz uma pergunta aos Espíritos...

– Pelo jeito, parece que nosso estudo vai se basear todinho nos conceitos do Espiritismo, desse tal Kardec. Acho bom a gente saber um pouquinho a respeito desse senhor, senão vamos ficar ouvindo você dizer o nome dele como se fosse velho conhecido nosso. E somente você o conhece! Lalinha, por acaso esse senhor é seu *velho conhecido*?

Eduardo e Lalinha caíram na risada, e o moço se penitenciou:

– Desculpem... Tem toda a razão, prima, deveria ter apresentado a vocês, ainda que ligeiramente, o senhor Allan Kardec, já que vamos citar suas obras. Fácil de resolver, vamos fazer uma pesquisa na Internet... Rapidinho... Aqui... Data de nascimento: 3 de outubro de 1804, em Lyon, na França, sendo registrado com o nome de Hippolyte Léon Denizard Rivail. Onde estudou? Na escola de Pestalozzi, em Yverdun, na Suíça... Na ausência do ilustre mestre, assumiu a direção da escola diversas vezes... Publicou vários livros na área da educação...

– Mas ele tinha outro nome...

– Exato. Adotou o pseudônimo de Allan Kardec mais tarde, pois não queria que sua fama de respeitável pedagogo influenciasse a opinião pública a respeito da emergente Doutrina Espírita. Tudo começou em 1855...

– Já era cinquentão...

– Pois é, Cláudia. Em uma idade na qual, naquele tempo, a maioria das pessoas se preparava para *dependurar as chuteiras*, esse senhor incrível empreendeu uma obra gigantesca, de parceria com elevados instrutores espirituais! Repetindo, meninas, tudo começou em 1855, ao entrar em contato com o fenômeno das mesas girantes. Imaginem uma época em que não havia televisão, Internet, TV a cabo, DVD, cinema...

– Nem me fale! Como passavam o tempo?!

– Brincando com as mesas girantes, prima! A grande sensação do momento. As mesas *respondiam* perguntas fúteis, batendo e girando...

– Parece a brincadeira do copo...

– Justamente, Lalinha, o princípio é o mesmo. Mas Léon logo viu que a matéria inerte não poderia estar gerando tais fenômenos, que haveria *algo* inteligente por trás de tudo. Começou a pesquisar! Um pouco mais tarde, com a contribuição inestimável da mediunidade de duas jovens, Caroline e Julie Boudin, organizou a primeira edição de *O Livro dos Espíritos*, publicado em 1857. Essas jovens eram médiuns, quer dizer, serviam de intermediárias entre o mundo dos encarnados e o dos desencarnados. Sabem quantos anos tinham? Catorze e dezesseis! Kardec elaborava as perguntas e os Espíritos respondiam pela psicografia delas.

– Nossa, já dei uma espiada nesse livro, quando você o deixou sobre a mesa do escritório no Rio... As perguntas são difíceis! E as respostas então! Elas jamais teriam condições de inventar nada daquilo!

– Realmente, Lalinha! Para encurtar, Kardec codificou o Espiritismo, quer dizer, ele pegou o que os Espíritos ensinaram e organizou tudo em ordem didática, elaborando os livros da codificação: *O Livro dos Espíritos*, *O Livro dos Médiuns*, *A Gênese*, *O Evangelho Segundo o Espiritismo* e *O Céu e o Inferno*. Todo espírita que se preze começa seus estudos pelas obras da codificação!

– E perguntou aos Espíritos quem era Deus...

– Aí é que está o interessante, Lalinha! Não perguntou *quem é Deus*?, e sim *que é Deus*? Justamente porque Deus não é uma pessoa. Os Espíritos responderam que Deus é a inteligência suprema, causa primária de todas as coisas. E ainda disseram que nossa pobreza de linguagem a torna insuficiente para definir as coisas que estão acima de nossa inteligência. Assim, todas as qualidades que quisermos atribuir a Deus estarão limitadas por nosso ponto de vista humano: leal, justo, bom, amoroso, fiel... Conceitos humanos, subjetivos. À medida que formos nos espiritualizando, teremos condições de entender melhor Deus. A maior parte das pessoas ainda *enxerga* Deus como *enxerga* o ser humano, inclusive Lhe conferindo um corpo semelhante ao nosso. Um velho de barbas, imponente...

– Mas, Eduardo... a Bíblia diz que fomos criados à imagem e semelhança de Deus!

– E qual será nossa verdadeira imagem, Cláudia? Se temos um corpo material, que acaba depois da morte, restando o Espírito imortal, não dá para pensar seriamente que essa semelhança teria a ver mais com o lado espiritual, com essa centelha que somos nós enquanto Espíritos? Tem uma passagem no Evangelho, aquele famoso encontro do Mestre com a mulher samaritana... Sabem?...

– Não, não sabemos...

Eduardo riu, prosseguindo:

– Saindo de Jerusalém, Jesus seguia com seus discípulos para a Galileia. Em vez de trilhar a costumeira estrada, optou por galgar as montanhas de Efraim, adentrando a Samaria, fato incomum, pois os judeus evitavam as terras dos samaritanos, por não se darem bem. Depois de cansativa escalada, chegaram finalmente à entrada da aldeia de Siquém. Os discípulos foram em busca de comida e Jesus ficou só, assentado na beira do poço conhecido como Poço de Jacó, esperando... Estava muito quente, o sol a pino...

De repente uma mulher apareceu, portando uma bilha... Vinha pegar água... Jesus pede então de beber à mulher e ela se espanta, pois naquele tempo não era costume um homem dirigir-se a uma mulher na rua, mesmo que fosse sua parente. E muito menos um judeu...

– Nossa!

– Para resumir a história, durante a conversa ela Lhe pergunta onde se deveria adorar a Deus, tudo porque os samaritanos haviam construído um templo no monte Garizim, rival do templo de Jerusalém... E a disputa corria solta, cada um se achando certo, muito parecido, aliás, com o que continua ocorrendo nos dias atuais... A resposta de Jesus foi bem assim: Crê, mulher, vem a hora em que nem nesta montanha nem em Jerusalém adorareis o Pai.[1] E Ele continua: Mas vem a hora, e é agora, em que os verdadeiros adoradores adorarão o Pai em espírito e verdade, pois tais são os adoradores que o Pai procura. Deus é espírito e aqueles que O adoram devem adorá-Lo em espírito e verdade.[2]

– E o que aconteceu com ela?

– Ah, imaginem! Aceitou Jesus, as verdades da Boa Nova, tornando-se uma das difusoras de sua doutrina.

– É, tem lógica... A parecença tem a ver com a parte espiritual...

---

[1] João, 4:21
[2] João, 4: 23-24

– Quando Jesus disse *sois deuses*[3], estava falando justamente a respeito disso, de nossa capacidade intrínseca, de nosso potencial ainda adormecido, que cada vez mais nos fará semelhantes a Deus, embora jamais cheguemos à igualdade. No momento, vamos humildemente reconhecer nossa ainda pouca capacidade de entendimento, conformando-nos, aceitando que Deus seria justo e bom, tendo em mente, porém, que Suas qualidades devem exceder em muito essa imperfeita definição. O que vocês acham?

– O Deus do Velho Testamento punia, castigava, tinha-se medo dEle... Hoje a maioria acredita em um Deus de Amor!

– Realmente, Cláudia, você tocou em um ponto importante. O conceito de Deus evoluiu no transcorrer dos milênios. Vemos isso através da Bíblia inclusive. No Antigo Testamento, encontramos citações de cultos com oferendas de produtos da terra e sacrifícios de animais. Deus era visto como alguém que precisava de dádivas materiais e sangue para ficar satisfeito. Isso, se analisarmos friamente, resumia-se em um *toma lá, dá cá*, uma forma de barganhar com Deus, mais ou menos assim, *estou Lhe dando isto e o Senhor me dá aquilo*. Percebe que se trata de um conceito humanizado de Deus? Sabe quando essa concepção começou a mudar efetivamente? Com a vinda de Jesus. Reparou como o Mestre se referia a Deus? Pai amoroso! Pai!

– Que lindo, Eduardo!

– Acredito que cada um *entende* Deus conforme sua evolução. Tem gente acreditando que o Deus de sua religião cuida somente dela e dos demais membros de sua igreja, que os outros que não professam a mesma crença estão *no mato sem cachorro*, entregues a uma sina terrível.

---

[3] João, 10: 34

– É isso aí, Lalinha! Em todas as religiões, infelizmente há pessoas que ainda pensam assim.

– Na espírita também?!

– Por que não?! Os adeptos do Espiritismo não são melhores ou piores do que ninguém, minha cara! Popularmente falando, estamos todos no mesmo barco, o planeta Terra, fato que indica sermos semelhantes evolutivamente, daí a similaridade de conceitos e sentimentos. Já notaram que existe um sentimento universal da existência de um Ser Supremo? Em todos os povos, cada um à sua maneira... Mas há muitas religiões e todas vêm de Deus, cada uma adequada aos diferentes estágios evolutivos do ser, à cultura onde se insere... Um dia, as verdades filosóficas e científicas da Doutrina Espírita serão aceitas por todas elas, não por fazerem parte da Doutrina, mas justamente por serem baseadas em leis naturais.

Voltando ao assunto do conceito de Deus daquela época, podemos afirmar que Jesus modificou a concepção de Deus ao nos revelar a amorosidade do Pai, refletida em todos nós, Seus filhos. Com Jesus fica bem mais fácil compreender um Deus de Amor, um Pai! Estão de acordo?

– Sim!

– Vamos lá então! Concordando que Deus seria soberanamente justo e bom, que sempre daria o melhor a seus filhos, por que tantas diferenças? Saúde/doença, perfeição física/deformidades, fartura/miséria, beleza/feiúra... Quando não se consegue explicar, costuma-se lançar mão de dogmas, ou seja, de pontos inquestionáveis da fé religiosa. *É porque é! Ponto final!* Aí ninguém procura saber o porquê das coisas, aceita-se simplesmente... E, o que é pior, a pessoa se acomoda, deixando tudo sob a responsabilidade de Deus. *Deus quis!*

Será que realmente Ele quer um doente e outro são, um cego e outro enxergando, um paralítico e outro andando, um com direito à vida e outro morrendo muito criança, de dolorosa doença?

– Visto dessa forma, não parece ter nadinha a ver com justiça e bondade...

– Mas, e se já vivemos outras existências, e estamos aqui novamente para aprender algo em que falhamos nas anteriores? Se fizemos muita coisa errada e precisamos acertar, pois Deus realmente perdoa, porque nos vê como crianças imaturas e nos ama, mas quer que aprendamos e não voltemos a errar, que cresçamos, assim como os pais responsáveis e amorosos da Terra fazem com seus filhos? Será que isso não explicaria tantas diferenças?

Eduardo parou um pouco, observando a fisionomia das duas moças, prosseguindo:

– Vamos evoluindo à medida que passamos por sucessivas existências, cada um em seu próprio ritmo. A reencarnação permite que a criatura tenha nova chance! Fomos feitos para evoluir, Jesus deixou implícito isso, ao asseverar nossa condição de perfectibilidade[4]. Se hoje nossos sentimentos não são lá essa coisa de bons, imagine no passado! Com certeza prejudicamos muita gente. Acreditem, nada mais justo e perfeito do que a reencarnação. *A cada um segundo suas obras*[5]. Lei de causa e efeito. Não é castigo de maneira alguma, tratando-se, muitas vezes, de escolha do próprio Espírito, que reconhece suas falhas e deseja reiniciar aquilo em que falhou, assim como o aluno que *repete de ano* para aprender o que não conseguiu. A aprendizagem ocorre visando à modificação do que sentimos...

---

[4] João, 10:34
[5] Mateus, 16:27

Somos orgulhosos? Depararemos com situações que colocarão à prova essa imperfeição nossa... Egoístas? Enfrentaremos a necessidade de olharmos o outro... Vaidosos... Intolerantes... Impacientes... Preconceituosos... E a longa lista segue adiante.

– Isso está no Espiritismo?

– Sim, Lalinha, mas o preceito reencarnacionista não constitui privilégio, descoberta ou invenção do Espiritismo. Muito antes de os Espíritos colocarem isso para Kardec, os antigos conheciam a reencarnação: Sócrates, Platão, egípcios, essênios, os próprios judeus... Embora, às vezes, os conceitos fossem incompletos e até imperfeitos, a ideia central das existências sucessivas e da preexistência da alma prevalecia.

– Mas... tem isso na Bíblia? Jesus fala a respeito da reencarnação?

– Muita coisa foi retirada dos textos primitivos pelos concílios ecumênicos da Antiguidade, mas ainda restaram provas disso. Esperem um pouco... Sabia que iam me fazer essa pergunta! Então fiz um resuminho de onde podem encontrar... Que tal procurarem em Mateus, 16:13-17; Mateus,17: 10-13; Marcos, 9: 11-13; João, 3: 1-12; Mateus, 11: 12-15... Se quiserem a explicação sob a visão espírita, podem achar neste livro, *O Evangelho Segundo o Espiritismo*[6]...

– Preferimos que nos explique, Eduardo, dá menos trabalho!

– Muito bonito, Cláudia! Lei do mínimo esforço?... Mas... sabem como encaro a coisa toda realmente? O fato de o preceito da reencarnação ter sido banido por interesses políticos e pessoais não vai fazer com que essa verdade deixe de existir! A reencarnação foi e continua sendo uma pedra no sapato de muita gente... Por que os concílios religiosos deram *um*

---

[6] O Evangelho Segundo o Espiritismo, cap. IV.

jeito de sumir com algo tão importante? Simples de entender. No começo do cristianismo, os adeptos eram poucos e humildes: integrantes da plebe, escravos... Depois, a coisa foi crescendo, pessoas das classes privilegiadas aderiram, chegando o momento em que os poderosos visualizaram o cristianismo como uma nova forma de controle. Para isso, seria necessário *arrumar* conceitos, indispensável *sumir* com a reencarnação! Precisamos ter em mente que, naquele tempo, estado e religião caminhavam juntos, irmanados... Como é que os obcecados pelo poder vão ter domínio sobre outras pessoas se elas estiverem conscientes de que cada um responde pelo que semeia, que não se pode adquirir *pedaço do céu*, que os privilégios conferidos por dinheiro, classe social, beleza, tudo o que o mundo admira enfim, podem deixar de existir em uma próxima existência?

Por outro lado, até hoje muitos escolhem o caminho mais fácil, a tal porta larga de que Jesus falava, preferindo não acreditar, *fechando os olhos*, persistindo na ilusão de que podem fazer o que quiserem, acreditando no falso respaldo de crenças religiosas e seus representantes, em perdão sem reparação, bastando arrependimentos na hora em que a coisa fica complicada. E tem muita gente convicta de que aquilo que a sociedade não sabe fica escondido para sempre... Pura descrença da Justiça Divina! Fica mesmo? Basta olhar o sofrimento atingindo as criaturas, supostamente inexplicável... Onde estariam as causas de tais padecimentos aparentemente injustos? Em vidas passadas! Alguma dúvida, meninas?

– Uminha só, Eduardo! Não entendo bem essa história de nascer com outro corpo... Vou ser outra pessoa? Deixar de ser eu mesma?!

– Excelente questionamento, minha prima! Como o assunto é extenso, que tal deixarmos para amanhã? Aliás, parece cansada...

– Tive um dia daqueles! A roupa não vestiu legal, o sol sumiu durante as fotos, a maquiadora estava com enxaqueca... Um horror! A coisa foi melhorando quando começamos a estudar...

– Antes de encerrarmos, gostaria de responder a pergunta de Lalinha sobre crenças e valores, feita no início de nosso estudo, e que não respondi porque, para a resposta ser completa, precisaríamos de noções sobre reencarnação. Crenças poderiam ser definidas como convicções profundas, sem justificativas racionais, ou seja, *aquilo em que acreditamos*. Valores seriam as *medidas variáveis de importância* que atribuímos às coisas. Todos nós temos um sistema de crenças e valores, elaborado no decorrer de nossas muitas existências, não necessariamente correto, levando-nos a deduzir que esse sistema vai se alterando à medida que evoluímos. Legal, Lalinha?

– Mais ou menos... Com um exemplo seria melhor...

– Vejamos... No início do século passado, em nossa sociedade, era crença geral que um casamento adequado exigia uma noiva que nunca houvesse tido contato sexual, inclusive com o próprio noivo. Dentre todas as qualidades de uma jovem, a virgindade era a mais valorizada. Um rapaz poderia frequentar as chamadas casas de tolerância, mas nem pensar em transar com a mulher amada. Se a jovem deixasse isso acontecer, era sinal de que *não servia* para ele, não era direita... Será que essas crenças e esses valores teriam surgido naquele tempo? Não, já existiam em séculos anteriores, a ponto de as jovens da nobreza serem submetidas a exames periódicos para ver *se tudo estava em ordem*. Percebam que têm tudo a ver com a época, a cultura... Hoje as coisas são muito diferentes. Assim, nas nossas diversas existências, existem crenças e valores que vão se consolidando, repetindo-se, ou sendo modificados, conforme formos evoluindo. Entenderam? Que tal uma prece de encerramento? Amanhã estaremos de volta...

Corpo físico, perispírito, Espírito e projeto reencarnatório.

– Ontem a Cláudia levantou dúvidas que muitas pessoas costumam ter. Vamos entender direitinho como seria a reencarnação, tentarei resumir.

Uma pessoa, assim do nosso jeito, constitui-se de três partes: corpo físico, perispírito e Espírito.

O corpo físico é isso que estamos vendo, é matéria. O Espírito constituiria a parte inteligente. Para servir de ligação entre os dois, teríamos o perispírito, um elemento semimaterial, muito sutil; além de ligar o corpo físico ao Espírito, seria o modelo de toda a organização desse corpo. O Espírito Emmanuel resume muito bem o papel do corpo físico e do perispírito quando diz que ambos são veículos do Espírito em sua peregrinação ascensional para Deus.[1] O que isso quer dizer exatamente? Simples... O que um veículo faz? Transporta, conduz, auxilia a chegar lá...

– Hum...

– Disso tudo se conclui que nós três somos Espíritos encarnados. Geralmente nosso raciocínio segue o caminho inverso, achamos que somos *donos* de um Espírito, não é? Dizemos: *o meu Espírito*... Percebem? Uma visão centralizada

---

[1] Evolução em Dois Mundos, Espírito André Luíz, psicografia Chico Xavier/Waldo Vieira.

no corpo físico, quando na realidade somos Espíritos com um corpo... Espíritos encarnados.

Agora vamos pensar que nosso corpo físico, essa máquina maravilhosa, precisa de um combustível para funcionar! Seria o fluido vital, a força motriz dos corpos orgânicos. Já prestou atenção no corpo de alguém que desencarnou? Ali está o corpo físico, inerte, sem fluido vital e sem o Espírito, que dele se desligou. O que aconteceu com esse corpo? Envelheceu, houve natural desgaste dos órgãos... Ou adoeceu, sofreu um acidente... Em todos os casos, o fluido vital deixa de existir em quantidade suficiente para manter a estrutura física.

Acima de tudo isso, existe Deus, operando através de leis imutáveis e soberanas, as Leis Naturais. Essas leis, além de garantirem o perfeito equilíbrio de tudo o que constitui o Universo, indicam o que podemos ou não fazer, e não somos infelizes senão quando delas nos afastamos.

– Mas, Eduardo, cada religião diz uma coisa... Como saber quais são essas leis?!

– Belíssima pergunta, Lalinha! Tem gente que acha que Deus está *lá de cima* espiando todo mundo, vendo o que se faz de certo e errado. Imagine se o Criador do Universo, essa obra gigantesca e perfeita, não resolveria a coisa de maneira mais simples e inteligente... Kardec fez a mesmíssima pergunta aos Espíritos: *Onde está escrita a Lei de Deus*?[2]

– Lalinha! Pensando como Kardec!... E daí, primo, qual foi a resposta?

– *Na consciência.*

– E o que quer dizer isso exatamente?

---

[2] O Livro dos Espíritos, questão 621.

– Um sinônimo para a palavra consciência seria Espírito... E nós somos Espíritos, o que quer dizer que todos temos, gravados em nós, os princípios da lei moral. Até mesmo aqueles que se comportam de maneira reprovável! Não se esqueçam, contudo, que somos Espíritos ainda imperfeitos, em contínuo processo de evolução, desenvolvendo, ao longo de sucessivas reencarnações, nosso sentido de consciência. Seria como uma semente pequenina que guarda em si a árvore imensa que se projetará para os céus. Toda vez que ignorarmos essa lei, surgirá um natural desequilíbrio e, consequentemente, aparecerá o mecanismo da dor, impulsionando-nos a restabelecer a harmonia. Podemos concluir, meninas, que o Criador nos dotou de condições de gerenciar nosso próprio desempenho, e que isso vai se aperfeiçoando na medida das conquistas evolutivas do Espírito.

Eduardo fez uma pausa, analisando a expressão atenta das jovens, continuando:

– Agora vem a parte interessante! A morte diz respeito somente ao corpo físico, pois nosso Espírito é imortal. Ele continua vivinho no mundo espiritual, acompanhado de seu perispírito. Quando as pessoas dizem que viram um fantasma, na realidade elas viram o Espírito *revestido* por seu perispírito.

– Que legal! Mas... se tivemos muitas existências, um Espírito pode aparecer com a forma de qualquer uma delas?

– Boa pergunta! Pode sim, Lalinha, dependendo de uma série de fatores, como sua evolução, a importância daquilo para ele... De maneira geral, prevalece a aparência da última encarnação. Mas olhem, meninas, este assunto é muito complexo, estou apresentando somente noções básicas, muito básicas mesmo. O interessante mesmo será compreender que os registros de nossas existências sobrevive no perispírito e que nada de importante se perde. O conjunto destas explicações vai esclarecer as dúvidas da Cláudia e acabar com seu medo da reencarnação, pois ela entenderá que somente o corpo físico é substituído por outro...

– Quer dizer que tudo o que vivenciei, o que aprendi, *tudinho* continua meu?

– Isso mesmo! Com um corpo novinho, permitindo novas experiências, mais conquistas...

– E mais erros!

– Sim, minha prima, mais erros, pois é através deles que aprendemos. Pode-se dizer que o Espírito tem uma só vida e muitas existências, correspondentes às muitas encarnações, e que a Terra seria uma escola. E tem mais: um Espírito jamais regride; pode até estacionar, mas perder as qualidades que adquiriu, nem pensar.

– Aí eu discordo, Eduardo! Tem gente que passa anos com um comportamento exemplar e de repente começa a cometer desatinos... Regrediu!

– Quando falamos em evolução moral, Cláudia, estamos nos referindo a sentimentos, não a comportamentos. Muitas pessoas passam a existência comportando-se adequadamente, mas, bem lá no fundo, seus sentimentos não são os melhores, acham-se camuflados sob máscaras de perfeição. Muito comum isso! Influência da educação, dos grupos a que se filia, de suas crenças... Mais ou menos assim: *vou me comportar dessa maneira porque será bom para minha carreira, meu chefe vai aprovar, minha família também...* De repente a máscara cai e aparece o real! Na verdade, não regrediu, tratava-se de mera aparência.

– Tem lógica... Complicadinho esse negócio de reencarnação, não é?

– Nadinha, minha prima... nadinha. Complicado seria acreditar que a criatura que cometeu muitos erros em sua existência penaria para todo o sempre, tipo *arder no mármore do inferno*, sem uma nova chance. Imagine se você a reconhecesse como um filho seu, um parente ou amigo querido, sua mãe... A reencarnação combina perfeitamente com a bondade divina!

– E vou recebendo corpos diferentes a cada existência? Essa ideia me perturba, talvez por estar ligada a uma profissão em que se valoriza muito o corpo físico... Eu me adoro do jeito que sou!

Eduardo sorriu...

– Nada de mal nisso, prima. Imagine, no entanto, você daqui a oitenta anos... A ideia de um novo corpo na próxima encarnação não lhe parecerá tão má...

– Acabou de me convencer a aceitar um novo corpo!... Ai, não sabe do que me lembrei agora! Assistiu ao filme Titanic, quando a câmera dá um close no rosto da personagem da Kate Winslet, a Rose da história, quase na hora em que ela lança aquele diamante *maravilhoso* ao mar? Totalmente enrugada, tipo *maracujá de gaveta*... Senti uma tristeza tão grande, uma sensação de perda! Aí ela morre e aparece no navio totalmente reconstruído, jovem novamente, linda, o Jack e os outros estão lá... Reencarnar deve ser mais ou menos assim, só que desde criancinha... Reencontramos os que amamos, recomeçamos!

– Prima, não se esqueça de que, nesse processo todo,

o Espírito, a parte imortal, manterá sua individualidade e irá evoluindo sempre mais, até que não haja mais a necessidade de encarnação. Enquanto reencarnarmos, traremos um plano, um projeto de vida, que são compromissos por nós assumidos. Em resumo, dizem respeito a reparar o mal que fizemos e fazer todo o bem que pudermos, promovendo nossa evolução.

– E se a pessoa não consegue seguir esse tal *plano*? Afinal, quem é que faz esse *plano*?

– Os projetos de vida são traçados, no mundo espiritual, pelos Espíritos especialmente encarregados dessa função, de acordo com as necessidades de cada envolvido, geralmente em conjunto com o reencarnante. Cada Espírito renasce em função daquilo em que precisa evoluir, com a família certa para isso, no meio adequado. A partir do nascimento, entra o livre-arbítrio de cada um dos envolvidos, ou seja, do próprio reencarnante e dos que estão em seu círculo de vivência: pai, mãe, irmãos, parentes, amigos, companheiros de trabalho e até de doutrina religiosa. Evita-se ao máximo a imposição, pois isso somente dificultaria o desenrolar da existência na Terra. Mas às vezes acontece, quando o Espírito não está em condições de optar, como no caso dos muito pouco evoluídos ou extremamente rebeldes. Quanto ao fato de seguir ou não o plano original, os desvios são muito comuns, porém todos são caminhos... Demora-se um pouco mais, um pouco menos...

– Deixe ver se entendi... Se é assim, se tudo está certo, adequado como você diz, por que tanto desentendimento familiar? Viu aquele caso do menino que matou a família toda?

– Simplesmente não conseguiram superar as mágoas de existências anteriores. Acontece muito, Lalinha, muito mais do que se imagina, pois somente chegam à mídia os casos mais sérios. Onde estariam as verdadeiras causas de cada episódio lamentável?

– Eduardo, por que não recordo de minhas outras existências? Se me lembrasse, teria mais chances de não errar novamente!

– Será que conseguiríamos conviver com a lembrança do que já fizemos? Em muitos casos, o Espírito reencarna justamente para se livrar do sofrimento decorrente de saber o que fez!... Além disso, tal recordação somente atrapalharia, pois costumamos receber, em nossos relacionamentos próximos, pessoas com as quais nos desentendemos seriamente em existências passadas; sem o benefício do esquecimento, não conseguiríamos aprender a amá-las. À medida que renascemos, gradativamente vamos nos livrando de nossas imperfeições e conquistando valores espirituais, que jamais se perdem. Sabe aquele pedaço do Evangelho em que Jesus fala dos tesouros que a ferrugem e as traças não consomem e os ladrões não roubam? O Mestre está justamente falando sobre as conquistas do Espírito, inalienáveis, intransferíveis, que ninguém pode destruir ou roubar![3]

Lalinha suspirou:

– Nossa! Parece tão bonito visto dessa maneira! Somos donos de nosso destino!

– Realmente! Outra coisa: quanto mais evoluímos, mais conscientes nos tornamos, mais sabiamente exercemos nosso livre-arbítrio. Assim sendo, é muito comum Espíritos, depois do desencarne, escolherem provas ou missões dificílimas para a próxima reencarnação, justamente para terem condições de promover a própria evolução e a do planeta. De nosso

---

[3] Mateus, 6: 19-34.

estreito ponto de vista, ainda muito material, podemos analisar erroneamente, achando que a pessoa está sendo penalizada, sofrendo em demasia, quando na verdade ela está inserida em algo imprescindível ao sucesso de seu projeto reencarnatório. Mais uma vez repito que o tema é complexo, estou somente dando uma ligeira pincelada, cada caso é um caso... Entendido?

– Entendido! Agora, vamos à prece, pois amanhã tenho uma sessão de fotos bem cedo e preciso estar maravilhosa!

Minutos depois Lalinha servia o lanche, rindo da estratégica retirada de Cláudia, que tapara os olhos para não ver o maravilhoso bolo de chocolate. A moça fitou Eduardo enquanto ele se servia de generosa fatia, uma vontade imensa de abraçá-lo, mas... cadê a coragem?! Desde o dia daquele beijo, o moço evitava ficar a sós com ela... Por quê? Não eram ambos solteiros, desimpedidos? E ninguém fingiria o que juntos haviam experimentado! Teria vergonha dela, de sua simplicidade?...

O rapaz estendia-lhe o pratinho de porcelana com aquela fatia que daria para alimentar um elefante! Riu, recusando, dizendo que ela mesma pegaria um pedacinho... Era muito!

A moça ficou pensando em até quando continuariam tão próximos, porém tão distantes um do outro. Depois daquela aula sobre reencarnação, começaria a pensar seriamente que a causa de tamanha incoerência poderia estar em vidas passadas...

No plano espiritual, o auditório esvaziou-se rapidamente. Marquinhos tudo acompanhava com interesse, notando que alguns se quedavam em suas poltronas... Adriano explicou:

– São irmãos encarnados que necessitam de especial

reposição fluídica por motivos variados: doenças, intenso trabalho na Seara do Mestre, como é o caso de médiuns curadores, passistas magnéticos...

Paula se aproximava:

– E daí, Marcos, gostou do estudo?

– Amei, Paula. Principalmente aquela parte em que Eduardo falou sobre o mecanismo da reencarnação, que as pessoas geralmente questionam, achando que não vão ser mais elas mesmas. Muito legal!

– Eduardo tem o dom de explicar de maneira acessível, o que não é nada fácil em um curso básico, pois os ensinamentos codificados por Kardec seguem uma sequência lógica, encadeando-se, necessitando ainda da complementação de obras vindas muitos anos depois, como as do Espírito André Luiz, Emmanuel e outros. Nosso irmão tem se esforçado para fornecer dados essenciais ao estudo mais simples da sexualidade humana, sem os quais seria praticamente impossível tentar entendê-la. Para os iniciantes, consideramos ideal. Reparou que a maior parte da assistência constitui-se de encarnados em repouso? Pode ter a certeza de que muitos, ao acordarem, sentirão enorme *necessidade* de aprender sobre a ciência do Espírito! Hoje, além dos cursos em casas espíritas, há *sites* excelentes, mantendo inclusive salas de estudos *on line*, onde instrutores e alunos podem interagir ali mesmo, na horinha, tirando dúvidas. Sem falar em artigos, obras importantes para copiar... Não existe mais desculpa para não aprender, tipo distância, horário, falta de dinheiro para comprar livros.

Lucien complementou:

– Temos notado que mais e mais pessoas têm priorizado

tais formas de estudo, muito válidas por sinal. Gostaríamos, contudo, de salientar a importância da participação in loco das atividades de uma casa espírita, possibilitando o contato mais íntimo com pessoas, estabelecendo a formação de equipes de trabalho nas mais diversas modalidades, principalmente as direcionadas à caridade, relembrando que a interação com o outro permite que nos conheçamos melhor. Por mais que se fale em interação virtual, nela muito se perde, como o contato físico, as conversas direcionadas a assuntos pessoais, as emoções, a linguagem corporal, a psicosfera da casa espírita... Nesse tipo de estudos, a possibilidade de interagir de coração para coração restringe-se muito. Sem falar no *espelho*...

– Como assim?...

– Simples... Percebemos nas outras pessoas aquilo que nos recusamos a detectar em nós. Às vezes, observando o outro, não vem à sua cabeça que você poderia estar fazendo igualzinho a ele? Ou até já fez! Dá uma sensação estranha, como se o outro fosse um espelho que nos possibilita a visão de como somos realmente. Quando algo na pessoa desperta imensa irritação em nós, cuidado, pois pode ser que estejamos em conflito justamente naquele ponto...

– Nossa! Isso não conseguimos pela Internet! Tem razão!

– ... e daí vem a ira. Sabe, aquela *coisa* que brota dentro de nós, parecendo ter vida própria? Quando nos damos conta, estamos discutindo, agredindo... Ninguém gosta de constatar que não é o máximo, ainda que seja somente um alerta interior! O interessante é que muitas vezes não conseguimos definir claramente o que ocorre, permanecendo a tal sensação incômoda. Acontece muito no relacionamento familiar, entre amigos, no grupo religioso...

– Será que é assim mesmo?!

– Vamos exemplificar com algo relacionado à sexualidade. Quem mais agride, quem mais polemiza, quem pretende se eleger mentor e censor da conduta sexual alheia, esse certamente enfrenta sérios conflitos na área em questão.O outro incomoda justamente porque nos vemos nele...

Lucien sorriu, continuando:

– Daí, meu caro Marquinhos, precisamos refletir a respeito de nossos relacionamentos, principalmente os que envolvem aqueles denominados adversários. Quem são eles? Pessoas que nos agrediram? Talvez... Convenhamos, contudo, em sua maioria os ataques foram contra nosso orgulho, nossa vaidade. Quer dizer, acertaram *bonitinho* nosso ponto fraco!

Se tivermos humildade, nossos adversários podem e devem ser nossos grandes professores. Precisamos nos autoconhecer, pesquisando o real porquê das aversões e dos conflitos, em vez de simplesmente desejarmos ficar livres deles.

– Mas é muito difícil, Lucien!...

– Realmente, meu amigo. Trata-se, no entanto, de um processo, nada ocorre de uma hora para outra. Quer ver algo que poucos fazem? Ao final do dia, parar e repassar mentalmente o que nele ocorreu e quais os sentimentos e emoções vivenciados. Se formos honestos conosco, poderá ser desagradável, pois descobriremos o que existe camuflado em atitudes e ações aparentemente inocentes. Não somos tão bonzinhos como imaginamos! Será um bom começo no empreendimento de gradativas mudanças. Agora, vamos partir...

– Aonde vamos? Ainda é cedo...

– Nós, seus companheiros, teremos tarefas noturnas em alguns estabelecimentos relacionados à prostituição, um trabalho preventivo, em que buscamos despertar nas pessoas o melhor, estimulando-as a ficarem longe desses lugares...

– E conseguem?!

– Bem mais do que você possa imaginar! Existem equipes socorristas em locais de risco, atuando continuamente para dali afastar moças e rapazes ingênuos, mergulhados na ilusão, muitos advindos de cidades do interior, outros querendo *subir na vida* a qualquer custo... Cada caso é um caso... Um dia terá a oportunidade de conhecer nosso trabalho mais a fundo. Vamos nos despedir.

– Mas... não posso acompanhá-los?

– Logo entenderá! Não há pressa, meu amigo. Amanhã estaremos juntos novamente.

Subitamente, Marquinhos sentiu como se uma força muito forte o arrebatasse de volta ao corpo físico. Acordou de chofre, assustadíssimo, deparando com a raivosa figura do espanhol Santiago a fitá-lo, acompanhado do doutor, que tentava explicar de maneira conciliadora:

– Esta doença é assim mesmo... Pneumonia dupla não é algo que se cure de um dia para o outro, ainda mais porque não dispomos aqui dos recursos e acompanhamento de um hospital...

– Nenhum deles pode ser internado, homem! São ilegais, clandestinos... ou idiotas que se deixaram aprisionar, como acontece com esse infeliz! Nem sei se vale a pena gastar mais com ele! Poderíamos dar um jeitinho...

– Que absurdo! Perderá dinheiro! Esse abatimento todo breve passará e o moço estará prontinho para trabalhar! Eu garanto! Seria o caso de ministrarmos alguns antibióticos de nova geração; o custo será mais elevado, no entanto...

– Pode parar por aí, doutor! Preste bem atenção! Aqui não existem luxos, entendeu? Entenda de uma vez por todas, prezado e inútil doutor! Um a mais ou um a menos, não nos faz falta! Amanhã mesmo chegará outro carregamento, todos jovens, belos, saudáveis... Terei um pouco mais de paciência, um pouco mais somente...

Observando a saída do irritado espanhol, o doutor suspirou desanimado, enquanto verificava a febre do paciente, que ainda queimava. Sinal de que os medicamentos não estavam surtindo efeito. Maldita hora em que aceitara aquele emprego, comprometendo-se para todo o sempre, pois ninguém abandonava impunemente uma organização daquelas. Com o passar dos anos, habituara-se ao sofrimento, porém, nos últimos tempos, alguma coisa vinha ocorrendo, sentia-se novamente vulnerável às dores de seus pacientes, tão indefesos. Abriu a maleta e suspirou novamente, decidindo-se: na manhã seguinte traria o melhor dos antibióticos, de seu próprio bolso, senão aquele seria mais um dos *presuntos* de Santiago!

Assim, Marquinhos começou a melhorar. Pelos cálculos do médico, dali a dez dias estaria recuperado! Dez dias... Naquele intervalo, seus amigos espirituais contavam deixá-lo apto para a dificílima tarefa que teria pela frente.

Princípio material, princípio inteligente e caminhada evolutiva.

Na noite seguinte, o auditório apresentava-se idêntico ao anterior, mesmo número de poltronas e todas igualmente ocupadas. Ao perceber a análise mentalmente efetuada por seu aluno, Lucien desatou a rir:

– Muito bem observado! Esta constitui uma das principais diferenças entre os cursos realizados no plano físico e no extrafísico. Os habitantes do planeta-escola ainda são extremamente indisciplinados, pouco perseverantes, refratários mesmo ao estudo; a maior parte dos cursos, ao terminar, raramente ostenta a *vitoriosa* taxa de cinquenta por cento de remanescentes, isso com muito esforço dos dirigentes e colaboradores, que necessitam levar a cabo verdadeira maratona motivacional. Em nosso caso, sabemos de antemão quais os desencarnados e encarnados com condições de perseverar, deixando de lado os que não honram os compromissos.

Marquinhos estranhou aquela proposição. De seu ponto de vista, considerava necessário insistir junto aos possíveis alunos.

– Não nos julgue severos. A oportunidade existe para todos, mas faz-se necessário valorizá-la. De que nos adiantaria trazer aqueles que ainda não têm condições de levar adiante o proposto? Até Jesus assim se manifestou, ao falar na inutilidade de lançar pérolas aos porcos[1].

---
[1] Mateus, 7: 6

Sentado à mesa, Eduardo analisava o material que pretendia repassar às moças. Assunto difícil aquele, repleto de tabus e preconceitos. Pior ainda! Será que ele teria condições evolutivas para abordá-lo sabiamente?! Precisaria de muita ajuda espiritual! Sem falar que Cláudia e Lalinha praticamente desconheciam os conceitos mais elementares, sem os quais seria impossível entender os mecanismos das forças sexuais da alma. Por outro lado, estavam tão interessadas! Importantíssimo ponto a favor!

Minutos depois, a prece inundava o ambiente de paz.

– Bom... Parece que estamos às voltas com sequestros, cuja finalidade seria a exploração sexual das vítimas, um assunto em moda ultimamente. Eu me pergunto se isso só ocorre nos dias de hoje... Será que agora está muito pior do que antigamente?

– Não sei, meu primo. O alarde todo talvez tenha a ver com as facilidades de comunicação nos dias atuais. Sabe-se de tudo praticamente na hora! O mundo virou uma enorme aldeia!

– Certo...

– Mas que hoje o mundo está cada vez mais torto e pior, isso está! Não se consegue nem mais assistir a um noticiário sem deparar com horrores!

– E você, Lalinha, o que acha?

– Acho que as pessoas se preocupam muito mais com os *horrores* do que com as coisas boas! Em casa, por exemplo, cansava de ver minha mãe assistindo àqueles programas que *pingavam sangue*. Depois a vizinhança só comentava a respeito daquilo... Sem falar daqueles nos quais as pessoas se *desnudam*, contando os podres delas mesmas e dos parentes

224 | Joana

e amigos! E outras pessoas opinam, cada conselho mais absurdo, porque aconselhar a vida alheia é fácil, basta falar! Agora, ninguém considera interessante um programa dizendo das qualidades e feitos dos muitos anônimos batalhando por um mundo melhor. Nesse caso do tráfico humano, penso que existe há muito, discutido conforme as ideias e os meios de comunicação de cada época.

– Realmente, Lalinha, é por aí mesmo a linha de raciocínio. Considero, porém, que inicialmente deveríamos encarar a questão por outro ângulo, muitíssimo mais interessante. Notaram que esmagadora maioria de músicas, filmes, livros, novelas e peças de teatro sempre incluem relacionamentos afetivos? Se não abordarem histórias com seres humanos, podem se referir a animais, a ideais... É o que atrai as multidões... Por quê?

– Por quê? Bela pergunta! Por quê?!

– Pensemos... Se concordarmos que Jesus foi o modelo e guia enviado pelo Pai para nos ensinar as verdades divinas, consideremos qual a tecla em que o Mestre bateu o tempo todo... Qual foi?

– Qual foi, Eduardo?

– O amor, meninas, o amor! Qualquer de seus ensinamentos recai sempre sobre isso! Ele nos amou incondicionalmente! Seu Amor, que nenhum de nós, no atual estado evolutivo, tem condição de apresentar ou sequer compreender, constitui o Amor por excelência. E todos os seus ensinos e exemplos sempre tiveram como objetivo dizer-nos e mostrar-nos que estamos aqui para aprender a amar. Querem ver? O primeiro e maior dos mandamentos, aquele que Moisés recebeu, dizia...

– ... *Amarás o Senhor Teu Deus de todo o teu coração, de toda a tua alma e de todo o teu entendimento.*

– Isso, Cláudia!... Jesus complementou-o, acrescentando *e ao teu próximo como a ti mesmo*. Esse *como a ti mesmo* quer dizer que cada um de nós ama como aprendeu até o momento, pois estamos em pleno processo de aprendizagem, muitas vezes não conseguimos sequer amar a nós mesmos. Grande parte das criaturas acredita que cabe ao outro preencher sua carência afetiva! Quem ainda não aprendeu a se amar não consegue amar os outros de uma maneira pelo menos aceitável! Jesus sabia que o amor ao próximo estaria condicionado à evolução de cada criatura em particular.

De tudo isso, podemos concluir ...

– ...que o amor é realmente o centro de tudo! Mas... onde entra o sexo nisso, Eduardo?!

– Vai ver, prima. Chegaremos lá! Antes, porém, vamos falar um pouquinho sobre o princípio das coisas.

Como será que tudo começou? Quando Kardec perguntou aos Espíritos se nós podemos saber tudo a respeito do princípio das coisas, recebeu como resposta que, para isso, precisaríamos de faculdades que ainda não possuímos, e que as revelações viriam gradualmente, à medida que evoluíssemos. Existe, inclusive, uma limitação de linguagem... Imaginem se embarcássemos em uma máquina do tempo, indo parar no século XVIII ou XIX, e tentássemos explicar a uma pessoa daquela época o que seria televisão... ou celular... computador... *tablet*... *smartphone*... *Internet*! Estaríamos *falando grego*; por mais que procurássemos, não encontraríamos as palavras necessárias, não é? Algumas nem teriam sido inventadas!

Acredito que os Espíritos responsáveis pela grandiosa obra da codificação, muito mais adiantados do que nós, encontraram idênticas ou maiores dificuldades. Ainda assim, transmitiram muitas coisas, como a existência de dois princípios ou elementos gerais no Universo: matéria e espírito. E, acima de tudo, Deus, a Inteligência Suprema, o Criador de todas as coisas. Assim, Deus, espírito e matéria constituem o princípio de tudo o que existe. Mencionaram ainda o fluido universal ou cósmico, desempenhando papel intermediário entre espírito e matéria propriamente dita...[2]

– Deixe ver se entendi... Existe Deus. Ele criou matéria e espírito... Até aí, tudo bem. Mas... e esse tal fluido universal? Em que lado entra?

– Embora classificado como elemento material, apresenta propriedades muito especiais. Trata-se de uma substância etérea, mais ou menos rarefeita, que se difunde pelos espaços interplanetários.[3] Esse fluido enche o espaço e penetra os corpos... Seria o princípio elementar de todas as coisas, a matéria elementar primitiva, cujas modificações e transformações constituem a inumerável variedade dos corpos da natureza. Recordam-se de quando falamos do fluido vital?

– O tal combustível da máquina corporal...

– Isso, Cláudia! Pois se trata de uma modificação do fluido universal! Lembram-se dos pensamentos? Pois o fluido universal é o veículo através do qual nossos pensamentos viajam pelo cosmo! E de quando falamos sobre o perispírito? Pois é do fluido universal condensado que se compõe o perispírito...

– Nossa! Esse fluido é o tal!

---

[2] O Livro dos Espíritos
[3] A Gênese

– Não podemos esquecer que, apesar de todas essas propriedades, ainda se trata de matéria e, assim sendo, depende da ação do elemento inteligente, ou seja, tem que haver uma *inteligência* para agir sobre ele. Por si só, não consegue se modificar ou se transformar, entendem?

– E a matéria?

– O Espiritismo nos ensina que toda matéria conhecida por nós decorre justamente desse elemento primitivo conhecido como fluido universal, em maiores ou menores estados de condensação. E que matéria não é somente o que nossos olhos enxergam... Ela pode ser etérea, sutil, não percebida pelos nossos sentidos, ainda assim existindo, sendo matéria. Na verdade, o assunto matéria continua um desafio para a ciência da Terra, pois a cada dia, à medida que a tecnologia se aprimora, surgem novas descobertas. Os questionamentos ainda são imensos!

Para os Espíritos que instruíram Kardec, uma definição adequada seria a seguinte: *Matéria é o laço que retém o espírito; é o instrumento de que ele se serve e, ao mesmo tempo, sobre o qual exerce a sua ação*[4].

– Um cientista da Terra jamais daria essa definição!

– Claro, pois a ciência terrestre ainda está focada somente no aspecto material, fazendo questão de desconhecer o espiritual.

– Mas... não pode acontecer que, em algum momento, a ciência da Terra contradiga o que os Espíritos disseram?

– Perguntinha muito atual... Tenho visto pessoas preocupadíssimas em provar cientificamente que os Espíritos falaram bobagem a Kardec, assim como tenho visto espíritas

---

[4] O Livro dos Espíritos

descendo a lenha na ciência e, por extensão, nos cientistas. Na minha humilde opinião, a questão se resume em analisar o assunto com bom senso.

Todos nós, Espíritos, enfrentaremos necessariamente o desafio de evoluir na parte moral e na intelectual. Em que ordem faremos isso? Alguns evoluem moralmente primeiro; outros, intelectualmente. Mas, com toda a certeza, se quisermos chegar à perfeição, todos teremos que possuir conhecimentos em ambas as áreas. Espíritos Puros, como é o caso de Jesus, se comparados a outros Espíritos de menor evolução, apresentam uma superioridade moral e intelectual absoluta, sendo isentos das influências da matéria.[5] Aquilo que alguns chamam de *milagre*, como a transformação de água em vinho, a multiplicação de pães e peixes, as curas, tem a ver somente com o conhecimento das leis naturais e a ação de um Espírito Puro sobre os elementos. Não é o nosso caso, que ainda engatinhamos em matéria de ciência, embora muitos cientistas orgulhosos achem o contrário.

Tem mais! Os Espíritos jamais se propuseram a livrar os encarnados do trabalho do estudo e das pesquisas[6] e muito menos a elaborar complexos tratados sobre a ciência da Terra; as informações fornecidas são extremamente básicas e por certo coerentes com as palavras e conceitos de cada época. De uma coisa, no entanto, podemos ter certeza: do caráter eminentemente dinâmico e progressista da Ciência e do Espiritismo. Têm isso em comum, não são estáticos. E muito menos inimigos, mas aliados, cada um com seu objeto de estudo específico.

– E o elemento espiritual?

---

[5] O Livro dos Espíritos.
[6] A Gênese

– Se temos dificuldade em entender matéria, imaginem entender espírito! O princípio espiritual seria a parte inteligente, a que agiria sobre a matéria, entendem? Ele se serve da matéria e sobre ela exerce sua ação; em outras palavras, a matéria serve-lhe como instrumento de evolução espiritual.

– Ah, Eduardo! Coisa mais complicada!

– É simples, Cláudia. Vamos dar um exemplo prático... A gatinha de vocês... criação de Deus... O corpo branquinho e fofo dela seria a matéria, sem a qual o elemento espiritual não poderia interagir em nosso mundo físico. Como conseguiria ficar ali, naquele canto, como se estivesse culpando você, Lalinha, por algo... enquanto faz xixi no tapete!...

– Ai, Jesus! Lavei a caixinha de areia dela e deixei para secar ao sol, no parapeito da área de serviço... e esqueci! Pobrezinha da gata!

Cláudia e Eduardo desataram a rir.

– Assim parece fácil, muito fácil, primo! Deixe, Lalinha! Não esquente... já fez mesmo, limpamos depois. Mas corra e coloque a caixa com areia no lugar, pois pode vir mais coisa...

Novamente com Lalinha no sofá, Eduardo prosseguiu:

– Sabem onde as pessoas costumam se *embananar* no estudo da evolução? Justamente nessa parte de elemento inteligente e elemento material. Ou princípio, como queiram... Tudo porque não paramos para pensar! Impossível entender evolução sem interiorizar a noção de que ambos os elementos evoluem em conjunto. Isso quer dizer o seguinte, meninas: em primeiro lugar, existe uma dualidade princípio inteligente/ princípio material; em segundo lugar, o princípio inteligente será sempre o responsável por tal interação, ou seja, ele sempre comandará, de maneira consciente ou não, a formação do corpo material e suas ações. *Traduzindo*, isso quer dizer que elementos inteligentes de restrita evolução comandarão a formação e atuação de corpos físicos simples. À medida que forem evoluindo, os corpos se tornarão mais complexos, acompanhando a evolução espiritual.

– Nunca tinha pensado nisso...

– Precisamos pensar! Esse princípio inteligente, criado por Deus muito simples, evoluirá, utilizando corpos físicos desde as formas mais primitivas de vida, passando por todos os reinos, chegando finalmente ao reino animal, onde imperam as sensações, os instintos. E depois ao hominal...

– Pelo amor de Deus, Eduardo, você está querendo dizer que já fomos pedra, planta e animal?!

– Calma, Cláudia... Devemos respeitar as devidas proporções. Princípio inteligente, eu disse, não *gente*... O princípio inteligente poderia ser definido como sendo o embrião do Espírito. Pensemos em algo simples, mas que abriga em sua constituição interior todas as faculdades embrionárias do futuro ser.

– Não sei se entendi muito bem...

– Já parou para pensar na semente de uma planta? Pequenina... mas é ela que vai gerar a árvore gigantesca que se eleva acima da floresta, em busca dos raios de sol... Comparando, seria assim em relação ao princípio inteligente. Entendeu?

– Hum...

– Vamos pensar em *princípio* nas estruturas minerais,

depois nas vegetais e finalmente nas formas animais. Durante esse milenar estágio, o princípio inteligente irá evoluindo, tornando-se portador de reflexos e automatismos imprescindíveis à sustentação do reino humano, que se caracterizará pelo desenvolvimento da razão, dos sentimentos e do intelecto.

Podemos dizer que, nos seres primitivos, o princípio inteligente vai se elaborando e pouco a pouco se individualizando, até se transformar no que denominamos Espírito. O importante nisso tudo é compreender o lento processo de conquistas e a herança que trazemos, acumulada ao longo dos milênios, que não se processou simplesmente no plano físico, mas também no extrafísico.

Demorou muito para que chegássemos ao que somos hoje! A ciência da Terra ainda não conseguiu explicar certos aspectos evolutivos, justamente por não conseguir entender e aceitar que grande parte dessa evolução se processou no mundo espiritual, em etapas onde o aperfeiçoamento ocorreu, inclusive sofrendo a intervenção de inteligências superiores, sob a supervisão de Jesus. São os tais elos perdidos, que não se acham perdidos de maneira alguma para os espíritas estudiosos dos mecanismos evolutivos.

– Nossa, Eduardo! Estou de queixo caído! E eu achando que Espiritismo era só falar com Espíritos, fazer *trabalhos*... Tinha até medo!

– O grande problema consiste em desconhecer o assunto e *achar*... O mundo está repleto de *achismos*, que impedem as criaturas de perseguirem a verdade. O Espiritismo, minha querida, repousa sobre um tripé divino: científico, filosófico e religioso. Priorizar qualquer um dos aspectos, em detrimento dos demais, seria como aumentar uma das pernas, ocasionando instabilidade e até queda.

– Você usou uma palavra antes... *individualizando*... será que tem um sinônimo?...

– Um sinônimo... Não sei se um sinônimo de dicionário resolveria, Lalinha... A palavra individualizar implica um processo, ou seja, uma sucessão de mudanças conquistadas pelo princípio inteligente durante estágios sucessivos nas formas dos três reinos da natureza, culminando no momento em que ele finalmente tem condições de encarnar como ser humano, ou seja, um Espírito com capacidade de refletir e tomar decisões, guardando consciência de si mesmo depois da morte do corpo físico. Entendeu melhor?

– Acho que sim...

– Então vamos adiante. Onde eu estava mesmo?

– Nos tais elos perdidos...

– Pois é... Vamos dizer que passamos por tudo, milênios e milênios...

– Quantos, Eduardo, quantos milênios seriam?

– Mais do que possa imaginar, prima! Vejamos na Internet... olhem só... A estimativa de formação do planeta seria de 4,567 bilhões de anos. A vida teria surgido há 3,5 bilhões de anos...

– Tem razão... Nem dá para imaginar o tanto que seria isso! Agora que me situei, continue, por favor!

– ... passamos por milênios e milênios de evolução, chegando finalmente à condição humana. Será que somos influenciados por aquilo que fez parte de nossas existências anteriores?

– Somos donos dessa herança, deve ser muito importante! Impossível não estar gravado em algum lugar ...

– Gravado... Você usou a expressão *gravado*, Lalinha! Eu pergunto: *onde*?

As moças entreolharam-se. Onde mesmo?

Eduardo riu, acrescentando:

– Quando mencionamos o perispírito, notei uns olhares de *para que estudar isso*?... Pois é... O registro da memória das experiências vivenciadas pelo Espírito acontece no perispírito, ficando bem claro que a gravação de todas as etapas da vida do Espírito reside primeiramente em sua intimidade, mas é através do perispírito que ocorrem esses registros. O acesso a tais registros se processa tanto no plano físico como no extrafísico, de acordo com nossas necessidades evolutivas, sob perfeita imposição das leis de causa e efeito.

– Dê um exemplo, primo! Parece tão abstrato...

– Exemplo... Uma pessoa dormindo, quando se libera do corpo físico, poderá acessar certas informações de vidas passadas necessárias ao seu desenvolvimento.

– Dormindo não vale!

– Que seja! Lalinha, que adora filmes, deve ter visto o daquela mulher americana que se lembrava de lugares, pessoas e fatos de uma existência anterior, ocorrida na Irlanda. Alguns dos filhos daquela época ainda estavam encarnados inclusive... Foi baseado em um livro autobiográfico. Não assistiu? Vou procurar o nome...[7]

– Ela conheceu esses filhos?! Uau!

– Muito interessante mesmo, comovente... Adiante!

---

[7] Minha Vida na Outra Vida (Yesterday's Children)

– Espere um pouco, Eduardo! Pensei uma coisa agora... Quando uma pessoa desencarna, como você diz, o Espírito juntamente com o perispírito deixa o corpo físico, não é? E quando reencarna, ela vem com outro corpo, mas com o mesmo perispírito e o mesmo Espírito?

– Primeiramente, Cláudia, observe como você está colocando a questão, toda centralizada no corpo físico, quando na realidade o Espírito constitui a criação de Deus, imortal, que jamais *acaba*. O corpo, embora importante, não passa de mero instrumento de evolução. Tanto que deixa de existir, *volta ao pó*. Vamos centralizar a questão no Espírito? Seria mais ou menos assim... quando o Espírito reencarna, recebe um corpo físico correspondente às suas necessidades evolutivas, de acordo com os registros perispirituais, ou seja, o perispirito vai servir de modelo para a nova organização do corpo. Encarna, portanto, e o períspirito vem junto. Quando o período dessa encarnação chega ao fim, o corpo perece e o Espírito, juntamente com seu perispírito, retorna à sua verdadeira pátria, o mundo espiritual, onde permanece até que se processe nova encarnação. Durante esse período sem corpo físico, o processo evolutivo continua, e o Espírito passa por experiências visando ao aprimoramento intelectual e moral. Quando esse Espírito for reencarnar, tudo isso refletirá em seu novo projeto existencial, inclusive no novo corpo. Percebeu? Adiante!

Sabendo que cada experiência no corpo físico tem como finalidade possibilitar a evolução espiritual, podemos concluir que nada daquilo que fez parte do passado deve receber o crivo discriminatório de bom ou ruim. São estágios percorridos pelas criaturas em sua marcha evolutiva. Ninguém chega à universidade sem passar pelo maternal, pelo primário... Todas as experiências são válidas, na medida em que elas refletem as necessidades de cada Espírito. Respondemos, contudo, pelas consequências que delas possam advir. Plantio e colheita.

– Ah, Eduardo, vai dizer que o que está acontecendo com a Joana e o Marquinhos é válido?! Porque você quer!

– Não porque eu quero, ou Deus, ou quem quer que seja, Cláudia, e sim porque a consciência deles assim determinou. Foram escolhas do passado dos dois e até da atual existência que traçaram os acontecimentos de hoje. E quem pode dizer se não estão inseridos voluntariamente em um plano maior?!

– Pare de dar nó em minha cabeça! Sabe de uma coisa? Começo a entender que ser espírita não é nada fácil. Não sei se vou gostar disso... Mas não interrompa o estudo, prossiga! Quem sabe vou me acostumando com essas ideias...

– Como estava dizendo, para entender tudo o que ocorre com as criaturas de maneira lúcida e desprovida de preconceitos, inclusive na área da sexualidade, precisamos deixar de lado os julgamentos, atendo-nos às realidades espirituais. Isso, no entanto, será assunto para a próxima semana...

– Próxima semana, por que próxima semana?!...

– Amanhã é sábado, achei que poderiam querer folga e retornar na segunda-feira...

Lalinha consultou Cláudia com os olhos, afirmando categoricamente:

– Queremos estudar no sábado e no domingo. Tenho a sensação de que precisaremos estar bem informadas logo, pois aparecerão novidades. Sinto no ar!

Cláudia espantou-se:

– Credo, Lalinha, está lendo pensamento agora? Sinto a mesma coisa!

– Então, amanhã prosseguiremos. Vamos à prece final.

Minutos depois, Lalinha servia o lanche.

– Estou morto de fome! O que temos hoje, fada da culinária? Torta! De palmito?! Vai resistir, priminha?

– Parece leve...um pedacinho só... e suco sem açúcar!

– Pode comer, prima! Pare de arrumar desculpa! Tenho a impressão de que suas células não aguentam mais essa tortura chinesa.

– Ah, Eduardo!

Marquinhos mal podia acreditar no que estava perdendo! Torta de palmito! E ele lá, na cama, entupido de antibióticos, sopinha rala, parecendo água suja. A lembrança do doutor – ninguém se lembrava de perguntar seu nome – veio forte. Quem seria ele?

O calado Adriano se adiantou:

– Luís... Doutor Luís. E ele é um bom homem, que não soube dizer não na hora certa, mas que ainda assim tem ajudado muita gente.

– Posso saber o que aconteceu? Seria fofoca?

– De maneira alguma, Marquinhos. Tudo começou em noite de intensa afluência ao pronto socorro onde prestava plantão, quando acidente de grandes proporções movimentava o lugar, macas e mais macas se deslocando, enfermeiros apressados, médicos agitados. Muitos mortos e casos extremos, de fatal desenlace, onde a medicina da Terra nada poderia fazer. Dentre eles, uma jovem de aparência delicada, belíssima, envolta em caríssimos trajes ensanguentados. Coube a Luís examiná-la, acompanhando-lhe o desencarne, sucedido minutos após sua entrada na emergência. E também a ingrata tarefa de informar ao tresloucado pai o ocorrido, suportando a carga de indébitas acusações, dentre as quais se avultavam as de erro médico e negligência.

Tudo suportou com serenidade, pois nada devia. Dias depois, surpreendeu-se com a notícia de que o caso seria verificado por uma comissão hospitalar, pesando contra sua péssoa justamente o que o pai da jovem dissera, acrescido do fato de não ter reportado o ocorrido a seus superiores.

Para resumir, acabou sendo condenado de maneira injusta, vergonhosa mesmo, por conta de o queixoso ser o maior colaborador do hospital, possuindo inclusive uma ala com seu nome. Imagine a decepção de Luís, que se transformou em desespero ao ver todas as portas se fecharem, pois o vingativo industrial se encarregara de denegrir sua imagem, imputando-lhe a pecha de incompetente e irresponsável, verdadeiro assassino. Foi como se lhe cassassem a licença médica, pois de nada valia o diploma se impedido pela opinião pública de clinicar! Desempregado, com esposa e dois filhinhos, casa para pagar, acabou aceitando a *generosa* oferta de Santiago, para logo se arrepender amargamente. Ao tentar recuar, recebeu ameaças contra a família, contra ele mesmo... Ficou.

No começo, mal podia acreditar em tamanha degradação do ser humano, somente comparada, em seu ponto de vista, aos horrores do holocausto. Compreendeu então que necessitava, se desejasse preservar-se e à família, de um distanciamento psicológico do problema, conseguido a duras penas. Isso, no entanto, não o impediu, de auxiliar ao máximo as jovens vítimas.

– É mesmo! O coitado tenta acalmar o terrível gênio do Santiago, compra de seu bolso medicamentos caríssimos. Estaria morto se não fosse ele!

– Agora que a missão está praticamente se encaminhando para uma conclusão, o doutor terá a chance de desempenhar importantíssimo papel no desenlace.

– Quer dizer que se trata de pessoa confiável?

– Sim, Marquinhos, pode confiar.

As bases do Espiritismo, o sexo dos Espíritos, as forças sexuais da alma, a evolução da sexualidade.

Cláudia adentrou o apartamento às carreiras, deparando com Eduardo e Lalinha assentados no amplo sofá, pacientemente esperando por ela.

– Consegui chegar! Aquele desfile não acabava mais! Terminou na hora, mas alguns compradores em potencial desejavam conversar e a coisa foi se estendendo, sem que conseguisse me esquivar. Estou atrasada, não é?

– Falta exatamente um minutinho para as onze... Ainda bem que não mudamos nossa reuniãozinha para as oito, como sugeriram hoje cedo. Quer beber uma água, trocar de roupa?

– Nem pensar! Vamos fazer a prece, Eduardo, e começar. Graças a Deus, consegui chegar a tempo...

Minutos depois, o rapaz inquiria:

– E daí, gente, alguma dúvida em relação ao nosso papo de ontem?

– Não é bem uma dúvida, mais uma curiosidade... Aquele negócio do tal tripé... Não sou muito estudada e...

Cláudia se adiantou, com sua natural irreverência:

– Relaxe, Lalinha! Tem muito doutor formado que não sabe nadinha disso! Explique, Eduardo!

– Resumindo, seria o seguinte: para efeito didático, podemos dizer que o Espiritismo repousa sobre três pilares, cujos princípios se interpenetram e interagem. Enquanto ciência, trata da natureza, origem e destino dos Espíritos e de suas relações com o mundo corporal.[1] Como qualquer ciência, usa métodos experimentais, observando, comparando, analisando, até chegar às leis que regem os fatos, deduzindo as consequências e buscando aplicações úteis.[2] Não é justamente isso que faz a ciência terrena, por exemplo, quando busca um remédio para uma doença nova? No laboratório, os pesquisadores observam, comparam, analisam, até achar o medicamento; testam-no, determinam suas aplicações e depois ele é lançado no mercado. No caso do Espiritismo, o objeto de estudo são os Espíritos, os chamados mortos, que não estão mortos de forma alguma, e as relações deles conosco, os encarnados, os denominados vivos!

– E essa tal de filosofia, que nem sei direito o que é?

– Sabe as relações que se estabelecem entre os Espíritos e os encarnados, comentadas há pouco? A parte filosófica compreende todas as consequências morais que se originam dessas relações.[3]

– E religião? Tem gente que diz que Espiritismo não é religião. Já ouvi isso de uma moça lá no Rio, empregada no apartamento acima do de dona Cláudia, falando de uma colega nossa, dizendo que não tinha religião porque frequentava centro...

---

[1] O que é o Espiritismo, Allan Kardec.
[2] A Gênese, Allan Kardec.
[3] O que é o Espiritismo, Allan Kardec.

– Bom, Lalinha, deixando de lado o preconceito de sua colega, na época de Kardec, a palavra e o conceito de religião estavam ligados a cerimônias e seus rituais, a sacerdotes e hierarquias, a privilégios. Por isso ele temia que, se declarasse o Espiritismo uma religião, o público o encarasse como uma nova variante das religiões existentes, presas somente às formas materiais de expressão e sujeitas a uma série de desmandos. Chamou-o, então, de doutrina filosófica e moral, mas acrescentou sabiamente: *No sentido filosófico, o Espiritismo é uma religião, e nós nos glorificamos por isto, porque é a doutrina que funda os laços de fraternidade e da comunhão de pensamentos não sobre uma simples convenção, mas sobre as mais sólidas bases: as próprias leis da Natureza.*[4]

Agora, meninas, sabem o que a palavra religião quer dizer? Laço... A religião, em seu sentido mais puro, nada mais é do que um laço que religa as pessoas em uma comunidade de sentimentos, de princípios, de crenças.[5] E, consequentemente, estabelece a ligação com o Criador. E lá, na introdução de *O Evangelho Segundo o Espiritismo*, Kardec diz que as instruções dos Espíritos evoluídos vêm esclarecer os homens e convidá-los a praticar o Evangelho de Jesus.[6]

– E pensar que muita gente acha que o Espiritismo é obra do demônio!

– Coisa de quem desconhece o assunto, Lalinha! Por outro lado, o termo Espiritismo foi criado por Kardec para designar a nova doutrina ensinada pelos Espíritos e por ele codificada. Por extensão, as pessoas passaram a chamar de Espiritismo tudo o que se relaciona com manifestações espirituais, que sempre existiram. Surgiram termos como *baixo*

---

[4] Revista Espírita, dezembro de 1868, Allan Kardec.
[5] Revista Espírita, dezembro de 1868, Allan Kardec.
[6] O Evangelho Segundo o Espiritismo, Introdução, Allan Kardec

espiritismo, *alto espiritismo*, *mesa branca* e alguns mais, na tentativa de enquadrar aquilo que não pode ser enquadrado, entendem? Espiritismo diz respeito somente à codificação de Kardec. Espíritas são pessoas que seguem os preceitos da codificação, que os estudam, que procuram vivenciá-los em suas existências. Canso de escutar colocações do tipo *sou meio espírita*... Desconhecimento do que significa ser espírita. Vocês, por exemplo, não são espíritas somente pelo fato de estarem estudando preceitos espíritas... Para tanto, teria que haver uma comunhão de crenças, de sentimentos, de objetivos, de propósitos, estabelecendo fortes laços de ligação, entendem?

Cláudia desatou a rir:

– Essa história de *meio espírita* parece a de *meio grávida*!

– Parece mesmo! Vamos então retomar a conversa de ontem, no ponto em que o Espírito inicia sua trajetória no reino hominal. Durante milênios o princípio inteligente estagiou nos reinos inferiores para adquirir o necessário à sua sustentação no reino humano, que servirá de base para o desenvolvimento da razão, dos sentimentos e do intelecto. Já falamos isso...

– É impressão minha ou você está um pouco atrapalhado?

– Um pouco?! Bondade sua, Cláudia! Para falar a verdade, considero o assunto sexualidade de uma complexidade tamanha que nem sei direito por onde começar. E não se trata de acanhamento, podem crer! Olhem... Pesquisei em um monte de livros, inclusive os codificados por Kardec, li e reli matérias de conceituados estudiosos espíritas, chegando à conclusão de que ainda falta muito para o ser humano entender perfeitamente os mecanismos da sexualidade.

Timidamente, Lalinha sugeriu:

– Poderíamos iniciar pelo que os Espíritos disseram a Kardec...

– Ótima sugestão! Sabem qual foi a primeira pergunta do Codificador a respeito do assunto? Vamos lá, chutem!

Lalinha arriscou:

– Se os Espíritos tinham sexo?...

– Na mosca! Como adivinhou?!

– Ah... tem a ver com a maneira como os anjos são representados... Tipo assim: qual o sexo deles, menino ou menina...

– Sabem o que responderam a Kardec? *Não como o entendeis, porque os sexos dependem do organismo. Entre eles há amor e simpatia, baseados na semelhança de sentimentos.*[7] E aí a gente entende que não possuem aparelho reprodutor, não têm órgãos sexuais ou hormônios, até porque os Espíritos não se reproduzem, pois são criação de Deus. Reprodução diz respeito à matéria, concordam? Os Espíritos encarnam na condição de homens e mulheres porque necessitam adquirir experiências pertinentes a cada sexo para progredir.

– Realmente, homens e mulheres passam por experiências próprias de seu sexo, por mais que se fale em igualdade de direitos!

– Não podemos esquecer da lei de causa e efeito, Cláudia...

– Como assim?...

– Simples... A maneira como a criatura se comportou enquanto homem ou mulher poderá determinar o futuro sexo. Imagine alguém que tenha maltratado as mulheres, delas abusando... Terá enormes chances de retornar como mulher, para

---

[7] O Livro dos Espíritos, questão 200.

sentir na carne as dificuldades, os preconceitos. Ou uma mulher que tenha manipulado, explorado o companheiro... Virá na pele de um homem, elegendo uma companheira bem parecida com ela.

– Ai!

– Prosseguindo... É lógico que Kardec não conseguiu se aprofundar em cada questão, pois era muita coisa a perguntar e nem sempre isso convinha, pelo impacto que poderia causar. Os Espíritos elevados revelam-nos as coisas gradativamente, não para fazer suspense, mas por sermos imperfeitos demais para compreender e até para arcar com o ônus de determinados *saberes*! Kardec viveu no século XIX... No século XX, Espíritos vieram e, através de médiuns idôneos, trouxeram maiores informações. Um desses médiuns foi Chico Xavier, que recebeu o Espírito André Luiz...

– O do filme Nosso Lar! Aquele DVD que a senhora trouxe e deixou em cima da mesinha da sala, lá no Rio, dona Cláudia.

– Você assistiu?

– A senhora disse que eu podia ver os filmes que traz para casa... Nunca pensei que aconteceria aquilo depois da morte!

– Realmente, trata-se do mesmo André Luiz, Lalinha. Com ele aprendemos um pouco mais sobre a sexualidade...

– Sexo, sexualidade, qual a diferença afinal? Ou são a mesma coisa?

– Boa pergunta, Cláudia! Vamos acrescentar à sua indagação o termo energia[8] ou força sexual. Para fins didáticos,

---

[8] Algumas considerações sobre energia: a) de acordo com a definição científica da Física, energia seria a capacidade de se realizar trabalho. Nesse contexto, as energias são

definiremos cada um dos termos conforme vamos entendê-los daqui para frente. No entanto, vocês poderão encontrá-los em diversas obras da literatura, espírita ou não, empregados um substituindo o outro, bastando que verifiquem em que contexto se aplicam. Para nós, consideraremos sexo como a atividade ou prática sexual, ou ainda os órgãos sexuais, conforme vimos há pouco, na pergunta elaborada por Kardec. Energias ou forças sexuais seriam as faculdades criadoras, disponibilizadas por Deus ao princípio inteligente. Entenderemos sexualidade como toda e qualquer expressão dessa energia ou força sexual, englobando os instintos, as sensações, os sentimentos, a afetividade, os relacionamentos sexuais... Não façam essas caras! Acham complicado? Complicado foi tentar resumir isso em poucas e compreensíveis palavras!

– Olhe, meu primo, as palavras podem ser poucas, mas compreensíveis?! Sei não...

– Vamos devagar. O Espírito André Luiz reproduz, em um de seus livros, uma aula ministrada a um grupo de estudos com características muito semelhantes ao nosso, ou seja, não destinado a revelações avançadas, constituído de discípulos como nós, em perseverante esforço para adquirir conhecimentos básicos. A diferença consiste no fato de os alunos serem desencarnados, em número pouco maior de duzentos, e o instrutor certamente saber muito mais do que eu. Tem um trechinho tão bom que trouxe para repassar a vocês: *Todos os seres que conhecemos, do verme ao anjo, são herdeiros da Divindade que nos confere a existência, e todos somos depositários de faculdades criadoras.*[9]

---

mensuráveis, pois se propagam dentro do eixo espaço-tempo. Ex.: energia nuclear, energia elétrica; b) energias espirituais não possuem propriedades físicas, não se relacionam ao tempo-espaço, não sendo mensuráveis pela ciência terrena. Preservam, contudo, o conceito físico de energia, pois realizam trabalho, uma vez que o Espírito, detentor de tal potencial energético, tem a capacidade de agir sobre a matéria, afetando-lhes as estruturas.
[9] No Mundo Maior, Espírito André Luiz, psicografia de Chico Xavier.

E isso está justamente onde? Onde, meninas?!... No capítulo sobre sexo! Faculdades criadoras... São justamente as forças sexuais! Vamos voltar lá ao princípio inteligente e sua longa viagem evolutiva? Estudamos isso, recordam? Agora sabemos que, quando criado por Deus, recebe valiosíssima herança: as forças ou energias sexuais, que se manifestam em todos os aspectos da existência, na matéria inorgânica ou na orgânica, detendo a função de gerar, de criar o novo, tendo sempre em vista a evolução.

Vamos pensar na Terra, no momento de sua criação... Aqui tenho que fazer uma parada e dizer algo a respeito da formação da Terra antes de prosseguir. Deus é o Criador de tudo. De conformidade com os desígnios de Deus, na qualidade de agentes orientadores da Criação Divina, atuam Inteligências Gloriosas, participando como co-criadores em Plano Maior.[10] Jesus é uma dessas Inteligências, sendo o responsável pela formação de nosso planeta e de todo o sistema em que a Terra se inclui, estabelecendo campo propício ao progresso espiritual em cada um desses mundos.

– Nossa!

– Nossa mesmo! Perceberam que, à medida que estudamos, dilata-se a nossa compreensão a respeito de Jesus e sua íntima ligação com Deus? E da grandiosidade de sua missão entre nós? André Luiz refere-se aos mundos que povoam o Universo como campos de desenvolvimento das almas... E que seria a Terra senão isso, abençoada escola em que todos nós, almas em evolução, trilhamos nosso caminho.

Bem, meninas, formada a Terra, incandescente globo a girar no espaço, pouco a pouco a crosta foi se resfriando e,

---

[10] Evolução em Dois Mundos, Espírito André Luiz, psicografia Chico Xavier/Waldo Vieira.

na imensidão dos mornos mares, estendeu-se extensa e fila-mentosa rede de protoplasma. Ali o princípio inteligente iria se desenvolver, *ao mesmo tempo que o princípio material*, evo-luindo lentamente através dos milênios, sem jamais retrogradar, sempre adiante...

— Primo, a gente estuda isso na escola, mas sem o conceito de princípio inteligente! Fica uma coisa meio que solta no ar.

— Justamente por ainda faltar à ciência da Terra a noção de que a evolução se processa material e espiritualmente, e nos dois planos em que o princípio inteligente se manifesta, o físico e o extrafísico. Recordam-se dos tais elos perdidos mencionados anteriormente?

— Quanta coisa desconhecemos, meu Deus!

— Lalinha, aqui só me resta dizer: lembre-se dos milê-nios e milênios que esse princípio demorou para finalmente se individualizar e ser denominado Espírito! A natureza não dá saltos, minha linda, e muito menos nós! Quem quer *saltar* fatalmente se tornará pseudo-sábio ou fanático. Toda vez que constatarmos isso que você está experimentando, a própria ignorância, devemos dar pulos de alegria, pois existe enorme probabilidade de estarmos no caminho certo, dispostos a aprender mais e mais. Graças a Deus!

Os olhos da mocinha encheram-se de lágrimas, levando o rapaz a perguntar, assustadíssimo:

— Disse alguma coisa que a ofendeu?

— Não, não. É que pessoas simples como eu costumam recear que os outros as julguem ignorantes. E você colocou de uma maneira tão bonita...

– Quando a pessoa tem esse medo de que o outro a julgue inferior, ou se recusa a admitir que não sabe, que desconhece um montão de coisas, acaba se fechando em seu próprio mundinho, riscando de sua existência a possibilidade de conhecê-las. As casas espíritas estão repletas de criaturas assim, tanto no plano encarnado como no desencarnado. Participar de cursos? *Para quê*?! *Já sei de tudo isso*! Prestar atenção ao que se passa na mesa mediúnica? *Para quê? É sempre a mesma coisa*!... Entendeu? *Não entendi o que foi explicado*, *mas vou fazer cara de paisagem inteligente*... Esse é o maior problema que os Espíritos enfrentam ao trabalhar com os encarnados: a ausência de humildade em reconhecer o pouco que se sabe, invalidando a disponibilidade para aprender! Quanto aos desencarnados, o mesmo ocorre, pois o fato de terem se libertado do corpo não quer dizer que mudaram suas crenças e valores de uma hora para outra. Muitos continuam resistentes à aprendizagem do lado de lá!

Voltando ao princípio inteligente, ele vai passando sucessivamente pelos reinos mineral, vegetal e animal, chegando finalmente ao estágio em que se individualiza, possuindo livre-arbítrio e inteligência capaz de raciocinar, sendo responsável por seus atos.

Durante esses séculos todinhos, as energias sexuais estiveram presentes. Primariamente, seriam as forças encarregadas de unir as partículas, compondo as estruturas minerais. Bilhões de anos depois, desenvolveriam o princípio do sistema nervoso na seiva vegetal, manifestado através da sensibilidade. Ao longo de muitos milênios, continuariam trabalhando, determinando o surgimento das sensações e, depois, o aparecimento dos instintos nos animais. Prosseguiriam ainda em sua força criativa, por milênios e milênios, encaminhando o princípio inteligente à sua completa individualização, finalmente na condição humana.

Percebem que se trata de uma trajetória, meninas? Lenta, gradual...e perfeita!

No começo da condição humana, a sexualidade acha-se centrada nos instintos. Vamos começar falando um pouquinho dos instintos, porque é a partir deles que o ser humano inicia sua escalada rumo à angelitude, ou, em outras palavras, rumo ao Amor Universal.

– Amor Universal?...

– Sim, Lalinha. Vou me tomar por exemplo. Como seria o amor que conheço e consigo sentir? Por alguns de meus familiares... Por meus amigos... Pelo meu animal de estimação... Pela natureza? Sim, as plantas de meu jardim, as da minha cidade talvez... Está percebendo?... Nisto tudo, ainda sou o centro! Meu... Minha... Em sã consciência, posso dizer que é um *amorzinho*, bem diferente daquele que Jesus sente! Incondicional, pleno, universal!

– Nossa, Eduardo, estou me sentindo menos que uma lagartixa!

– Não, linda e loira priminha! Mais que uma lagartixa, pode acreditar, pois suas conquistas espirituais a colocam bem distante de tal estágio evolutivo. Além do mais, está no caminho certo, no passo condizente com sua atual capacidade de evoluir, que será em muito aumentada pelo estudo das realidades espirituais, pois começará a refletir e acontecerá a tal *caída de ficha*. A maior parte das pessoas passam pela existência sendo empurradas, reagindo simplesmente, por ignorarem suas potencialidades, deixando de agir de maneira consciente, raciocinada. Sabe por que está se sentindo assim? Por perceber que sabe muito pouco de você mesma como Espírito imortal, herdeira de Deus. Ótimo, perfeito! A escalada ganha significativo impulso quando usamos nossa vontade no sentido de avançar!

Repetindo, vamos voltar ao comecinho da fase humana, quando a criatura ainda é dirigida fundamentalmente pelos instintos...

– Eduardo, a gente ouve tanto falar em instinto, geralmente quando a pessoa faz alguma coisa ruim... *ele se deixou levar pelos instintos*... Afinal, o que seriam os instintos?

Rindo, o rapaz concluiu:

– Pelo teor de sua frase, eu diria que são os grandes injustiçados! Tudo porque ainda estamos atados ao *oito ou oitenta*, distanciados do conceito de processo, caracterizado por lentas e contínuas conquistas do ser vencendo etapas, todas elas necessárias e igualmente importantes, pois constituirão a base das seguintes.

Assim como o físico nuclear não pode ignorar as leis elementares da física, a criatura humana não poderá negar a presença dos instintos em toda a sua trajetória. Inquiridos por Kardec, os Espíritos responderam que os instintos poderiam ser considerados uma espécie de inteligência não racional, pelas quais os seres proveriam suas necessidades. Complementaram, mencionando que os mesmos podem se aliar à inteligência e existem sempre em nós, apesar de os ignorarmos muitas vezes.

– Não sei se entendi direito...

– Quer um exemplo? Os animais são dirigidos primordialmente pelos instintos. A fêmea, na hora de parir sua prole, lá no meio da selva, sem um veterinário sequer, não dá conta do recado? Quem foi que ensinou a ela como cortar com os dentes o cordão umbilical? Quem a ensinou a amamentar, a caçar para alimentar os filhotes? Qual foi o livro ou a Internet a que recorreu no sentido de educar os filhotes para que sobrevivam?... Os instintos!

– Ah...

– Pois é, Cláudia... E onde o princípio inteligente estagiou um tempão antes de se individualizar e surgir com a denominação de Espírito na raça humana? No reino animal, meninas! E aí surgem os primeiros seres humanos sobre o planeta... Mais que lógica a predominância dos instintos, não é? Ou não sobreviveriam! Imaginem um parto de mulher naquele tempo... Não havia ginecologista, pediatra, maternidade, tesoura, enxoval de bebê... O que a guiava? Os instintos! Fazia tudo direitinho! E posso garantir que, mesmo hoje, com os instintos embotados pelas comodidades do mundo moderno, se uma mulher fosse forçada a isso por determinadas circunstâncias, seguiria seus instintos e se resolveria.

– Nossa...

– No começo, toda a sexualidade, ou seja, toda a expressão de energia ou força sexual dos seres humanos seria considerada como o somatório dos instintos. A excitação fisiológica promovida pelos hormônios incitava-os ao ato físico, de maneira desenfreada, pois a inteligência e o livre-arbítrio ainda eram precários. O homem primitivo selecionava a fêmea, arrastava-a para a sua caverna e perpetuava a espécie. Não era assim?

– Devia ser... Era! De clava na mão, batendo na cabeça da pobrezinha...

– Com o passar do tempo, as coisas foram mudando... Sabem por quê? Porque, por mais que a criatura queira se manter onde está, existe uma lei natural, que é a do progresso, forçando o ser a mudar, a evoluir de maneira contínua, constante. Não bastava mais ficar entocado em sua caverna, cercado pela prole... Existiam outros como ele e aliar-se parecia deveras interessante. Decidiu viver em comunidade, pois, se não juntasse forças com outros, seria fácil morrer de fome ou ser devorado. A sociedade, no entanto, exerce um papel regulador, estabelecendo regras sociais, às quais se deve obediência. O homem com a clava não podia mais *pegar* a mocinha à força e levá-la para sua *casa-caverna*, necessitando da anuência do chefe do grupo, do pai da mocinha, da própria mocinha talvez... Não era permitido simplesmente pegar, levar e usar... Teria de cuidar da mulher eleita, dos filhos...

– Acabou o sossego do valentão! Quero morrer de rir...

– Você está esquecendo-se de uma coisinha só, Cláudia: que o homem de hoje poderá ser a mulher de amanhã e vice-versa...

– Você é um desmancha-prazeres, primo!

– Hum!... Durante todo esse processo, que aqui resumi em poucas e simples palavras, mas que se estendeu por milhões e milhões de anos, o ser irá pouco a pouco se despojando de seu egocentrismo, até que chegue aquele momento em que a consciência, até então praticamente adormecida, finalmente desperta.

– Por acaso, egocêntrico seria aquele que *só olha para o próprio umbigo*?

– Exatamente, Lalinha. Aquela pessoa que acredita que

o mundo gira em torno dela, que somente leva em conta os próprios interesses.

– O mundo anda cheio de gente assim!

– Ainda... Há uma colocação do Espírito Lázaro que considero das mais belas a respeito do assunto. Ele diz bem assim: *No seu ponto de partida, o homem não tem senão instintos; mais avançado e corrompido, não tem senão sensações; mais instruído e purificado, tem sentimentos; e o ponto delicado do sentimento é o amor, não o amor no sentido vulgar da palavra, mas este sol interior que condensa e reúne, em seu ardente foco, todas as aspirações e todas as revelações sobre-humanas.*[11]

– É bonito, mas o que ele quer dizer exatamente?

– Acredito poder assim explicar, de uma maneira resumida: bem lá no comecinho da evolução humana, a sexualidade deveria se limitar à função fisiológica, comandada pela excitação provocada pelos hormônios e destinada à continuidade da espécie. Naquele tempo, não era fácil não! Viviam sobressaltados, com medo... a insegurança dominava, necessitava-se da proximidade de outros, que se resumiam fundamentalmente nos familiares. Nesta fase, a grande preocupação era a sobrevivência, a existência resumia-se em comer, beber, dormir... e acasalar!

– Mas, Eduardo, não é assim com os animais?

– Sim, Lalinha, não se esqueça que nossos primitivos ancestrais haviam ultrapassado há pouco o reino animal, trazendo em si toda uma herança de muitos milhões de anos, onde a sexualidade se resumia quase que somente ao ato sexual, baseando-se nos instintos. Normal, certinho para aquela

---

[11] O Evangelho Segundo o Espiritismo, cap. XI, A Lei do Amor.

fase, entende? Seria: *No seu ponto de partida, o homem não tem senão instintos...* Concorda?

– Sim.

– Depois, com a necessidade de viver em grupo, ocorre a inevitável socialização, obrigando o indivíduo a moldar seu comportamento sexual, enquanto gradativamente se elaborava a inteligência e o exercício do livre-arbítrio. O indivíduo passou a não se relacionar sexualmente somente pela necessidade de aumentar a população de seu grupo, tendo em vista a perpetuação da espécie e sua segurança, mas também pelo prazer, pelas sensações. Como nem sempre desenvolvimento intelectual e desenvolvimento moral caminham lado a lado, provavelmente apareceriam conflitos, que a criatura arrastaria por várias encarnações, até se acertar.

– *...mais avançado e corrompido, não tem senão sensações...*

– Exatamente, Lalinha. Precisamos, no entanto, deixar bem claro que não existe nada de errado em ter prazer. Afinal, o prazer faz parte do ato sexual, é natural, nada existindo de pecaminoso ou reprovável. A questão seria a maneira como desfrutamos esse prazer. Jesus, psicoterapeuta por excelência, resumiu muito bem o ponto crucial ao prescrever: *Como quereis que os outros vos façam, fazei também a eles.*[12] Vale para tudo em nossas existências, inclusive e principalmente para os relacionamentos sexuais. Estamos prejudicando alguém, gostaríamos daquilo para nós? São perguntas que devemos fazer.

– É isso aí, primo!

– Vamos voltar ao Espírito André Luiz! Ele afirma que a

_____
[12] Mateus, 7:12

sede real do sexo não se acha no corpo físico como a maioria das pessoas acredita, mas na complexa estrutura da entidade espiritual, seus impulsos e manifestações são mentais.[13] Reside na mente, expressa-se no perispírito e, consequentemente, no corpo físico.

– Ah! Quer dizer que aquela história de que a carne é fraca...

– Não procede, Lalinha! Quem comanda tudo é o Espírito. Fraco seria o Espírito, que ainda não detém condições evolutivas de resistir à tentação ou deixar de se sentir por elas influenciado. Bom, André Luiz esclarece ainda que, em sua marcha evolutiva, as criaturas escolhem caminhos diferentes. Existem seres cujos sentimentos se alteiam para as Esferas Superiores; neles, os instintos sexuais, em seus mais nobres aspectos, se iluminam e purificam.

– Aí caberia a parte final da colocação de Lázaro: *mais instruído e purificado, tem sentimentos...*

– Perfeitamente, minha prima! André Luiz continua, dizendo que existem seres cujas emoções se complicam, fixando-se no encalço do prazer desenfreado e egoístico da auto-adoração. E ele assim resume: *Os primeiros aprendem a amar com Deus; os segundos aspiram a ser amados a qualquer preço.*[14]

– Entre esses *complicados*, estariam os envolvidos com as vítimas do tráfico sexual?...

– Sim, Lalinha. Lembra do termo empregado pelo Espírito Lázaro? *Corrompido...* Procurei no dicionário[15] e achei uma definição que encaixa como uma luva: *que sofre desvio ou perturbação de uma função normal, sobretudo no terreno*

---

[13] Evolução em Dois Mundos, Espírito André Luiz, psicografia de Chico Xavier/Waldo Vieira.
[14] Idem ao anterior.
[15] Aurélio

psíquico.

– Tem alguma coisa nada legal acontecendo com essas pessoas...

– Claro que tem, minha prima! André Luiz explica que as energias naturais do sexo geram cargas magnéticas em todos os seres, pela função criadora de que se revestem. Acumuladas, necessitam de adequado controle. Nas almas que já conseguiram se disciplinar moralmente, responsáveis perante a vida, a descarga energética somente proporcionará completa alegria se houver plena afinidade com o parceiro. Imagine se alguém consegue isso *pulando de galho em galho* ou *forçando a barra*... Precisa eleger uma alma com a qual se afinize, iniciando um relacionamento monogâmico, não só com o intuito de gerar filhos, mas também para as realizações da inteligência e do coração, uma vez que os instintos sexuais não se destinam somente à reprodução, atuando ainda como reconstituintes das energias espirituais.

– Mas, se é tudo isso de bom, por que tantos problemas nessa área?!

– Agora vem o outro lado... Nas almas embrutecidas, a descarga dessa energia pode se efetuar indiscriminadamente, por meio de contatos desregrados e infelizes, gerando exaustão e sofrimento, como naturais processos educativos. Tudo se transforma em eterna busca... Depois do ato puramente sensorial, resta um vazio, que se procura preencher mais e mais... E o desequilíbrio do instinto sexual chega a tal ponto que passa a gerar enfermidades, tais como psiconeuroses, desvios da libido, fobias, colapsos nervosos, que a ciência terrena em vão tenta combater, pois se encontram na alma e não no corpo físico. E não raro têm sua origem em existências passadas, muitas vezes se arrastando por séculos sem fim.

– Nossa, Eduardo, é muito complicado!

– Sim, pois envolve uma infinidade de aspectos. Existem casos gravíssimos, em que a pessoa abusa da sexualidade de maneira extrema, prejudicando gravemente outras criaturas. Enquanto ela não tiver consciência do que faz, tudo calmo; na hora porém, em que *cair a ficha*, o sentimento de culpa acionará o automático mecanismo de resgate. Contudo, prestem bem atenção, não cometam o erro de achar que resgate é sinônimo de castigo. Como quase sempre envolve situações dolorosas, pela ainda imperfeita evolução dos envolvidos, costumamos efetuar essa confusão. Na realidade, trata-se de vivenciar algo com que não lidamos adequadamente em outros tempos. Se vai *doer* pouco ou muito, dependerá unicamente de nós.

– Não entendi!

– Vou exemplificar com um caso muito comum. Imaginem um rapaz que engane uma jovem ingênua, dizendo amá-la, tendo em vista somente uma transa. Ele a engravida e a força a fazer um aborto que acarreta o desencarne da jovem, vítima de grave infecção. Aconteceu, pensa ele, eu não planejei isso, mas sente que se excedeu... O tempo passa, ele casa com outra pessoa. Nasce uma criança, reencarnando o Espírito da jovem, forçado a abandonar o corpo físico pelo processo de aborto. Chora muito quando bebê, maiorzinha parece detestar os pais, revoltada *sem motivo*, pois *tem de tudo*. Análise baseada no ponto de vista de quem vê somente o agora, ignorando os mecanismos reencarnatórios. Ao receber a jovem em seu lar, o rapaz estava *resgatando* o que não fora conduzido adequadamente, concordam? Quanto isso vai causar de dor? Depende. Continuem imaginando... O rapaz *sente* que precisa ter muita paciência e amor com aquela filha, que um psicólogo seria bom, que chegou a hora de pensar um pouquinho mais em Deus... Vai doer? Sim, mas bem menos do que se ele também se revoltasse. Percebem? Com o tempo, há uma chance enorme de as coisas irem se acertando e de a filha perdoar aquele pai contra o qual sentia estranha e intensa mágoa, aceitar aquela mãe que lhe despertava um ciúme atroz...

– E o bebê abortado?...

– Ah, você quer exemplo completo! Poderia vir como o segundo filho do casal, a irmãzinha dele cuidando com maternais ares, protegendo-o.

– Legal!

– Alguma dúvida, meninas? Não?...

– Esse negócio de dúvida funciona da seguinte maneira: agora, nenhuma; depois começamos a pensar, uma coisa leva a outra e aparecem dúvidas... Amanhã eu digo!

– Ótimo, Cláudia! Tenho um medo imenso de estudos nos quais *todo mundo entende tudo*. Pode ser que o nível do material esteja aquém das potencialidades do grupo... Em casos assim, o interesse cai assustadoramente, pois os integrantes acham que estão batendo sempre na mesma tecla. Assim sendo, meninas, manifestem-se, perguntem!

– Vou fazer a prece, primo. E sair correndo, antes que Lalinha traga aquelas empadinhas que ela guardou no micro-ondas!

Características marcantes na área sexual e responsabilidades.

Na noite seguinte, após a prece, Eduardo sugeriu:

– Agora, de maneira didática, que tal reunirmos as criaturas em três grupos, de acordo com as características mais marcantes na área sexual?

No primeiro, situaríamos aquelas cuja energia sexual somente é percebida pelo corpo físico, resumindo-se a sensações, que sentem uma necessidade incessante de buscar o prazer desenfreado e egoístico, voltado para si mesmas, procurando satisfação a qualquer preço, não se importando, inclusive, em lesar outras pessoas.

No segundo, colocaríamos as que se encontram na faixa intermediária, que já sentem a necessidade de algo além das meras sensações do corpo, procurando uma pessoa com a qual se afinizem, constituindo relações duradouras. Representam, na atual faixa evolutiva do planeta, a maioria.

Finalmente, no terceiro encontraríamos as que conseguem perceber as energias sexuais através dos sentidos do Espírito, canalizando a imensa força criadora para o bem e expressões de beleza mais apuradas.

– Mas... será que não existem pessoas cujas características se encaixam em mais de um grupo?

– Bem colocado, prima! Na verdade, as pessoas, por evoluírem gradativamente, não raro ainda guardam características do grupo anterior. E algumas mostram prenúncios das do grupo seguinte! Querem ver? Aquela pessoa que constituiu família, que valoriza a esposa e os filhos, um cara *certinho*, pode muito bem se interessar por aventuras na companhia de prostitutas, inclusive com menores da idade de sua filha. Ou aquele com características comportamentais do primeiro grupo, o tal D. Juan, pode dar uma guinada, encontrar uma pessoa e estabelecer um relacionamento monogâmico, estável...

– É...

– No terceiro grupo, um exemplo seria Francisco de Assis, com todas as energias sexuais canalizadas para o bem, o amor ao próximo. E aqui puxamos um gancho! Lembram daquele companheiro de Francisco, que o acompanhava, mas não conseguia tirar da cabeça as mulheres? Era um cara legal, caridoso, esforçado, admirava profundamente o amigo Francisco, queria seguir-lhe os iluminados passos, porém sentia falta de relacionamento sexual. Não podia ver uma mulher! Francisco compreendeu que ele ainda não tinha condições evolutivas que lhe permitissem canalizar aquela poderosa energia todinha para os pobres e sofredores. Liberou-o dos compromissos com ele e a congregação, recomendando-lhe a formação de família.

– Parece que a maioria de nós é bem parecida com esse companheiro de Francisco de Assis...

– Realmente! O Espírito Emmanuel, em torno do tema sexo e especialmente direcionado a esse grupo predominante no planeta, presenteou-nos com um ensinamento tão completo e profundo, e ao mesmo tempo tão simples de entender, que

262 | Joana

vale a pena ler e comentar, meninas. São normas de como proceder no tocante aos relacionamentos sexuais... Ele diz assim: *Não proibição, mas educação. Não abstinência imposta, mas emprego digno, com devido respeito aos outros e a si mesmo. Não indisciplina, mas controle. Não impulso livre, mas responsabilidade.*[1] Vamos comentar?

– Quando ele fala em não proibir, e sim educar, concordo plenamente. Como é que se vai proibir uma coisa que é natural, que as pessoas possuem hormônios, que ter prazer faz com que desejemos? Mas é necessário educar, colocar parâmetros, limites.

– Sim, Cláudia. E quanto à abstinência imposta, o que acham?

– Tudo o que é imposto não dá certo... Por um tempo, a pessoa pode tolerar, mas ela sempre acaba dando um jeitinho...

– Bem colocado! Houve um momento na história da Humanidade em que sexo foi tão proibido, tão taxado de pecaminoso que as pessoas viviam reprimidas, o que não impediu que se relacionassem. Às escondidas! Quem leu o livro A Letra Escarlate[2], que se passa no século XVII, tem um representativo exemplo disso... Vale a pena conferir. Lição de casa...

– Há uns meses, assisti a um filme em que a moça foi forçada pela família a entrar para o convento. No tempo antigo, não agora...

– Em tempos idos, era muito comum os pais destinarem filhos à vida religiosa, desconsiderando-lhes a vocação. Às vezes, isso acontecia quando a criança vinha ao mundo! Muitos se resignavam, assumindo seus deveres, conseguindo sublimar

---

[1] Vida e Sexo, Emmanuel
[2] A Letra Escarlate, de Nathaniel Hawthorne

os impulsos sexuais. Outros não... O que aconteceu com essa moça, Lalinha?

– Sofreu muito, conheceu o caso de uma freira completamente louca por ter sido separada do rapaz que amava... Acabou permanecendo no convento, resignando-se. Será que esse tipo de coisa poderia fazer parte do projeto reencarnatório de alguém?...

– Pode ser. Segundo o Espírito Emmanuel, muitas das pessoas que adentraram a vida religiosa solicitaram tal regime disciplinar tendo em vista sua própria evolução. Por outro lado, Lalinha, Espíritos evoluídos reencarnam de quando em quando, assumindo encargos religiosos com o objetivo de acelerar o progresso da Humanidade. Seria o caso de Madre Teresa de Calcutá, de Francisco de Assis... Esses Espíritos já alcançaram um estágio em que os instintos sexuais se sublimaram, ascendendo ao nível de amor universal, não *sofrem* pela falta de relações sexuais.

– Pelo que entendi, não se trata de impor abstinência, mas de empregar nossas energias relacionadas à sexualidade de maneira digna, respeitando a nós mesmos e aos outros.

– Exatamente, Lalinha. E isso significa ter respeito ao corpo físico e aos sentimentos.

– E na Doutrina Espírita?

– No Espiritismo, inexiste classe sacerdotal. Somos todos aprendizes, Cláudia, irmanados pelos mesmos propósitos. Quanto à sexualidade, cada um de nós enfrenta seus conflitos, pois não é o fato de nos declararmos desta ou daquela religião que vai nos tornar santos de uma hora para outra. Estudar os mecanismos da sexualidade com certeza nos auxiliará a entender nossas dificuldades e as das outras pessoas.

– Chico não casou, Divaldo...

– Mas Kardec casou, Bezerra casou duas vezes, teve filhos... E saíram-se muito bem! Meninas! Não há nada errado em casar, ter filhos! Espíritos evoluídos, quando atuantes em tarefas do bem, sejam essas no campo da religião, da ciência ou das artes, podem optar pela castidade e celibato, justamente para produzirem mais e melhor. Mas isso não constitui regra geral. Uma coisa temos que ter como certa: abstinência sexual não é sinônimo de castidade, pois ser casto tem a ver com os sentimentos da pessoa e não com o fato de ter ou não relações sexuais. No Evangelho, há um pedacinho em que Jesus é bem claro quanto a isto quando, ao ser questionado sobre o adultério, disse que *todo o que olhar para uma mulher, cobiçando-a, já no seu coração adulterou com ela*.[3]

– Jesus batia firme!

– Melhor dizendo, Jesus sabia das coisas, Cláudia. Pense um pouquinho... Por acaso, os discípulos que acompanharam Jesus em seu ministério eram celibatários e adeptos da abstinência sexual? Até onde sabemos, tinham família, filhos, netos, relações sexuais... Pedro tinha até sogra!... Onde Jesus se coloca contra a prática do sexo? Sentou-se com mulheres da vida e pecadores... Criticado, manifestou-se, dizendo que os sãos não precisavam de médico. Sabia que estava na Terra para ensinar as verdades divinas, justamente para promover a evolução das criaturas. E conhecia muito bem o estágio evolutivo dos encarnados no planeta, suas necessidades, suas dificuldades. No entanto, deixa bem claro que devemos fazer aos outros o que gostaríamos que nos fizessem. Inclusive na área sexual! Certamente o Mestre há muito havia superado

---
[3] Mateus 5: 27-28

o momento das forças criadoras centralizadas no corpo físico, realidade que muitos não conseguem entender até hoje, querendo *arrumar* uma esposa para o Mestre a qualquer custo. Trata-se simplesmente de enxergarmos o outro através de nossas próprias lentes, segundo nossas necessidades, nosso momento existencial. Sexo não é pecado, mas suas manifestações acompanham a evolução da criatura, adequando-se a cada estágio.

– Eduardo... Mas assim, no mesmo nível nosso, aqueles que decidem fazer parte de organizações religiosas onde as relações sexuais são proibidas... Será que não têm *vontade*?

– O fato de terem ingressado em tais organizações não quer dizer que se tornaram assexuados, minha prima. Continuam portadores de estímulos genésicos, mas esforçam-se para canalizá-los em prol de seus semelhantes. Nisto consiste o trabalho de sublimação, que não se consegue simplesmente por enverger um hábito religioso. Muitas vezes, são criaturas no limiar entre um estágio e outro, o que significa que algo nelas aponta para o crescimento vertical, na direção espiritual. São escolhas que têm tudo a ver com a evolução do Espírito. Não podem ser impostas, forçadas! Imaginem se alguém extremamente ligado às sensações, ao prazer puramente físico, vai voluntariamente querer uma vida celibatária! Entenderam?... E quanto à disciplina? Cláudia?...

– Ah! Deve ser brincadeira me escolher para falar de disciplina! Já viu o esforço que preciso fazer diariamente para ter sucesso em minha carreira de modelo?

– Então... Pessoa ideal para comentar...

– Em matéria de sexo, como em tudo na vida, a disciplina garante que não vamos cometer excessos. O duro é que ninguém gosta de disciplina! Desejamos fazer o que queremos, na hora em que queremos, do jeito que queremos... Inclusive no que diz respeito ao sexo! É a tal história da *carne fraca*, que tenta justificar nosso descontrole.

– Resumiu simples e claro. E quanto à responsabilidade? Lalinha?...

– Uma das coisas que aprendi no começo de nosso estudo foi a lei de causa e efeito. Demais! Temos responsabilidade sobre nossas ações, nossas atitudes, até sobre nossos pensamentos, que eu acreditava não irem para lugar nenhum e agora sei que povoam o cosmo, podendo influenciar outras pessoas.

Eduardo ficou olhando para Lalinha, constatando como sua consciência despertara naqueles poucos dias de estudo. De repente, percebeu a grande tarefa depositada nas mãos daqueles que se propõem a ministrar cursos, despertando as pessoas para as realidades do Espírito. Semeadores...

– Já passamos por muitas existências...

– Exatamente, Lalinha! E o que será que andamos aprontando? Veja o caso dessas meninas sequestradas... lindas, jovens, vestidas sedutoramente, maquiadas, cabelos arrumados... Para aquele que as contrata, simples relacionamento de corpos, sem nenhuma responsabilidade. Mas, se não houvesse procura, inexistiria oferta, entende? Então existe responsabilidade perante a Justiça Divina! Na realidade, com raras exceções, todos nós ainda deparamos com muitas dificuldades nessa área!

Agora, para finalizar, gostaria de resumir com minhas palavras a conclusão de Emmanuel a respeito dessas regras, dizendo que fugir delas será enganar-nos, lutar sem proveito, sofrer e recomeçar a obra de sublimação quantas vezes forem necessárias, através de sucessivas reencarnações. E aí ele fala uma coisa genial: *porque a aplicação do sexo, ante a luz do amor e da vida, é assunto pertinente à consciência de cada um*. O que isso quer dizer?

– Que a maneira como direcionamos nossa sexualidade é assunto que diz respeito somente à nossa consciência...

– Isso! E eu complemento: como os estágios de consciência são variados entre as criaturas da Terra, variadas são as manifestações da sexualidade!

– Eduardo, posso fazer uma *colocaçãozinha*?...

– Claro, Cláudia, deve!

– Não sei se você tem *noção*, mas muitas pessoas acham isso *careta*...

– Estou sabendo... *ultrapassado, fora de moda, não condizente com o avanço do mundo atual*... De um passado repleto de controle, onde se admitia o sexo somente para procriação, com o advento da pílula anticoncepcional adentramos a era da liberdade feminina, da explosão da sexualidade. A mídia incentiva essa visão distorcida. Mas será que as pessoas estão mais felizes ou continuam simplesmente buscando, buscando e buscando... como sempre fizeram em suas múltiplas encarnações, porém por outros caminhos, nem por isso necessariamente adequados. Com certeza ainda não conseguimos atingir o equilíbrio, a harmonia. Continuamos teimando, dando murro em ponta de faca... E renascendo para aprender a amar. *Caretice*? Não, verdade!

Na reunião de amanhã, sugiro um resuminho, pois a gente se empolga, uma coisa puxa a outra, e é tanta coisa interessante...

– Já vamos encerrar? Nossa, a hora passou voando! Vou buscar o lanche!

– Calma, Lalinha, antes faça a prece e eu já estou prontinha para correr na direção de meu quarto assim que ela termine. Boa noite... Pensa que não vi o que você preparou?... Disciplina, disciplina!

Breve resumo a respeito da evolução da sexualidade humana; a violência sexual.

– Vamos àquele resumo que prometemos ontem sobre a sexualidade humana?

– Acho bom, primo...

– Comecemos pelo momento em que adentramos finalmente o reino hominal, trazendo conosco as conquistas dos reinos anteriores, onde estagiamos por milênios, adquirindo reflexos e automatismos essenciais para nossa atual sustentação. Bem lá no início da evolução humana, colocamos a sexualidade como o somatório das forças dos instintos. Sem freios, irracional, até o momento em que passa a sofrer a pressão do meio social, que colocava normas, regras para que o indivíduo pudesse ser aceito e viver em comunidade, impedindo que desse livre vazão aos instintos, reprimindo a sexualidade, de acordo com a cultura e a época em que estava encarnado. Durante milênios, o ser vai gradativamente evoluindo, até a hora em que as energias sexuais finalmente estão disciplinadas e o egocentrismo cede lugar ao amor ao próximo. Quando isso acontece, já aprenderam a amar a si mesmos e estão aptos a amar o próximo, rumando para o Amor Incondicional, aquele em que se ama simplesmente, sem cobranças, sem expectativas, sem condições.[1]

---

[1] Um Condomínio Chamado Família, Antonio Carlos Costardi.

O Espírito Emmanuel também faz referência a isso, anotei em algum lugar... Ali, naquele papel sobre a mesinha. Obrigado, Lalinha. Olhem como resume legal: *O instinto sexual, exprimindo amor em expansão incessante, nasce nas profundezas da vida, orientando os processos da evolução.*[2]

– Você só leu um pedaço, Eduardo! Leia o restante.

– O restante, Cláudia, fala justamente sobre o processo evolutivo. Sobre a trajetória da criatura pelos reinos inferiores da natureza e a imensa herança resultante das experiências sexuais ali vivenciadas. Fala também sobre a necessidade de educar esses impulsos genésicos, ajustando-os às leis superiores que governam a vida. Termina dizendo que o sexo constitui a fonte viva das energias em que Deus situou o laboratório das formas físicas e a usina dos estímulos espirituais mais intensos, destinados ao nosso progresso e aperfeiçoamento.

Lalinha ficou pensativa...

– O que foi, Lalinha, não entendeu alguma coisa?

– Não, mas fiquei aqui raciocinando, pensando em todo esse processo evolutivo. Desde o momento da criação, lá naqueles mares quentinhos... Os corpos simples do começo foram se aperfeiçoando, acompanhando a evolução do princípio espiritual. E as energias sexuais ali, o tempo todo, orientando o processo evolutivo. Estou certa?

– Certíssima... continue!

– Fico pensando... as pessoas geram filhos, produzem obras de arte, canalizam essas energias para o bem... Durante esse tempo todo estamos aprendendo a amar! Acredito que nossa maneira de amar vai se aprimorar cada vez mais, pois

---

[2] Vida e Sexo, Emmanuel/Chico Xavier

o amor não nasce pronto como muitos acreditam, mas vai desabrochando dentro de nós, cultivado ao longo das muitas encarnações. Chegará o momento em que não necessitaremos mais do corpo físico para evoluir, mas certamente prosseguiremos sem ele, ampliando esse amor... E fico pensando em como seria sentir um amor como o de Jesus...

Eduardo estava de boca aberta!

– Falei bobagem, gente?

– Não, minha querida, falou certinho...

– Todos vamos chegar a isso? Mesmo esses *bandidos* que participam do esquema de tráfico sexual?! Não acredito!

– Sim, Cláudia, vamos, inclusive os tais *bandidos*... Conhecendo a grande verdade evolutiva, Jesus recomendava o não julgamento, pois todos trilhamos ásperos caminhos para chegarmos ao que somos atualmente. E olhe que não somos um modelo de perfeição!

– Vendo dessa forma, torna-se mais fácil compreender e fazer um esforço *danado* para perdoar...

– Ou pelo menos para não *jogar pedra*, já que perdoar exige uma evolução que dificilmente possuímos! E não adianta fingir o que não se está sentindo!

– Eduardo, fale um pouco sobre a violência sexual...

– Vamos lá... Fiz uma pesquisa na Internet e anotei aqui alguns dados. Primeiro, vamos definir violência sexual. Seria todo ato de violência não consentido, envolvendo a sexualidade humana. Por aí, já se vê a amplitude da questão! Se nós definimos anteriormente a sexualidade humana como sendo *toda e qualquer expressão da energia ou força sexual*, aí entrando os instintos, as sensações, os sentimentos, a afetividade, os relacionamentos sexuais, tentem imaginar a imensa gama de ações e intenções envolvidas no tema!

– Não paramos para pensar dessa forma! Geralmente focalizamos somente o ato sexual em si...

– Sim. Mas será que não vai muito além? Querem ver? Em comunidades muito pobres, é comum adolescentes se envolverem afetivamente com pessoas de maiores posses, mais velhas geralmente. Mesmo inexistindo a coação direta, aquela em que se força fisicamente a vontade do outro, será que essas meninas e meninos tiveram realmente a chance de escolher? Teriam maturidade para isso? Precisamos refletir!

– Realmente...

– Dentro do tema violência sexual, situamos os abusos sexuais e a exploração sexual. Dá para perceber claramente que um dos fatores de diferenciação entre as duas categorias consiste justamente no lucro que alguém possa obter, seja esse de caráter monetário, político ou social.

– Explique melhor...

– Os abusos englobariam situações de constrangimento com a finalidade de satisfação sexual, tais como ligações telefônicas, ofensa ao pudor, *voyeurismo*, imagens pornográficas, relações ou tentativas de relações sexuais...

– Seria o caso do estupro também?

– Sim... Notem que o relacionamento é interpessoal e inexiste lucro, a não ser a própria satisfação em desrespeito total ao outro, seja ele maior ou menor de idade. Já no caso da exploração sexual, onde enquadraríamos a prostituição, o tráfico sexual, o turismo sexual, a pornografia, sobrepõe-se a existência de vantagens, principalmente as financeiras.

Pensemos um pouquinho no que essa violência toda causa às chamadas vítimas... À saúde física, mental, emocional... Abortos, AIDS, problemas reprodutivos, suicídios, assassinatos, uso de drogas, fobias, neuroses... Sem falar nos preconceitos das pessoas, que é terrível!

– E o tráfico sexual, que é o que nos interessa no momento?...

– Chegamos lá finalmente. Vocês duas andaram pesquisando sobre o assunto, não gostariam de falar a respeito?

– É tanta coisa! Um comentário ficou na minha cabeça, Eduardo, comparando o tráfico sexual à escravidão de antigamente! Talvez porque os escravos eram *caçados*, obrigados a renunciar a tudo, sexualmente forçados...

– Isso, Cláudia...

– Atualmente, moças e rapazes são enganados com promessas de empregos fabulosos e depois forçados a entrar no esquema de prostituição, ameaçados de morte se recusarem... Os passaportes são confiscados pelos *bandidos* e não podem ir a lugar algum. Ou simplesmente são sequestrados, sem possibilidade de defesa... Essas pessoas traficadas mundialmente provêm, em sua maioria, de países considerados do terceiro mundo, ou seja, Ásia, África, América do Sul e Leste Europeu. Dá para perceber que o nosso Brasil está incluído na rota dos exploradores sexuais...

– E por que não dão queixa à polícia?

– Justamente porque a indústria do suborno *come solta*, primo! E elevadas autoridades usam essas moças para o próprio prazer. Reclamar para quem?! E num país estranho, mal falando a língua, debaixo de ameaças e torturas, drogadas à força... Sabia que algumas são marcadas como gado ou como os judeus no campo de concentração?! Têm dono, meu caro! Depois de um tempo bem curto, transformam-se em verdadeiros autômatos, obedecendo cegamente. E as mais topetudas, as que se rebelam, essas acabam sendo eliminadas sumariamente, servindo de exemplo!

Eduardo complementou:

– Não podemos deixar de mencionar os casos envolvendo jovens de países pobres em guerra, que são vendidas, às vezes até por parentes, tudo com o beneplácito de autoridades corruptas.

Lalinha acrescentou:

– O que me deixou de queixo caído foi saber que, no sudeste da Ásia, pais e mães de regiões muito pobres enviam suas filhas para as cidades grandes com a finalidade de ganhar dinheiro para a família. São usadas na prostituição e na indústria pornográfica! Quanto mais novas, melhor. Nove, dez anos... Um horror! A maioria morre bem cedo.

– Você esqueceu-se de falar dos leilões sexuais! Vêm compradores de todo o mundo, as jovens são expostas, outro horror...

– Interessante é que não existem estatísticas seguras a respeito da quantidade de vítimas do tráfico sexual, mas dados da ONU falam em dois milhões de pessoas, das quais oitenta por cento são mulheres e crianças.

– Bom, meninas, isso dá uma ligeira noção da coisa... O que mais nos entristece, no entanto, é ter conhecimento de que países considerados *desenvolvidos* econômica e culturalmente

276 | Joana

são os maiores *consumidores*: Estados Unidos, países da Europa Ocidental, Japão e Israel. Não se trata de uma operaçãozinha, mas de esquemas gerenciados pelo crime organizado, desde o aliciamento ou o sequestro até o suborno de autoridades, dos cargos mais elevados aos mais simples. Corre muito, muito dinheiro! Falam em valores em torno de doze bilhões de dólares anualmente. O tráfico sexual só perde para a droga, mas vem crescendo de maneira assustadora, pois se aliou ao repasse da mesma, constituindo os chamados *pacotes sexuais*. E tem outra coisa: a droga é vendida e consumida uma única vez; jovens, ao contrário, são vendidos e repassados muitas vezes.

– Minha Nossa Senhora! Onde estará Joana, meu Deus?!

– E o Marcos?! Em quem podemos confiar afinal?

– Bela pergunta, minha prima. Lembram das leis morais inscritas na consciência de cada um? Da reencarnação? Do conceito de causa e efeito? De Jesus tomando conta de nosso planeta desde que ele se formou?

– Parece tão distante, tão irreal, primo...

– Tudo isso que vimos há pouco são informações verdadeiras, retratando fatos contundentes. Mas... e o lado espiritual da coisa?

– Perdi até a vontade de pensar, primo...

– Pois não devia... não devia! Sabe, Cláudia, os Espíritos superiores elegeram o egoísmo como o maior dos vícios da criatura, do qual todos os outros derivam. Quando falamos em sexo, por detrás de toda e qualquer manifestação instintiva de se saciar sexualmente de maneira desenfreada e inconsequente, sem levar em conta o outro, encontramos o egoísmo.

O interessante é que a pessoa comete pequenos atos e a coisa vai crescendo, crescendo, com a possibilidade de adentrar o campo das perversões sexuais, que são justamente aqueles desvios ou perturbações no terreno psíquico, de difícil resolução pela medicina da Terra.

Através das sucessivas reencarnações vai se processando a gradativa tomada de consciência... Como a lei de causa e efeito comanda a marcha evolutiva, a dor estará presente, até a hora em que a pessoa muda seus sentimentos. Toda perversão da sexualidade está vinculada ao atraso espiritual! É a pessoa que ainda não sabe amar!

– Se raciocinarmos assim, não seria o caso de essas criaturas exploradas sexualmente *deverem* alguma coisa?

– Primeiramente, vejamos como costumamos analisar tais situações, Cláudia. Concorda que sempre colocamos de um lado o bandido e do outro, a vítima? O bandido representa o mal, a violência... A vítima representa a inocência, a impossibilidade de defesa... Até a justiça da Terra assim pensa!

Sob a ótica espírita, no entanto, sabemos que ambos tiveram encarnações anteriores e que ninguém sofre uma violência arbitrária, há sempre um motivo, uma causa. As coisas, porém, não seguem o rumo do *olho por olho, dente por dente*! Pessoalmente, não aprecio a conotação de *dívida* como normalmente as pessoas, inclusive muitos espíritas, colocam. Tipo assim: *está sofrendo porque fez coisa errada no passado*. Dá a impressão equivocada de *Deus castigando*! Prefiro pensar em termos de conscientização, aquele momento decisivo da *caída de ficha*, quando o próprio Espírito se vê frente a frente com aquilo que praticou de muito prejudicial. Logicamente, bate a culpa... Quem cobra? Deus? A sociedade? Não, a própria pessoa, pois tem dentro de si o embrião do que é certo ou errado.

Dois caminhos restam à criatura: enveredar pelos despenhadeiros do remorso improdutivo, determinando encarnações de sofrimento, inclusive se colocando nas mesmas condições daqueles a quem prejudicou, ou se disponibilizar para o amor ao próximo, através de ações nobres. Vocês não imaginam o número de encarnados inseridos nessa segunda opção, desempenhando tarefas na construção de um mundo melhor ou simplesmente assumindo encargos anônimos em seus lares, perseverando na educação de familiares difíceis. Sofrem? Sim, mas de maneira mais amena, pois o bem que praticamos suaviza as pedras de nosso caminho.

Depois de todo aquele relato de dor, a sabedoria divina derramava o perfume da consolação. Ah, se Eduardo pudesse ver! A seu lado, uma figura espiritual de mulher, envolta nas suaves luzes do perdão, refulgia, inspirando-lhe a preleção simples e esclarecedora.

Quinta Parte

Novidades...

Chovia... Lalinha revolveu-se na cama, olhando o despertador... seis horas... Muito cedo ainda. Enrolou-se no lençol, concentrando-se no barulho da chuva, tentando adormecer novamente. Nada! Melhor levantar, fazer um café... Bolinhos de chuva cairiam bem... Lembrou-se dos irmãos... adoravam quando ela os fazia, o cheiro se espalhando pela favela, a chuva batendo no telhado de zinco. Joana era a que mais se entusiasmava.

Sentada à mesa da cozinha, espantou-se com a entrada de Cláudia, pois jamais se levantara àquela hora! Mais espantada ficou quando alcançou ela mesma uma xícara no armário, assentando-se diante dela, pegando um bolinho, depois outro, e mais outro...

Nos últimos dias, a moça estava tensa, descontente com a morosidade das investigações policiais. Acreditava que não se importavam muito com o caso e nada do que Lalinha ou Eduardo diziam conseguia acalmá-la.

Ficaram ali, caladas, até que o ruído do interfone as despertou para a realidade. Um policial estava subindo! O coraçãozinho de Lalinha gelou! Novidades! Boas ou más? Correram para a sala, e a modelo abriu a porta justamente quando ele pretendia acionar a campainha.

– Bom dia, senhoritas. Sou Javier Montoya, investigador policial designado para o caso do senhor Marcos, o motorista desaparecido. Vou direto ao assunto: fomos contatados por um detetive particular... brasileiro...

– Eu o contratei para auxiliar nas investigações...

– Ele nos informou... disse haver localizado pistas da menina Joana no Rio de Janeiro, tendo vindo para cá a pedido da senhorita.

– Há três dias.

– Trouxe-nos informações interessantes a respeito de um tal Santiago, estabelecendo sua ligação com o sequestro de Marcos. Infelizmente, não o localizamos até o momento, pois não tem família, emprego fixo, cartão de crédito, um verdadeiro *fantasma*... Continuaremos investigando... Mas o que me traz aqui tão cedo não é nada agradável... O detetive particular da senhorita apareceu esta manhã, em um bosque dos arredores... assassinado!

A notícia caiu como uma bomba! Assassinado?! Eduardo chegava da rua naquele instante, sem nada entender. De quem estariam falando? Quem fora assassinado?

– Os ferimentos de defesa no corpo indicam que lutou muito. Uma pessoa muito forte o estrangulou... com as mãos! E uma pessoa nada cuidadosa, que deixa suas emoções dominarem, esquecendo-se de detalhes importantes, como o papel que retiramos do bolso da vítima! Nele, seu detetive escreveu um nome... Carla. Conhecem alguém com esse nome?

Eduardo suspirou aliviado, não estavam falando de Marcos!

Lalinha adiantou-se:

– Joana tinha uma colega de escola com esse nome, várias vezes a mencionou...

– Amigas?

– Não, acho que não. Colegas de sala de aula somente...

– Interessante, não é? Por que esse nome estaria no bolso da vítima?

– Não tenho ideia, senhor...

– ...Javier, senhorita. Pois nós temos! Carla desapareceu do Rio há meses... como Joana! A polícia de lá efetuou, a pedido nosso, uma sindicância entre as colegas de escola, descobrindo que Carla, nas últimas semanas, vangloriava-se de ter ficado com o namorado rico e bonito de Joana. Sabem de alguma coisa a respeito disso?

– Não!

– Muito bem. Estamos vasculhando o bosque à procura de mais pistas, entraremos em contato se surgir algo. Só mais uma coisinha: investigação costuma ser coisa perigosa... não basta sair seguindo pistas, é imprescindível sobreviver! Um bom dia para todos.

Mal o homem saiu, Cláudia despencou na poltrona, culpando-se:

– Meu Deus! Contratei o detetive, pedi que viesse do Rio, e agora ele está no necrotério!

– E não nos contou nada! Quase me matou de susto, achei que haviam eliminado o Marquinhos! Cláudia, por que o segredo?!

– Ah, vocês ficavam dizendo para eu ter paciência,

paciência... Não aguentava mais! Contatei meu advogado, o Dr. Otávio, e ele acertou tudo. Como ia saber que o detetive se arriscaria tanto? Para mim, sabia se cuidar... Ah, meu Deus!

– São coisas a que o profissional está sujeito, prima. Ele se descuidou, menosprezou a gravidade da questão...

– Olhem, será que poderíamos deixar o estudo de lado por uns dias? Sinto-me péssima! Sei que não vou aproveitar nada. Mas, se quiserem, podem realizar sem mim... Ai, gente, se arrependimento matasse! Preciso ligar para o Dr. Otávio no Rio e contar o que aconteceu.

Alguns dias se passaram... Naquela manhã, Lalinha realizou seus afazeres tomando o maior cuidado para não despertar Cláudia, pois a escutara movimentando-se no quarto, até as quatro da manhã. Estava almoçando na companhia de Eduardo quando o interfone tocou: o investigador Javier estava subindo!

– A senhorita Cláudia não está?

– Não se sente muito bem... Algo em que possamos auxiliar?

– Sim. Passei para dizer que as buscas no bosque revelaram mais um corpo, desta vez enterrado... de uma mulher, infelizmente em avançado estado de decomposição, impossibilitando reconhecimento a não ser por exame da arcada dentária, que já estamos intermediando junto à polícia carioca, pois há grande probabilidade de que seja a tal Carla, colega de sua desaparecida irmã. Segundo os primeiros exames da médica-legista, o assassino a estrangulou de maneira idêntica ao que ocorreu com o detetive, levando-nos a crer que a mesma pessoa praticou os dois crimes.

Quase na porta, voltou-se, acrescentando:

– A mídia desconhece o que estou lhes relatando, pois ainda é muito cedo para estabelecer ligações entre os dois homicídios. Podemos estar enganados, não é? Ah! O Dr. Otávio de Castro é muito influente, mobilizou nosso departamento com surpreendente facilidade. O próprio cônsul interferiu!...

O estudo daquela noite começou em um clima pesado, como se cada um repentinamente se desse conta da gravidade da situação. Estariam vivos Joana e Marquinhos? Eduardo realizara uma meditação em seu quarto, implorando ao mundo espiritual apoio para aquele momento tão decisivo, em que as esperanças perdiam campo, sobressaindo o receio da morte, do sofrimento, da perda de entes queridos.

Após a prece, Lalinha pediu licença para algumas palavras, assim se manifestando:

– Gente, não sei me expressar muito bem, mas vou tentar. Quando soubemos o que ocorreu com o detetive e a Carla, senti uma vontade imensa de desistir de tudo, inclusive de nosso grupo de estudos! Sabem qual a sensação que tive? Que somos impotentes diante de tamanhas crueldades, de tanto sangue frio. Que não somos capazes de nos defender nem de proteger os que amamos!... De que nos vale estudar, procurar entender um pouquinho mais sobre nós mesmos, se a realidade da violência do mundo nos sufoca, fazendo com que nos sintamos pequeninos? Chega uma hora na qual até nos perguntamos se o que estudamos é assim mesmo ou se trata de ilusão.

– Lalinha...

– Por favor, Eduardo, preciso terminar... Deu-me um

desespero, uma vontade de abandonar tudo e voltar para o Rio. Aí, sentei-me aqui neste sofá, as lágrimas descendo, e meus olhos pousaram sobre o Evangelho. Abri ao acaso... *Bem aventurados aqueles que são brandos e pacíficos.*[1] Fui lendo, e meu coração foi se acalmando... *Bem-aventurados os que são brandos, porque eles possuirão a Terra.*[2] *Bem-aventurados os pacíficos, porque eles serão chamados filhos de Deus.*[3] Então compreendi algo muito importante: que essa impotência que sentimos vem justamente do fato de não estarmos mais naquele estágio em que conseguiríamos atacar e ferir o outro, física ou moralmente, ainda que em nossa defesa. Também entendi que ter medo, receio da agressividade alheia, é perfeitamente normal, faz parte de nosso instinto de sobrevivência...

– Sim...

– E fiquei pensando... Aprendemos, dias atrás, que a Terra está passando de um mundo de provas e expiações para um mundo melhor, onde o amor ao próximo prevalecerá. Herdar a Terra significa justamente isso! Que os brandos e pacíficos aqui se estabelecerão e não haverá mais tanta tristeza, tanta dor! Alcançaremos isso nesta encarnação? Talvez... mas haverá outras, e eu espero retornar e ver o amor triunfar. E me recuso a desistir agora, diante das tristezas e decepções. Não sei se Joana e Marcos estão vivos e em que condições, porém acredito na imortalidade da alma! O que acontecer com seus corpos físicos pertence a Deus! Farei a minha parte da melhor maneira possível e vou ter paciência, vou me esforçar para perdoar a esses nossos irmãos que cometem tantos erros porque ainda não sabem amar.

Cláudia e Eduardo tinham lágrimas nos olhos...

---

[1] O Evangelho Segundo o Espiritismo, cap. IX.
[2] Mateus, 5:4
[3] Mateus, 5:9

– Lalinha, vou ser sincero. Não preparei nada para o estudo de hoje, pois estava tão para baixo que pensei em pedir mais um descanso a fim de esvaziarmos a cabeça. O fato de terem encontrado Carla daquela maneira mexeu comigo, desequilibrou-me. Mas você, Lalinha, com suas palavras, devolveu-me a coragem, a esperança.

– Se é assim, por que não prosseguimos, tirando dúvidas, deixando as ideias fluírem?

– Legal, minha prima, vamos lá...

Lalinha se adiantou:

– Aquilo que aconteceu com Carla... eu não quis me abrir com o senhor Javier porque detesto falar mal dos outros, ainda mais depois que morreram e não podem mais se defender. Mas a Carla infernizava a vidinha da Joana, zombando da casa na favela, das roupas desbotadas... Acredito ser bem possível que ela estivesse de olho no namorado da Joana, o tal que deve ter metido minha irmãzinha nessa fria... e a Carla também! Ela se achava muito esperta e se deu mal. Pobrezinha...

– Nossa, esse assunto me esgotou! Estou exausta...

– Sugiro a leitura de uma mensagem para nos sentirmos melhor... E vamos dormir, pedindo à Espiritualidade que nos encaminhe a locais de estudo e de trabalho para o bem. Amanhã todo mundo estará legal! Ah, precisarei me afastar por alguns dias a trabalho. Quando voltar, recomeçaremos o curso. Certo, meninas? Vamos abrir ao acaso este livro de mensagens... Pronto! Quem vai ler?...

Mal Cláudia acabara a leitura, Eduardo virou-se para Lalinha, indagando:

– E daí, não tem nem um suquinho, um pedacinho de bolo?...

– Credo, Eduardo, nem notícia ruim tira sua fome?!

– Não, prima...

– Tem torta de palmito... vou descongelar, fazer um suco... Trago já...

– Nada disso, Lalinha! Vamos à cozinha, nós dois, pois Cláudia não vai querer... notícia ruim... sabe como é...

– Vou sim! Mas prefiro a cozinha também... hoje não quero saber de fechar a boca! Vamos!

Joana e Marcos.

Chovia.

Joana ficou olhando as translúcidas gotas descendo pelo vidro da janela... Lembrou-se da irmã Lalinha... Não podia ver um tempo assim e já ia para o fogão, começando a fazer bolinhos de chuva... Deliciosos! Uma parte boa de sua conturbada infância. Um raio riscou o escuro céu e ela se encolheu debaixo do lençol, desatando a orar, ultimamente era o que mais fazia. Orar! E pedir!... Pedir a Deus que lhe desse coragem no novo dia; implorar para que não chegasse mais uma *carga humana*; suplicar calma para Matilde, caso contrário seus gritos encheriam a casa, aterrorizando a todas. Às vezes, sentia uma pena enorme da *bruxa*. Diziam-na riquíssima, com consideráveis aplicações no lucrativo ramo imobiliário. Triste dinheiro aquele, amealhado à custa de tantas infelizes. Será que Matilde conseguia ser feliz?

A lembrança de Carla veio muito forte. Fora uma péssima colega, mentirosa, trapaceira, invejosa. Mas ninguém por certo mereceria uma morte tão triste. E muito menos ser lançada em uma vala e coberta de terra, sem nada para lhe marcar a sepultura. Como sabia que assim acontecera? Sabendo simplesmente...

De repente, cenas invadiram-lhe o pensamento, fazendo-a encolher-se cada vez mais no leito de solteira. Cenas dantescas, verdadeiro inferno na Terra! Percebeu estar sentindo o que a pobre Carla sentira em seus derradeiros momentos. Ódio, revolta, vontade de matar seus perseguidores... Ódio, muito ódio! Medo? Não... Estranho... até então pensava que a mocinha tivera medo ao se sentir acuada daquela maneira. Mas não! Carla ardia em ódio e desejo de vingança!

Extremamente chocada, percebeu que ela gostaria de estar no papel de seus algozes, coagindo, pressionando, ferindo, maltratando... Certamente a alma daquela jovem precisava de muita oração! Mal as primeiras palavras balbuciadas por Joana se elevaram, um vulto penetrou no quarto, aproximando-se do leito, e a estarrecida mocinha nele reconheceu Carla!

Carla... Sem as dilaceradas roupas, envergando belíssima veste de veludo vermelho, debruada em ouro e negro. Nada atual, um modelo antigo, daqueles de afuniladas mangas e apertado corpete, a saia muito justa na cintura e logo abaixo dela, depois se abrindo gradativamente em larga roda. Os cabelos longos e negros cingiam-se por dourado e artístico pente; nada daquele corte desfiado e irregular, tão em moda entre as jovens da periferia, mas uma brilhante cabeleira, de impecáveis fios. Os olhos escuros marcados a lápis refulgiam... Linda, muito linda!... Mas assustadora, deveras assustadora! Sua proximidade provocava desagradáveis arrepios, roubando-lhe o ar. Carla riu, sua sonora risada preenchendo o quartinho de Joana.

— Pode parar de orar por mim, sua tola, estou ótima! Não me fazem falta essas tuas ladainhas; pelo contrário, irritam-me. Acha que lamentaria os idiotas me matarem? Não me importava com aquele corpo mesmo, pois nada tinha a ver comigo. Olhe para mim, olhe! Esta é a verdadeira Carla! Tiraram-me o corpo, mas não podem me roubar a alma. Esta sou eu, imortal! Odiava aquela vida pobre, sem charme, as roupas de terceira... Fizeram-me um favor! Ah, mas nem por isso deixarão de pagar por terem se atrevido a tocar em mim! Chorarão lágrimas de sangue, seus urros de dor encherão os ares! E Matilde... Ah, Matilde, essa arderá no fogo do inferno em vida!

– Carla, você não está bem...

– Ora, ora, sempre a boazinha. Meu ódio, senhorita santinha, ah!... meu ódio representa a maior das heranças, pois me conduzirá à vitória sobre meus inimigos! Vim lhe ordenar que se esqueça de mim. Não ore jamais por mim, ouviu?! Incomoda, faz mal! Abrirei meu caminho a ferro e fogo, se preciso. E me vingarei! Não uma vingança boba, mas algo genial, digno de minha inteligência. E não estou só, desamparada... Quer ver?

Repentinamente, uma figura alta e bela delineou-se ao lado de Carla. Os olhos daquele homem eram frios como gelo e Joana sentiu um arrepio percorrer-lhe o corpo. Depois outros foram surgindo, até que o pequeno aposento mal podia abrigar tantas criaturas. Carla ria, ria...

Depois, o silêncio... o aposento vazio... a chuva na janela.

Olhou o pequenino relógio sobre a mesinha de cabeceira... seis horas da manhã. Que hora para sonhar aquilo! Só poderia ser um sonho... Ou não?! Tratou de se levantar, pois Matilde costumava aparecer bem cedo na cozinha, ansiosa pelo café com broinhas recém-saídas do forno. Todo dia era aquela vida! Cozinhar, e cozinhar, e cozinhar... Graças a Deus! E a Paula, que lhe ensinara as maravilhas da cozinha mineira, sem as quais teria sido submetida aos tormentos enfrentados por Carla. Só de pensar, estremecia, as mãos gelavam! A moça, no entanto, parecia tão bem, como se o horror daquelas horas derradeiras houvessem-na fortalecido! Quanto mais se esforçava para entender, menos compreendia! Carla ardia em ódio, contudo parecia feliz, confiante; embora continuasse a nomear-se Carla, sua linguagem nada tinha a ver com a da mocinha de bairro pobre. Afinal, quem seria aquele desafiador fantasma em vestes luxuosas, a própria imagem do poder?!

Naquele dia, aconteceu o inusitado: Matilde atrasou-se! Joana estava servindo a mesa matinal quando Santiago e Enrico chegaram, sendo recebidos com alegria, o que só poderia significar uma coisa: nova remessa de jovens! Pobrezinhas... Os dois trataram de sentar e ela disparou para a cozinha, apressando-se em preparar um café fresquinho, esquentando as broinhas restantes, passando manteiga nos pãezinhos caseiros, correndo depois para a sala de jantar, pressentindo que ouviria algo interessante. Ah! suas intuições... Nem prestaram atenção quando silenciosamente tudo dispôs. Sobre a mesa, alguns passaportes... das vítimas... Seu olhar caiu certeiro sobre o que estava aberto, percebendo que falavam daquele moço da foto. Mas... era Marquinhos! Meu Deus! A bandeja vazia escorregou de suas mãos, caindo com estardalhaço. A reprimenda veio logo:

– Menina desastrada!

– Perdão, dona Matilde, perdão! Não sei o que me deu... um passamento...

– Pois vá ter passamentos lá na cozinha! Ah! Aproveite e traga mais broinhas. Não tem pão de queijo, só esse pão caseiro?

– Pensei que a senhora gostasse...

– Gosto mais de pão de queijo! Providencie!

– Sim, senhora!

Escorada aos frios azulejos, não conseguia deixar de tremer. Marquinhos! Seria possível? Precisava voltar logo, saber o que estavam falando. Colocou os pães de queijo no micro-ondas, observando agoniada o prato girando, girando, uma eternidade! Minutos depois, postou-se ao lado da mesa, justamente onde o passaporte permanecia, agora aberto em outra página. Que azar! Sorrateiramente, aproveitando o ataque de gula dos três comparsas, deslizou o documento para o bolso do avental.

– Pode ir, menina! Se precisar de alguma coisa, chamarei. E trate de vir logo, pois detesto demoras!

– Sim, senhora!

Joana correu para o quartinho, trancando-se no minúsculo banheiro, percorrendo com aflitos olhos o passaporte... Tratava-se mesmo de Marquinhos, seu irmão querido, era Marquinhos! Lembrou-se do leite com bolachas e as lágrimas desceram... Uma desgraça daquelas não podia ser! Seu irmão estava em Barcelona... Como fora ali parar?! E nas mãos do perigoso trio!

Depois, uma pergunta: onde estaria? Lembrou-se de Miguel, das conversas nas quentes tardes, das narrativas repletas de sofrimento. Seu irmão querido não poderia estar passando por tudo aquilo, seria muito penoso! Tão companheiro, meu Deus! Uma ideia surgiu com a rapidez de um raio: poderia estar naquela casa mesmo! Nos fundos havia um alojamento...

Na cozinha novamente, espiou em direção à sala de

jantar, onde os comparsas conversavam animadamente, reparando que restavam poucas broinhas e pães de queijo. Como uma louca, providenciou nova garrafa de café e as iguarias que faltavam, suprindo a mesa... Matilde resmungou:

– Já era tempo, menina! Pensei que tivesse de chamá-la! Agora suma daqui, vá tratar de seus afazeres!

O alojamento localizava-se no finalzinho da propriedade e Joana encontrou-o silencioso, vazio...

Decepcionada, deixou-se cair no sofá defronte à escrivaninha e seus olhos pousaram nas xícaras de café... alguém ali as esquecera... Desde quando?... Melhor recolhê-las, antes que Matilde desse falta delas. Sua trêmula mão resvalou e a pequena xícara tombou sobre a mesa, esparramando o restinho do conteúdo. No fundo, um pozinho... Ah! Os malditos haviam sedado mais uma vítima, e seu coração dizia ter sido o irmão! O ruído da máquina de cortar grama despertou-a do desespero, talvez o jardineiro soubesse de alguma coisa... Precisava ser esperta, senão a coisa iria parar nos ouvidos de Matilde! E também precisava devolver urgente o passaporte! Senão...

O homem fitou a mocinha, observando as xícaras em suas mãos. Joana puxou conversa, esbarrando com sua reservada atitude. Seus olhos caíram sobre o carregado pé de figos...

– Figos verdes! Que maravilha! O senhor poderia colher uma sacola deles? Para fazer um doce... Dona Matilde simplesmente adora!

– E o senhor Santiago então?! Noutro dia, colhi uma sacolada para um moço que esteve aqui. A irmã dele, que é empregada de uma modelo famosa, fez a compota, experimentei um pouquinho... Que delícia! Será que a menina sabe fazer um doce daqueles?

– Sei sim e trarei para o senhor, pode aguardar. Vou ajudar a colhê-los, pois não posso me demorar, entende?

– Então espere um pouquinho, vou pegar uma sacola! Rapidinho!

Marquinhos ali estivera! Só podia ser ele! O jardineiro retornava e, enquanto apanhavam os frutos, Joana investigava, acabando por confirmar a identidade do visitante.

– O tal moço do doce veio com um carrão na primeira vez... Depois retornou em outro dia, à noitinha, no carro do senhor Santiago. Eu estava tomando a fresca, que o calor tem estado terrível ultimamente... vi quando chegaram... Pelo jeito, o rapaz acabou dormindo no escritório do alojamento, pois não vi o carro sair novamente, e já era bem tarde quando fui para meu quartinho.

– O senhor mora aqui?

– Pois é, devo uns favores a dona Matilde...

Ela ficou se perguntando que tipo de favores seriam aqueles... Matilde jamais faria favor a alguém!

Aflita, Joana retornou à cozinha. Precisava devolver o passaporte antes que dele dessem falta! Mas... como?

– Dona Matilde, olhe o que o jardineiro colheu!

De propósito, repousou a sacola sobre os passaportes, continuando a falar:

– A senhora gosta de doce de figo? Pensei em fazer uma compota. Com queijo, é divina!

Os olhos de Matilde brilharam. Doce de figo!

– Adoro! Trate de fazer logo, pois desejo comer de sobremesa no almoço. Hum!...

– Não vai dar...

– Não vai mesmo, principalmente se ficar aí, falando sem parar... Suma! E trate de providenciar o doce, entendeu? Geladinho!

Joana puxou a sacola com força e com ela vieram os passaportes todos, espalhando-se pelo chão. A mocinha ajoelhou rapidamente, tratando de juntar o passaporte do irmão aos demais. Então Matilde já se levantara da cadeira, enchendo-lhe a cabeça de tapas.

– Desastrada!

Naquele dia, Joana apanhou novamente na hora do almoço, por conta do doce que não pudera preparar. Em vão a mocinha tentou explicar que os figos escaldados precisavam congelar para que a irritante película pudesse ser retirada.

– Amanhã estará pronto, dona Matilde, eu juro.

– Não quero amanhã! Quero hoje... já! Vamos ficar assim: a cada refeição em que o doce não aparecer, leva uma surra! A pressa é sua, garota!

Matilde batia com gosto, mas valera a pena! Agora precisava saber do paradeiro do irmão... Muito mais complicado, pois se achava encerrada naquela casa, jamais pisando na rua.

Os dias foram passando e nada, sempre a mesma rotina... Até aquela manhã! O doutor Luís viera atender uma das jovens, em complicado processo de aborto provocado por Matilde, que não admitia grávidas na casa. A megera dispunha de pílulas, adquiridas no mercado negro, que eram fatais para o feto e não raro para a mãe, pois provocavam hemorragias. O médico cansava de dizer isso a ela, deparando sempre com indiferente encolher de ombros.

— Todas recebem anticoncepcionais, preservativos! Por que não se cuidam? E a culpada acaba sempre sendo eu, não é? Em vez de me incomodar, por que não lhes ensina a abrir a boca e a engolir a pílula anticoncepcional com um gole de água? Fácil! Não me aborreça, doutor!

Há muito Joana auxiliava o médico no atendimento às jovens. No começo, Matilde resmungara, acabando por concordar ao saber que pouparia despesas. Agora, fitava a mocinha sobre o leito. Quantos anos teria? Catorze, quinze... O sangue empapava o lençol. Desanimado, o médico meneava a cabeça: mais uma que perderia para Matilde!

— Não há quase nada a fazer, Joana. Demoraram muito para me chamar. Mas vou tentar uma injeção, quem sabe... O resto é por conta de Deus.

— Doutor, ela abriu os olhos...

— Filha, tenha calma, logo vai melhorar... demora uns minutos para o medicamento agir...

— Não, doutor, não... estou partindo, bem sei... Olhem! Minha mãezinha veio me buscar. Não chore, Joana, não chore. Você sempre foi muito boa comigo, desde que cheguei. De onde estiver, pode ter certeza de que ajudarei você no que puder. Ah! Mamãe está dizendo que o doutor Luís sabe onde seu irmão está...

– Ela se foi, Joana. Delirava a pobrezinha...

– Doutor, posso fazer uma pergunta indiscreta? Se não puder responder, não ficarei chateada. Onde os corpos vão parar? Se somos ilegais no país, ou estrangeiras...

O doutor Luís coçou a cabeça...

– Joana, vou lhe contar, desde que não saia por aí espalhando, senão vai me colocar em sérios apuros. Reparou que sempre o mesmo carro se encarrega de retirar os corpos?

– Às vezes o motorista toma um cafezinho na cozinha...

– Não se trata propriamente de uma funerária, mas da chamada *turma da limpeza*. Encarregam-se de sumir com os corpos. Mais fácil do que as pessoas imaginam... e sem vestígios! Ácido, cremação clandestina... Enterro não, pois os restos mortais podem ser descobertos mesmo após muito tempo. E a moderna tecnologia permite incríveis rastreamentos. Não se arriscariam!

– Mas... e as famílias?

– Minha filha, a maioria dessas meninas vêm de zonas de conflito e extrema pobreza. O mundo não sabe delas...

Joana ficou pensativa. Havia se enganado a respeito do corpo de Carla, pois tivera nítida visão dele enterrado sob grande e antiga árvore... Outra coisa, no entanto, merecia maiores preocupações naquele momento, e não podia perder a chance de investigar:

– Doutor, o senhor sabe do paradeiro de meu irmão Marcos?

E Joana relatou, em poucas palavras, que encontrara o passaporte do irmão. Luís pensou, inseguro se convinha falar, mas os olhos verdes de Joana imploravam e acabou cedendo:

– Minha filha, estou justamente tratando de um brasileiro com o nome de Marcos... pneumonia dupla...

Marquinhos estava em Barcelona!

– Doutor, onde fica essa casa?

– Joana, assim você me coloca em apuros! Olhe, escreva um bilhete e eu levo, descobriremos se o rapaz é seu irmão mesmo. Mas não comente com ninguém. Eles matam minha família se souberem que estou passando informações, matam a mim e a você...

Finalmente, sentia-se melhor, quase curado! Ou infelizmente, pois teria que ceder à pressão dos sequestradores. Embora mais calmo e resignado, Marquinhos questionava se aguentaria aquela barra. O doutor Luís se demorava ajeitando a maleta, sempre acompanhado de perto pelo guardião da casa, uma espécie de cão de guarda eternamente vigilante, olhos e ouvidos dos três sequazes. Mesmo assim, o médico achou um jeitinho de deixar cair o bilhete debaixo da vira do lençol, sinalizando silêncio com o olhar, complementando:

– Marcos, você está quase bom... vou lhe aplicar uma injeção de vitaminas e retorno amanhã sem falta. Guarde o leito enquanto isso, porque as recaídas são muitíssimo piores do que a doença inicial. Vai sentir sono, pois coloquei um calmante junto. Trate de dormir, vai lhe fazer bem! Vamos, Alonso, o rapaz vai apagar durante o dia todo.

O bilhete era de Joana! Conhecia aquela letrinha infantil... Dizia estar bem, trabalhando de cozinheira para os *bandidos*. Queria saber como chegara ali e nomeava o doutor Luís confiável mensageiro. Marquinhos desesperou-se, pois papel e caneta inexistiam naquele lugar! De boca, impossível, pois Alonso não desgrudava, pior que sarna. Teria que dar um jeito... Seu olhar caiu sobre a caixa de antibióticos na mesinha de cabeceira... a bula! Mas... e caneta? Foi então que sentiu algo a lhe cutucar as costelas... a caneta do doutor! Santo doutor Luís! Escreveu o bilhete, escondendo-o no lençol, bem a tempo de a porta se abrir e o médico entrar, falando em voz alta com o impassível Alonso:

– Ali... minha caneta! Esqueci sobre o lençol! Vamos lá, vou fazer a receita para o moço com convulsões. Cocaína demais... faltou pouco para fatal overdose! Esse dorme como um príncipe e nós damos duro, não é, Alonso?

– É, doutor... Comem, bebem, transam e ainda acham de reclamar! Ontem mesmo, tive que dar uma surra de criar bicho num tal de Miguel. Sujeitinho desaforado!

– E não tem dó?

– É meu serviço, doutor; se não for eu, será outro! E tenho família! O doutor sabe como é...

E como sabia! Maldito dia em que, premido pelas dificuldades financeiras, aceitara aquele trabalho, sem saber direito em que estava se metendo!

Saíram, Alonso detalhando para o doutor o processo da toalha molhada, que não deixava marcas...

– Não posso danificar a *mercadoria*...

Dessa maneira, Joana recebeu o bilhete do irmão no dia seguinte, na hora da sesta, inteirando-se de que Lalinha,

Cláudia e Eduardo também estavam em Barcelona. Apesar de felicíssima em receber notícias, uma angústia confrangia seu coração, pois temia que os três nada pudessem fazer por eles, os sequestrados. Até Marquinhos se transformara em escravo sexual!

Naquela noite, ao se encontrar com seus companheiros espirituais, o rapaz questionou:

– Por que Joana não participa de nossos estudos? Não seria bom para ela?

Adriano desatou a rir:

– E quem disse que ela não participa de estudos? Trata-se de colaboradora das mais valiosas, encarnada com uma missão importantíssima, detentora de evolução maior que a de todos vocês...

– Como é que pode ser?! Ela foi Célia, Adriano! A gente viu o que aprontava... Foi igualzinha a Matilde naquela época! Mudou? Pode até ser, mas tanto assim?! Sei não...

Paula se intrometeu na conversa:

– Deixe que eu respondo, Adriano. Sabe, Marcos, o importante nessa questão é a reforma íntima, a modificação de sentimentos daquela que estava Célia no passado e que hoje conhecemos como Joana. A Célia de outrora reencarnou vezes e vezes, superando suas limitações, chegando até aqui... Não se trata de um Espírito perfeito, mas de alguém que melhorou consideravelmente, que se arrependeu, candidatando-se a uma missão que muitos relutariam em aceitar, pois não é nada fácil admitir a prostituição de seu corpo adolescente. Ninguém mais do que você sabe das dificuldades e sequer chegou às vias de fato! Muito antes do que pensa, terá a prova da mudança e dos méritos de Joana, meu querido.

Marquinhos ficou de queixo caído! Não é que a danada sabia ler seus pensamentos?!

– Paula, não é fácil...

– Mas necessário! Vou lhe contar uma coisa... No começo do cristianismo, os que acreditavam em Jesus enfrentaram uma *barra*. Famílias inteiras aprisionadas, aguardando a morte nas arenas, pelos gladiadores, pelas feras, untadas de óleo, ardendo como tochas humanas... O que você acha que acontecia com as mulheres, com as adolescentes, com as meninas? Acredita que os soldados as deixavam em paz? Ficavam dias nos calabouços, sujeitas a toda espécie de abusos. A maioria, no entanto, adentrava a arena cantando, louvando a Deus e ao Mestre, esquecidas de seus corpos ultrajados, pois as realidades do Espírito pairavam acima das coisas da Terra, Marquinhos... Estavam fazendo parte de algo bem maior, construindo as bases de um novo mundo! Voltando a Joana, ela precisava estar dentro da organização, o sequestro fazia parte de seu projeto existencial. Não veio enganada ou forçada; veio porque escolheu essa missão, aceitando os riscos. Você adentrou pela porta dos fundos, como já esclarecemos. Abatidos, magoados, revoltados, ressentidos, assim jamais teriam chance de concluir o trabalho! Joana está consciente disso! Falta você...

– Devo sorrir?!...

– Por que não? Encare de uma maneira diferente, tentando ver as carências dessas nossas irmãs que o requisitarão, compreendendo, aceitando... Analise cada experiência, tire lições, aprenda, ensine, ame de verdade!

– Eu não sou Jesus!

– Não, não é! Mas Ele confiou a você uma tarefa... Ah! Lembra daquele pedaço do Evangelho em que o Mestre fala a respeito do que se faz a *seus pequeninos*? Não estava se referindo à infância física, e sim à infância evolutiva!

– Hum...

– Pequeninos somos todos nós que ainda desconhecemos as leis divinas, que enfrentamos todo tipo de dificuldade. Por acaso acha que Matilde e seus companheiros de crime não merecem compaixão? Estão plantando um futuro de sofrimento para si mesmos... Essas mulheres que você abomina... quais os tormentos que as afligem?

– Se pensarmos assim, Paula, todos somos pequeninos, pois ninguém consegue agir sempre certo em relação ao semelhante!

– Exatamente! Principalmente na área da sexualidade!...

Nos dias seguintes, Marquinhos mal podia esperar a visita do doutor Luís! Traria notícias de Joana? Estava desesperado por uma conversa longe da vigilância de Alonso. Mas como?... Precisava dar um jeito!

A tarde decorria quente e úmida, pesadas e escuras nuvens pressagiavam tempestade. O barulho de uma confusão chegou-lhe aos ouvidos... devia ser mais uma briga entre os rapazes, coisa de pouca monta, que logo se resolveria por si só. Os gritos, porém, continuavam, incitando:

– Mata, mata!

Talvez fosse melhor espiar... No chão, sujo de sangue, Alonso tentava livrar-se da fúria do transtornado Miguel, justamente o Miguel que Joana conhecera submisso, repentinamente ensandecido pelas drogas, desesperado, disposto a lançar fora sua vida se preciso. Nas mãos, afiado punhal... não... parecia mais um artístico abridor de cartas em prata, provavelmente subtraído de uma das casas onde exercia o forçado ofício. Incentivado pelos gritos, tentava golpear em fatídico local o oponente, que mal se aguentava, desviando-se com enorme esforço.

Como Miguel conseguira derrubar Alonso, muito mais forte? Prestando atenção, constatou que o guardião apresentava sintomas de parcial sedação. Hora de intervir! Com muito custo, conseguiu tirar das mãos do rapaz a improvisada arma e conduzi-lo ao banheiro, segurando-o debaixo da ducha fria, enquanto aconselhava:

— Cara, não faça isso! Adianta matar Alonso, adianta? Vão acabar com você também, não entende? Pense, cara, pense!

Quando o viu mais calmo, retirou-o da água, dando-lhe roupas secas, forçando-o a deitar-se no desarrumado leito, recomendando:

— Fique aqui, durma um pouco. Vou dar um jeito de arranjar as coisas da melhor maneira possível, ver se coloco um pano quente nisso tudo, aproveitando que Alonso está meio bobo... O que você deu a ele?

— O que ele dá a nós quando quer invadir nosso quarto à noite e se aproveitar sem que possamos reagir! Vemos tudo, sentimos tudo, porém não conseguimos nos mover! Mas a dose foi pequena para aquele tamanho todo! Esse cara é um bandido, Marquinhos! Devia ter deixado que acabasse com ele, só assim ficaríamos livres dessa praga! Pergunte ao doutor quantas vezes ele tem suturado muitos de nós, vítimas da violência desse safado! Como se não bastasse o que precisamos fazer, ainda temos que aguentar esse cara! Já tínhamos tudo combinado para dar cabo dele, não estava sozinho nessa não!

– E acha que deixariam barato?

– Deixariam sim, porque ele vale tanto quanto nós: nada! Colocariam outro no lugar e talvez tivéssemos a sorte de não ser um pervertido!

Marquinhos ficou ali, sentado ao lado do companheiro de infortúnio, sem saber mais o que dizer. Ao retornar à sala, não encontrou Alonso. Preocupado, ouviu vozes na cozinha, para lá se dirigindo, deparando com quatro dos rapazes assentados à mesa, devorando imensos sanduíches. Pareciam calmos, descontraídos...

– Onde está Alonso?

– Na cama, dormindo o sono dos justos.

– Que fizeram com ele? Naquele estado, precisava mais é de um médico!

No quarto do guardião, deparou com a cena armada: aquele que fora Alonso jazia sobre o leito, imóvel, uma agulha no braço...

O doutor Luís atestou morte por overdose de cocaína. E cuidou de arrumar o corpo direitinho, ocultando o corte feito por Miguel com um curativo, deixando o morto apresentável para ser entregue à família. E chamou Santiago para uma conversa a portas fechadas. O clima na casa ficou muito tenso, mas todos relaxaram quando o *comerciante de escravos* surgiu com o atestado de óbito, informando que o corpo seguiria direto para a funerária e a família seria avisada da triste ocorrência. Não falou mais nada! Dias depois, um novo zelador surgiu e a casa entrou na rotina, os rapazes puderam dormir sem a ameaça constante representada por Alonso. Miguel tinha razão a respeito da importância do falecido!

Qual o argumento apresentado pelo doutor para acalmar os ânimos? O único válido: os ataques sexuais de Alonso inutilizavam temporariamente os rapazes para o serviço, ocasionando prejuízos financeiros.

Nesse ligeiro intervalo, Marquinhos inteirou-se do ocorrido com Joana e esta ficou sabendo de tudo sobre seu sequestro e a presença de Lalinha na Espanha. O novo zelador, ao contrário de Alonso, não tinha nada a esconder, inexistindo a necessidade de acompanhar o doutor em suas visitas aos doentes. Tudo ficou bem mais fácil...

De vez em quando, batia uma curiosidade em Marcos: quem havia ministrado a letal dose? Jamais soube, pois nada parecia ter acontecido ali.

A correspondência entre os irmãos processava-se regularmente. Santiago deixou de frequentar aquela residência de rapazes por algum tempo, encarregando o guardião de resolver os problemas. O que ocorrera com Alonso o assustara terrivelmente, pois não estava livre de também sofrer um ataque... Melhor dar um tempo, não arriscar! Evitando sofrer retaliação por parte dos comparsas, guardou silêncio a respeito do assunto, tudo providenciando na surdina, pois não era louco de enfrentar as críticas dos dois. Assim, o doutor Luís pôde conceder mais alguns dias de repouso a Marquinhos, embora ele estivesse muito bem.

Finalmente o receio de Santiago diminuiu e ele apareceu na casa dos rapazes, ordenando que Marquinhos começasse a trabalhar imediatamente; naquela mesma noite, o moço foi conduzido a um prédio de apartamentos...

O sofisticado edifício reluzia na noite de Barcelona e o rapaz intimamente questionava se o apartamento pertencia à organização ou à contratante, embora isso não tivesse a menor importância para ele. Apalpou os pacotinhos que guardara no bolso da calça, uma vontade súbita de usar um deles, como Santiago maliciosamente sugerira... Haviam lhe fornecido também dois comprimidinhos azuis... Da maneira como se sentia, nem todos os comprimidos do mundo conseguiriam ajudá-lo... Para seu espanto, mal a van da organização abandonou o local para as demais entregas, um senhor com uniforme de motorista encaminhou-o, firme e educadamente, ao elevador de serviço e breve se viram na garagem, onde um veículo os aguardava para conduzi-los até os arredores da cidade.

Parecia coisa de filme! O portão de ferro maciço, artisticamente trabalhado, abriu-se eletronicamente e o carro deslizou pela florida alameda, rumo à mansão, circundando a fonte e parando em frente à escadaria, cujos degraus subiu com o coração aos saltos, pois temia ter entrado em fatal armadilha.

Desesperado, chamou Paula baixinho... nada!

Quedou-se no hall, surpreso com o luxo. Um serviçal uniformizado e com luvas brancas abriu a porta, direcionando-o a elegante saleta. Sobre o aparador, magnífico vaso com orquídeas naturais. Sentou-se na poltrona de época, passando a mão sobre o dourado. Seria ouro de verdade aquilo?... Riu nervosamente, analisando o ridículo e o absurdo da situação.

Ele, um pé-rapado, ali, certamente para servir a uma senhora riquíssima. Nem saberia conversar! Sentia as mãos geladas, o suor escorrendo pelo pescoço, apesar do agradável ambiente climatizado. A porta se abriu e ele pulou da cadeira, esperando a entrada da mulher, contudo o tal mordomo surgiu novamente, portando uma bandeja com iguarias e uma taça de vinho branco.

– Para o senhor. Se desejar algo diferente, por favor, é só tocar a sineta. Bom apetite.

Coisa mais estranha... A sineta deveria ser aquele sininho dourado sobre a mesa de canto... Sentiu a garganta seca e o estômago embrulhado, talvez fosse melhor comer, beber o vinho... Lembrou-se de Alonso e a vontade passou na hora! Nem pensar, aquilo poderia estar benzido com alguma droga maluca, como malucas eram aquelas pessoas todas. Nunca se sabe, os rapazes voltavam de seus encontros relatando cada esquisitice!

Aguentou firme, não vendo a hora de sair dali. Como seria aquela mulher? Pelos móveis, teria uma certa idade, pois uma jovem optaria por um estilo mais leve, descontraído...

Os minutos foram passando e o nervosismo aumentando. O mordomo apareceu, olhando surpreso a bandeja intacta.

– Vamos, meu jovem senhor, a senhora espera.

Realmente, a senhora esperava. Na cama, repousando de encontro a enorme travesseiro de rendas. Quantos anos teria?... Mais de noventa, com certeza! E contratava um *acompanhante*?!

Os olhos muito azuis reluziram nas enrugadas pálpebras, e ela exclamou:

– Diego, meu amor! Por que demorou tanto? Adormeci, sonhei, acordei, voltei a sonhar... Venha, sente-se aqui, ao lado da cama, vamos conversar. Afinal, quase não temos tempo de fazê-lo.

O rapaz procurou com os olhos o mordomo, deparando com sua estática e impassível figura ao lado da porta creme e dourada.

Marquinhos sentou-se. E então viu Paula do outro lado do leito, sorrindo... E a mensagem veio instantânea:

– Esta é dona Mercedes, Marquinhos. Muito jovem, perdeu o esposo nas contendas da guerra civil, contra o generalíssimo Franco. Para ela foi rude golpe, jamais se recuperou. Vive aqui, confinada do mundo, solitária, não lhe restou ninguém da família. Acredita ainda estar com dezesseis anos, recém-casada, clama por seu amado Diego de tal maneira que o mordomo, o fiel Manolo, tem procurado alguém para lhe fazer companhia, personificando o falecido esposo. Conseguimos influenciar a esposa de Manolo e ela, por sua vez, convenceu-o a tentar rapazes acompanhantes.

– Mas... o que tenho que fazer?

– Escutar, responder simulando ser Diego, segurar-lhe as mãos, beijá-la carinhosamente, trazer-lhe uma flor, enfim, olhar para nossa Mercedes como uma irmã querida em dificuldades. Ela tem sofrido a perda de seu amor há muitos anos, os criados consideram-na louca...

– Mentir para essa coitada, fingindo ser o amor dela que morreu?! Ah, não sirvo para isso não, Paula! Tenha dó!

– Olhe para ela!

Marquinhos desviou o olhar na direção da frágil anciã... Como que por um passe de mágica, o envelhecido e prostrado corpo rejuvenesceu, a cena desdobrou-se diante de seus olhos, e ele viu um jovem casal amando-se à sombra das árvores, dentro das águas do regato, entre as flores do campo. E havia tanta ternura, tamanha paixão que seus olhos se encheram de lágrimas. Depois, o corpo sem vida do jovem esposo velado ali, naquela casa no campo, os lamentos da moça atravessando dias e noites, a internação em sucessivas casas de saúde mental, a idade destruindo o corpo jovem e belo...

– Diego, por que está tão calado, meu amor? Ah! A ameaça dessa guerra horrível paira sobre nós! Não precisa ir, para que correr atrás dessas ideias revolucionárias, meu bem?! Prometa-me, meu amor, que vai tirar da cabeça esse pensamento louco de se engajar nas tropas rebeldes. Diego, Diego...

– Não, Mercedes, não farei isso. Fique calma, minha querida, entrar na guerra não faz mais parte de meus planos, nada de perigoso vai acontecer. Estava calado sim, recordando nosso último passeio...

– Jamais pensei que pudesse ser tão feliz, meu amor. Ah! Ainda sinto o perfume das flores do campo, o frescor da água em nossos corpos... Tenho uma novidade incrível! Nosso filho está em mim, resultado daquele passeio! Tive a confirmação hoje, pela manhã! Esperei o dia todo, mas você não vinha... agora está aqui! Não me sinto muito bem... estou exausta, fraca...

Marquinhos segurou-lhe as encarquilhadas mãos. Lágrimas desceram dos olhos de Mercedes...

– Calma, meu amor, gravidez é assim mesmo, a futura

mamãe sente-se cansada, mas tudo passará quando o bebê nascer...

– Não amará mais a ele do que a mim, não é? Morro de medo de que prefira outra pessoa... Preste bem atenção, meu amor! Você é a coisa mais importante do mundo para mim! Mais que a própria vida, entende? Diga que me ama, quero ouvir!

– Mercedes, por que tamanha insegurança? Sabe muito bem que a amo! Não fique agitada assim...

– Precisamos escolher o nome de nosso filhinho...

– Vamos encontrar um nome bem bonito! Agora, trate de fechar os olhos e dormir um pouco, fará bem a você e ao nosso filho.

– Não, você irá embora, sumirá como das outras vezes! Não, não!... Não!

O rapaz não sabia o que fazer diante daquela súbita crise de desespero. Manolo adiantou-se, retirando de uma gavetinha o medicamento injetável, ele mesmo aplicando, enquanto Marcos segurava o corpo de Mercedes, que se estorcia com uma força inimaginável para sua idade.

– Prontinho, logo vai passar, dona Mercedes.

Voltando-se para Marcos, acrescentou:

– É assim mesmo, ela tem muito medo de ficar só!

– E por que o senhor ou uma empregada não ficam com ela?

– Não servimos, ela grita do mesmo jeito, quer seu amado Diego...

Minutos depois, Mercedes quedava-se em sono profundo. Ainda assim, sua fisionomia contraía-se em sofrimento.

Novamente na saleta, Marquinhos notou que a bandeja fora substituída. Manolo iniciou a conversa.

– Senhor Marcos, não é? O senhor deve estar com fome, sede pelo menos. Vamos, não há o que recear.

– Olhe, não quero parecer crítico, mas deveria ter me alertado a respeito das circunstâncias do encontro.

– Meu jovem senhor, tem noção de quantos rapazes adentraram esta casa? No começo explicava, depois me cansei, pois nenhum deles parecia possuir o perfil para tal trabalho. E há um outro aspecto: dona Mercedes tem que aceitar a pessoa como Diego! Não entendo bem como funciona... Tem rejeitado a todos, grita desesperada. O senhor foi o primeiro a ser aceito, a conseguir estabelecer um diálogo.

– Ela fala de um filho...

– Não chegou a nascer... Abortou-o espontaneamente, aos cinco meses, durante as crises decorrentes da perda de D.Diego, apesar dos alertas do médico, dos conselhos de todos para que aceitasse a vontade de Deus. Naquele tempo, meu pai ocupava o cargo de mordomo e eu era criança, mas me lembro dos gritos, do choro... Um pesadelo!

Tenho imensa compaixão por essa mulher que implora pela presença do amado... Tentamos conseguir um enfermeiro, porém não é fácil, pois as pessoas se limitam ao trabalho, falta carinho, interesse, paciência até. Sabe quem teve essa estranhíssima ideia de recorrer a modelos acompanhantes? Minha esposa, ela é governanta aqui. Não tem dado muito certo, o senhor é o quarto ou quinto!... Então achamos seu site na Internet... Resolvemos tentar mais uma vez, parece que finalmente acertamos, pois ela olhou para o senhor e enxergou D. Diego. Graças a Deus!

Marcos ficou intimamente questionando se aquele senhor de finas maneiras saberia a verdade sobre os *modelos* do *site*...

– Por mim, tudo bem, posso colaborar, basta que me explique o que devo fazer.

– Teremos um acordo entre nós, o senhor será requisitado por tempo indeterminado, como se dona Mercedes houvesse se apaixonado. Ela não tem muito tempo de vida, seu coração está fraco, queremos serenidade em seu fim e não uma clínica para doentes mentais, onde morra sedada. Não me parece certo! Os pais de dona Mercedes foram muito bons, legando-nos em testamento uma quantia mais que generosa, sem falar em nosso excelente salário. Somos pagos, e muito bem, para cuidar de dona Mercedes! A questão é que gostamos dela de verdade! Reconheço que se trata de uma situação incomum, mas ninguém a conhece, não sabem de sua idade, de seu estado de saúde. Se concordar, não se arrependerá. Hoje mesmo entrarei em contato com o *site* e marcarei uma conversa pessoal com uma das pessoas responsáveis, acertando tudo. Podemos pagar!

– O senhor pretende contar a verdade na tal conversa?

– Não vejo necessidade, a não ser que o senhor insista. Quanto menos pessoas souberem do que vem ocorrendo nesta casa, melhor. Para a imprensa sensacionalista, seria um prato cheio, pois dona Mercedes é a última descendente de ilustríssima família espanhola e sempre paira uma aura de mistério nessas histórias do passado. Devo isso ao pai dela, um homem discretíssimo!

Marcos aquiesceu. Conhecendo os comparsas, bem que poderiam chantagear o desesperado Manolo se soubessem de tudo. A intuição lhe dizia que o mordomo tinha razão quanto a seus receios!

– Concordo plenamente com o senhor. Virei como se ela tivesse se enamorado, não precisam saber de nada. Guardarei segredo, pode confiar.

– Agora que nos acertamos, vou levar o senhor de volta à cidade...

Na manhã seguinte, não se falava em outra coisa... O novato Marcos, logo em seu primeiro encontro, provocara avassaladora paixão em uma ricaça, a ponto de ela requisitar sua constante presença! Santiago, Enrico e Matilde mal podiam acreditar.

– Santiago, que acha disso?

– Vou me encontrar com o tal Manolo, Matilde. Quer exclusividade, tempo integral? Se pagar o que pedimos...

– O rapaz pode ter a chance de fugir, pode abrir a boca...

– Bobagem!

– Quanto vamos pedir?

– Calma! Negociarei... vai depender do interesse, do patrimônio da otária... Marquei com o tal Manolo hoje à tarde, naquela cafeteria. Considerem o negócio fechado!

Para que os recados a Joana não fossem interrompidos sem justificativa, Marcos viu-se obrigado a confidenciar ao doutor Luís, de maneira sucinta, a verdadeira natureza de seu trabalho junto à *ricaça*, implorando segredo absoluto. Assim, tudo combinado, arrumou os poucos pertences, sentindo-se inseguro devido à gravidade da empreita, pois bem percebera o conturbado estado da pobre mulher. Antes de partir, ficou sentado no leito, escutando as vozes dos rapazes na cozinha...

Paula apareceu, acomodando-se a seu lado:

— Não há razão para receios, Marquinhos. Mercedes precisa somente de carinho, pode crer. Ela vai contar vezes sem fim a mesma história e você vai escutar como se fosse a primeira vez e, o que é mais importante, considerando-se parte dela. Nós o auxiliaremos... Lucien pediu para lhe dizer que, à noite, conversaremos melhor. Vai dar tudo certo, meu amigo! Coragem!

Santiago aguardava-o para as derradeiras instruções:

— Marquinhos, Marquinhos, quem diria, hein?! Enganou a todos nós... Não queria, ficou até doente, e agora conquista uma ricaça! Está certo que não se trata de uma jovenzinha, deve ser quarentona, mas essas mulheres são bem cuidadas! Com certeza deu um bom trato nela, hein?! Vamos ao que importa! Ela está pagando uma fortuna pelo seu aluguel... Se você se meter a besta, mencionando alguma coisa a respeito de seu trabalho ou fugindo, já sabe... crau! Mandamos Cláudia para debaixo da terra! Com sofrimento, entendeu?

O rapaz sentiu-se enojado. Que teria Santiago em sua cabeça? Nenhum respeito pelos outros?! Simulou apreensão pelas palavras finais, embora soubesse muito bem que aquilo jamais aconteceria, não por considerar as ameaças um blefe, mas porque estava em missão! Jamais abandonaria o barco!

Na *van*, uma sensação maravilhosa invadiu-lhe o peito...

Paula apareceu a seu lado, felicidade e lágrimas nos olhos:

– Ah, Marcos, finalmente você assumiu seu compromisso reencarnatório! Agora tudo vai ser leve, por mais pesado que pareça! Parabéns, meu amigo! Parabéns!

E se foi, deixando no ar um suave perfume...

Ainda em estado de graça, o jovem instalou-se no luxuoso quarto, mal acreditando na incrível banheira, na cama enorme.

– Dona Mercedes precisou de um calmante para dormir à noite, além da dose usual. Recorda-se do encontro com o senhor, como D. Diego logicamente, do que contou a respeito do filho, da promessa feita pelo senhor de não mais partir para a batalha... Isso é muito bom, excelente! Sugiro que aproveite para descansar antes do almoço, hora em que ela provavelmente despertará. Poderão fazer a refeição juntos e veremos o andamento das coisas.

– Certo... Quando o senhor precisar de mim, estarei à disposição.

– Temos que combinar direitinho como nos portaremos. A começar pelos nomes e o tratamento... A partir de agora, o senhor será D. Diego e eu, Manolo simplesmente, sem o senhor...

O dia transcorreu calmo, com Mercedes falando, falando, recordando momentos do namoro, do noivado... Após o jantar, ouviram música juntos e ele se sentiu remetido ao passado naquele aposento dos anos trinta, diante da lareira acesa, pois uma insistente chuva baixara repentina e drasticamente a temperatura. Manolo servira chocolate quente e ele se deixou ficar ali, apreciando aquele momento agradável. As labaredas colocavam dançantes luzes no quarto, Mercedes adormecera como uma criança, sem necessidade de calmante, a fisionomia em paz.

Hora de voltar ao seu próprio quarto! Embora ainda fosse muito cedo para dormir, sentiu o corpo pesado, um sono... Esticou-se na confortável cama de casal, observando os arabescos do teto. Instantes depois, achava-se entre os amigos espirituais.

— Não via a hora de me encontrar com vocês!

— Nós também! Por que acha que dormiu tão cedo? Demos uma ajudazinha...

— Algum motivo para isso, Paula?

— Com certeza! Daqui a algumas horas Mercedes despertará e, não encontrando a seu lado o esposo, vai entrar em pânico, acordando a casa toda, inclusive você.

— Ih!

— Ih mesmo! Precisamos esclarecer algumas coisas. Fale você, Lucien!

— Pode deixar, Paula. O que achou dessa situação com a dona Mercedes?

— Estranha...

— Desde a morte do esposo, essa irmãzinha tem sofrido muito, inclusive tentou praticar o suicídio por diversas vezes, basta que olhe os pulsos dela e verá as marcas. Como Manolo previu, seu desencarne ocorrerá em pouco tempo, meses. Por outro lado, aquele que foi Diego breve estará reencarnando... Seria muito interessante para ambos se Mercedes fizesse o mesmo, daqui a vinte anos, no papel de sua filha... Lembra quando comentamos que a Terra vai se tornar um mundo de regeneração? Isto não acontecerá de maneira apocalíptica, mas suavemente, e há casos que precisam ser providenciados de imediato, como o de Mercedes. No mundo espiritual, seus familiares imploraram por essa derradeira chance.

– Mas... ela ama o esposo! Por que terá que vir como sua filha?!... Por que vocês não esperam um pouco e os dois reencarnam e se casam novamente?

– Porque existe a tendência de as coisas se repetirem se eles forem casados... O amor não pode, de maneira alguma, constituir essa prisão que foi para Mercedes! Amor é libertação, Marquinhos. De que maneira essa jovem amou Diego? Penso que idealizou esse rapaz, colocando-o no centro de tudo, considerando sua perda o fim, como se a vida não tivesse nenhuma importância. Nem o filho em seu ventre conseguiu despertá-la para a realidade! Tanto que cometeu verdadeiras loucuras...

Diego é muito mais consciente do que Mercedes a respeito das realidades do Espírito imortal, principalmente agora, quando está participando do curso de Eduardo...

– Fazendo o curso, o *nosso* curso?!... Não diga, Lucien!

– Digo! Há outros em idênticas condições, preparando-se para o reencarne brevemente. Voltando aos nossos amigos, já estiveram juntos em outras existências, sempre com resultados tumultuados e desastrosos, pois o exagerado apego da moça acaba determinando situações complicadas, como triângulos amorosos, incesto... O desencarne de Diego ocorreu no momento programado, e se esperava que ela aprimorasse seus sentimentos na dor da perda, que se dedicasse ao filho, que seguisse em frente, inclusive contraindo novo matrimônio, gerando mais crianças. Infelizmente os caminhos trilhados foram diferentes e nada produtivos para ela até o momento.

— Dona Mercedes está com noventa e três anos, prestes a morrer... não estou entendendo a razão de eu estar aqui!

— Já vai entender. Continuando, não é nada legal que nossa irmã desencarne nessa alienação toda, pois corre o risco de assim permanecer por muito tempo, dificultando adequada preparação para o próximo reencarne, talvez até o impossibilitando. Muito melhor seria se ela fosse tomando consciência do que ocorre aos poucos, no ritmo de suas próprias descobertas. Com a sua ajuda! Dessa maneira, quando deixar a Terra, poderá ser recolhida imediatamente a uma de nossas colônias espirituais e se preparar condignamente para a volta ao corpo físico. Vinte anos não é muito para efetuar uma mudança razoável...

Adriano complementou:

— Desde seu sequestro, estávamos estudando uma maneira de encaixar o caso Mercedes em seu plano encarnatório, cujo rumo foi alterado quando se deixou seduzir pela proposta de Santiago...

— Ah! Não diga! Espere aí... só uma coisinha... Enquanto eu estava me *descabelando* por ter que aceitar o serviço de *modelo*, vocês já sabiam de Mercedes?

— Já...

– E não me disseram nada, deixaram-me passar aquele nervoso todo?! Acham isso certo?!

Adriano se adiantou:

– Compreendemos sua indignação, Marquinhos, mas precisa entender que cada experiência na Terra compete somente ao Espírito que ocupa o corpo físico. Para isso dispõe de importantíssima ferramenta: o livre-arbítrio. Podemos passar intuições, porém jamais interferir, decidindo pelo tutelado! Olhe o seu caso: Paula apareceu quando você ia se suicidar e aconselhou; estamos possibilitando que frequente o curso com seus companheiros; Paula se serve de sua vidência para conversar sempre que possível; adequamos o caso Mercedes para sua atuação... As escolhas, contudo, continuam sendo unicamente suas! Poderia ter se matado? Sim. Poderia ir, quando adormecesse, para um lado diferente de nossa companhia? Sim. Poderia expulsar Paula? Sim, sabe que sim! Poderia escolher encontros aleatórios para sexo, dispensando a difícil e trabalhosa convivência com dona Mercedes? Sim, Manolo solicitou sua aquiescência antes de falar com Santiago! Percebe? As escolhas têm que ser do aprendiz e não dos professores ou orientadores!

Marquinhos queria enfiar a cabeça em um buraco. Paula desatou a rir, aliviando a seriedade das colocações de Adriano:

– Fique arrasado não, Marquinhos. Todos somos assim, achamos que o outro tem que resolver as coisas por nós, ficamos *magoados* quando isso não ocorre... Legal mesmo é que assumiu sua missão!

– Aí, gente, peço desculpas...

– Nada! Vamos adiante, porque daqui a pouquinho você quase vai cair da cama...

Lucien prosseguiu:

– Mercedes acordará aos berros. Para evitar a repetição disso, você passará a dormir no quarto dela, pois sedada jamais raciocinará bem. Vai haver um momento, se tudo der certo, em que ela recuperará a lucidez e verá você, Marquinhos, o amigo que o Mestre lhe enviou para aliviar as dores, esclarecer, amparar.

– Ai, meu Deus, e se não der certo?...

– Pare de sofrer por antecipação. Ela tem suas escolhas também! Por isso estamos envidando os maiores esforços para possibilitar que se livre dos fortíssimos medicamentos.

De súbito, sentiu como se uma corda fosse puxada violentamente, despertando no amplo leito com o coração apertado e a sensação de estar caindo, caindo... Lá fora, Manolo corria, os gritos enchiam a casa como uivos de uma loba ferida. O rapaz colocou a calça o mais rápido que conseguiu, a camiseta no avesso, e disparou na direção do quarto, deparando com a lamentável cena: Mercedes no chão, o mordomo tentando levantá-la e ela se debatendo, emitindo aquele som assustador. Ao ver Marquinhos, acalmou-se, murmurando palavras ininteligíveis.

– D. Diego, por favor, preciso de ajuda para colocá-la de volta no leito. Está gelada, meu Deus! Dona Mercedes, dona Mercedes!

– Parece que desmaiou... Melhor, quando voltar a si, estará entre as cobertas. Por que ficou assim?

– Deve ter acordado, não encontrou o senhor na cama...

– ... e sentiu o mesmo de quando o esposo morreu na guerra...

– Ela uivava dessa maneira... Pobrezinha!

– A partir de agora, coloque um travesseiro ao lado dela, dormirei aqui... mas deixe meu quarto montado, posso precisar dele.

– O senhor faria isso?

– Claro. Por que não? Parece que está acordando... corra! Pegue o travesseiro!

– Vou trazer um pijama também, pode ser que ela estranhe o senhor vestido assim de jeans. Aliás, sua camiseta está no avesso...

Quando Mercedes voltou a si, Marquinhos estava ao lado da cama, já vestido com o pijama emprestado de Manolo.

– Tive um sonho horrível! Meu amor, você havia desaparecido!

– Estou aqui. Foi somente um pesadelo...

Os dias foram passando, tediosos, pesados. Ao final de cada um deles, Marquinhos sentia-se exausto, como se as forças lhe fossem sugadas. Mercedes, ao contrário, parecia muito bem, alimentava-se melhor, dormia a noite toda e parte do dia, raramente necessitava de calmantes. Manolo dizia:

– Nunca tivemos tanto sossego!

Embora não se recordasse conscientemente do que lhe fora relatado no mundo espiritual, o rapaz sentia que precisava fazer algo a respeito daquela monotonia toda. Dona Mercedes não duraria muito, e será que estava ali somente para escutar suas repetidas histórias, para acalmá-la? Rindo de si mesmo, comparava-se aos medicamentos que ela deixara de usar. Trocara tarja preta por ele, Marquinhos!... Alguma coisa precisava ser feita. De repente, uma ideia: talvez, se lesse para ela...

– Manolo, há livros nesta casa?

– Claro, D. Diego, na biblioteca do pai de dona Mercedes, excelente por sinal.

Ali seu olhar caiu sobre o despretensioso volume espremido entre muitos, apresentando visíveis sinais de manuseio: *O Evangelho Segundo o Espiritismo*... Estranhamente, parecia conhecer aquele livro. Dona Mercedes dormia a sesta, teria tempo de examiná-lo e ver se servia. Alguém fizera anotações a lápis, muitas a respeito de Mercedes, da jovem Mercedes...

– Manolo, pode vir um pouquinho aqui?

– Senhor?...

– A quem pertencia este livro?

– Ah, D. Diego às vezes o pegava nas mãos, mas quem o lia direto, principalmente depois das crises de loucura de dona Mercedes, era D. Felipe, o pai dela. Lia, chorava, voltava a ler, escrevia... As anotações apresentam a letra dele... Depois que se foi, ficou na estante. Como o senhor achou isso no meio de tantos livros?!

– Não sei... mas acredito que poderei lê-lo para dona Mercedes...

– Bem que D. Diego convidava a menina Mercedes para a leitura desse livro, mas ela ria, dizendo não ter tempo a perder, que a vida era muito bela para desperdiçá-la sentada em uma cadeira, lendo.

– Vamos ver se agora eu consigo...

O livro constituiu verdadeira descoberta para Marquinhos, e sua leitura passou a fazer parte das horas em que a senhora estava acordada. A princípio Mercedes detestou, reclamando:

– Ah, Diego, está de novo tentando impingir-me esse livro?!

– Para me agradar, vamos, lerei um trechinho só...

– Depois podemos nadar no riacho? Sinto falta do calor do sol em minha pele, da água fria... Já sei, faremos um piquenique! Chame Elisa, peça que traga meu maiô preto, aquele com os detalhes em branco.

Pobrezinha... Elisa, a mãe de Manolo, desencarnara há mais de quinze anos.

Com o passar dos dias, a anciã foi tomando gosto pela coisa, dando opiniões, perguntando. Manolo mal podia acreditar!

Assim, a educação espiritual de Mercedes ia a pleno vapor!

Enquanto isso, na casa de Matilde, Joana ressentia-se da falta de notícias, embora o doutor Luís lhe assegurasse que Marquinhos estava bem. Quanto a seu paradeiro, uma aura de mistério envolvia o incomum relacionamento. Bem que ouvira o irritado Santiago reclamando com Matilde:

– Há alguma coisa errada nessa história do Marcos e a tal ricaça... Acredita que o motorista da nossa *van* me levou ao ponto do encontro e o apartamento estava vazio, desocupado?! Dei um dinheiro ao porteiro e ele me passou que pertence a uma corporação de advogados, fornecendo inclusive o nome. Firma conceituada, das melhores. Fomos enganados, Matilde, enganados!

– Quer dizer que não sabemos o paradeiro do garoto?... Recebemos, no entanto, o mês e a taxa de contratação adiantados, e não foi pouco!...

– Sim...

– Então! Vamos esperar o final do mês, quando o homem fará novo pagamento, talvez estejamos nos precipitando!

Joana desesperou-se! Marquinhos sumira novamente! Bem sabia dos perigos que envolviam os encontros, não raro aparecia alguém assassinado. E se fosse obra de algum psicopata?!

– Calma, Joana!

– Paula! Ainda bem que apareceu. Estou angustiada...

– Marquinhos está muito bem. Um dia ele contará os pormenores... Agora você precisa ficar de cabeça fria, pois vem novidade brava por aí, menina!

– E o que eu faço?!

– Continue trabalhando na cozinha, fique na sua... Na hora certa, saberá como se comportar.

E se foi, antes que Joana tivesse tempo para mais perguntas.

No final do mês, o polpudo envelope de Manolo caiu na caixa postal dos comparsas. Matilde tripudiou:

– Não falei?! Para que se preocupar antes da hora, Santiago? Olhe só! Esse Marquinhos é uma mina de ouro!

Nicolas.

Dias depois, uma notícia num canto do jornal deixou Matilde desesperada: a polícia encontrara o corpo de uma jovem, enterrado em um bosque... Sofrera repetidos e violentos abusos sexuais após a morte, que provavelmente se estenderam por dias, segundo os resultados da necropsia.

Convocou uma reunião de emergência no escritório dos fundos, fato incomum, deixando Joana intrigadíssima. Precisava se inteirar do que estava ocorrendo!

– A senhora deseja que leve um café para lá?

– Não!... Pensando bem, prepare um lanche reforçado, com muita coisa boa, entendeu? Só assim mesmo! Leve para lá, menina! E não demore!

Nunca um lanche foi preparado com maior rapidez! Felizmente Enrico se atrasou e ela seguiu com a imensa bandeja logo após os três, bem a tempo de pegar o início da conversa:

– Leram os jornais?

– Esse é o motivo de tanta correria?! De que se trata afinal?...

– Da moça enterrada no bosque!

– Não temos nada com isso, Matilde! Aconteceu lá, no bosque, bem distante daqui...

— Em qual bosque, imbecil?

— Naquele usado pelos *doidos*, mas não tem nada a ver conosco e...

— Como você é burro, Enrico! Não tem nada a ver conosco, nadinha mesmo? Viram a descrição da roupa da morta na Internet? Não?! *Vestido rosa, adornado com lantejoulas douradas nas alças*... Parece familiar? Foi a roupa que vesti na novata Carla! Para vendê-la aos nossos *amiguinhos doidos*... Pois é, senhores! Estamos encrencados!

— Como encrencados, quem é que vai saber disso, Matilde?

— Eu, seu idiota, eu! Somente para ter conhecimento de que ela é Carla! Santiago, consegue recordar-se daquele dia?

— Mais ou menos... Entreguei-a e eles bolaram o tal jogo de perseguição no bosque. Quem ganhou foi um grandão, lembro-me de ter comentado com você que o sujeito havia saído da prisão há pouco...

— Então! Ainda não sacaram? Ele enterrou o corpo... da Carla!

— Não entendo, Matilde! Não se enterra ninguém! A *turma da limpeza* resolve rapidinho e para sempre, sem deixar pistas!

— O jornal fala em necrofilia... O idiota deve ter enterrado o corpo somente quando não pôde mais *brincar* com ele!

— Acha que tomou cuidado para não deixar rastro?

— Não! Aquele doido... não! E os que exploram aquele antro dormiram no ponto... o DNA do assassino está no sistema, senhores! Basta que a polícia, que não é tão devagar como afirmam, descubra sua identidade e o ache. Fácil, simples...

– E ele vai cantar bonitinho...

– E chegarão até nós! Entende agora, *Enrico*?!

– Não tinha pensado nisso...

– Precisamos de um plano imediatamente. Deixe aí sobre a escrivaninha, Joana!

Trêmula, Joana estendeu vagarosamente a toalha branca, dispôs as xícaras... Matilde prosseguia, despreocupada de sua insignificante presença:

– Precisamos chegar até ele antes da polícia... e eliminá-lo! Enrico, essa é a sua parte. Santiago o localizará e você, o mais rápido possível, dará cabo dele! Quero ver a foto daquele *infeliz* nos jornais, mortinho, entenderam?! Enrico, dê uma lida no que falam neste jornal e imite direitinho. Quero que pensem que foi a mesma pessoa que matou a Carla! Quem sabe *engolem* e nos deixam em paz!

Santiago se irritou:

– Quero, quero... E você, o que fará, Matilde? Somente dará ordens? Estamos nos precipitando, pode ser que os donos da casa façam os acertos...

– Isso, vá pensando assim mesmo, Santiago! E se não sumirem com ele?... Não vamos nos arriscar! A minha parte se resume em pensar, elaborar estratégias. Se dependesse de vocês, a polícia baixaria em nossa porta! Vamos, vamos comer, ande com isso, Joana! Que lerdeza!

No jardim, a mocinha desabou em um banco de madeira. Pobre Carla! Do que as pessoas eram capazes!

– Não quero a sua compaixão!

Carla ali estava, no longo vestido de veludo vermelho, agora com uma rosa vermelha no cabelo, perto da delicada orelha, e uma mantilha de renda negra presa ao pente dourado...

– Começou o acerto de contas, não preciso de sua piedade, de suas lágrimas, de suas preces!

– Você ouviu o que disseram?!

– Claro! Vão atrás de meu assassino... Para mim, no entanto, cada um deles tem sua parcela de responsabilidade, pois sabiam o que aconteceria comigo. Não pretendo deixar barato. Primeiro o que me estrangulou, depois cada um deles... Nícolas, Selena, Matilde, Enrico, Santiago...

– Carla, por que não deixa a justiça a cargo de Deus?...

– E roubar-me o prazer da vingança? Nem pensar! Quando Enrico eliminar aquele desgraçado que me profanou o cadáver, estarei lá, vibrando de alegria, assistindo ao seu sofrimento, até que ele passe para o lado de cá, onde o aguardarei para o ajuste de contas... eu e meus amigos!

Novamente só, Joana pensava: tinha que dar um jeito de avisar alguém!... Mas... quem? O doutor Luís! Precisava ficar muito doente com urgência! Infelizmente, não contava com a habitual indiferença de Matilde ao sofrimento alheio. Fingiu-se cheia de dores, reclamou, ameaçou permanecer no leito, mas o médico não foi chamado, até porque Matilde estava preocupadíssima em administrar o sumiço do algoz de Carla. Dois dias depois, apareceu para o café da manhã, surpreendentemente calma, e Joana entendeu que Enrico havia cumprido suas ordens.

Dessa maneira, rompera-se importante elo da corrente

de informações que poderiam conduzir a polícia aos três comparsas. Angustiada, Joana se perguntava quando aquele pesadelo teria fim. Por fim, encontrou refúgio na prece.

A polícia de Barcelona compreendeu que o assassinato do ex-presidiário representava rápida queima de arquivo. Ele sabia demais!

Os dias foram passando. Naquela manhã, logo cedo, Cláudia e Lalinha receberam novamente a visita do investigador. Vinha falar sobre um tal Juanito, encontrado em um prédio de subúrbio, há dias morto, somente descoberto porque os vizinhos estranharam o cheiro. Sua morte seguia a mesma linha do detetive, de Carla... estrangulamento.

– Isso quer dizer que a mesma pessoa executou os três?

– Queriam que assim pensássemos... Mas a perícia determinou que Carla e o detetive brasileiro foram mortos por alguém de mãos muito grandes. Juanito, contudo, perdeu a vida por mãos um pouco menores, de alguém com menos força, que precisou da ajuda de um saco plástico para consumar o ato. E as marcas em Carla e no detetive coincidem com as proporções das mãos de Juanito... Daí...

– Que horror!

– Realmente, senhorita Cláudia. Realmente... Mas hoje aqui estou para uma tarefa nada agradável. Gostaria que as senhoritas concordassem em examinar algumas fotografias de nosso arquivo policial, talvez reconheçam alguém, nunca se sabe... Poderiam ir à delegacia? À tarde, seria ideal...

Depois de horas diante de um computador, sem nenhum resultado, as duas moças surpreenderam-se com uma foto deveras interessante... Tratava-se de um rapaz de vinte e poucos anos, bronzeado, olhos muito negros, cabelo liso e brilhante... um verdadeiro galã.

– Este aqui... é um bandido? Tão jovem e bonito...

– Para falar a verdade, nem entendo como esse retrato está aí... equívoco meu, desculpem. Devo ter me enganado de arquivo, clicado em lugar errado... Esse rapaz foi detido no aeroporto de Barcelona portando uma quantidade mínima de droga, coisa de simples usuário. Como ele se irritou muito e ofendeu o funcionário, acabamos trazendo-o para a delegacia, onde o fotografamos... Por favor, desconsiderem.

Lalinha ficou olhando aquela foto, impressionada com a beleza do jovem. Cláudia indagou curiosa:

– É espanhol?

– Não, brasileiro... como as senhoritas. Interessante... Conhecem-no?

– Não...

Horas depois, muito frustradas, deixavam a delegacia.

– Lalinha, estou exausta, morrendo de fome!... Quanto tempo perdido! Que tal se tomássemos um lanchinho? Vou quebrar o regime, preciso comer algo muito saboroso para apagar o gosto amargo em minha boca. Rodamos em círculos, voltando sempre ao ponto de partida!

– Lá em casa, faço alguma coisa... rapidinho!

– Não! Você também deve estar cansada! Vamos a alguma cafeteria...

Voltando-se para o motorista do táxi que as conduzia, indagou:

– Senhor, conhece algum lugar onde possamos descansar, tomar um café, comer alguma coisa?

– Há diversas cafeterias por aqui, mas levarei as senhoritas a uma muito especial, de selecionada clientela, reservadíssima. As coisas são caras, porém vale a pena. Agora, se desejarem algo mais em conta, sugiro...

– Não, queremos essa... Vamos, por favor!

– Nossa, dona Cláudia, que coisa mais linda! Olhe as flores nas mesinhas! Por que tem um garçom para cada mesa?

Cláudia sorriu da ingenuidade de Lalinha, explicando:

– Para que não precisemos perder tempo em chamá-lo, bobinha. Ele fica ali, discreto, observando nossas mais ligeiras manifestações de vontade... O dinheiro compra essa atenção toda.

– Ah...

Minutos depois, Lalinha fitava encantada a taça de cristal:

– Dona Cláudia! Que creme divino é esse?! Será que fica feio se eu pedir a receita?

– Fica, Lalinha, fica sim. E não vão dar! Lalinha... Olhe ali, naquele canto... Não é o rapaz da foto?!

– É... parece ele mesmo!

– Disfarce, menina, não o deixe perceber que estamos falando dele...

– Não, senhora...

A atenção da mocinha, contudo, parecia sempre retornar

à elegante figura, até que seus olhares se cruzaram e ela, embaraçadíssima, tratou de disfarçar.

No retorno ao apartamento de Cláudia, não conseguia olvidar aquele rosto, como se algo muito estranho a atraísse. Qual não foi sua surpresa quando, na manhã seguinte, deparou com o moço na padaria onde buscava o pão todo dia.

– Desculpe-me, senhorita, é brasileira?

– Sou sim...

– Bem vi! Permita que me apresente... Meu nome é Nícolas. Não sabe o prazer que tenho em encontrar uma conterrânea. Para falar a verdade, nós nos vimos ontem, na cafeteria... e eu perguntei seu endereço ao motorista de táxi! Você me lembra muito uma pessoa que conheci no Rio...

Quando se deu conta, estavam assentados a uma mesinha e ele falava da tal pessoa, cujo nome não citou, uma história de amor linda, linda... Ela, quase uma menina...

– Perdeu-se no mar...

– Nossa! E não a encontraram mais?

– Não... Tenho o coração dilacerado, sabe? Mas estar aqui, falando com você, faz com que me sinta bem melhor...

E ele foi se abrindo, relatando o primeiro encontro, a viagem a Angra dos Reis...

Angra dos Reis! O nome soou como um sino!

– E esse seu grande amor tinha um nome?

– Claro! Joana...

O estômago de Lalinha embrulhou de repente, a voz calou na tensa garganta. Seria possível? Demasiada coincidência...! Teria ele coragem de relatar uma história daquelas a uma estranha, estando implicado no sequestro? Arriscado demais!

Ah, se Lalinha pudesse ver Espíritos, como Marquinhos e Joana conseguiam! Veria Carla ali, perto da entrada, triunfante! Provocara a irritação do moço no aeroporto, que culminara com a foto; depois, distraíra a atenção de Javier, fazendo-o clicar na pasta errada; fornecera a intuição de o investigador solicitar às moças que vissem as fotos do arquivo; finalmente, conseguira conduzir Nícolas até Lalinha, incentivara suas confidências...

Um Espírito teria esse poder? Sim, pois as criaturas são facilmente influenciáveis. No caso do rapaz, mais simples ainda, porque se julgava culpado. Ultimamente, sentia-se muito infeliz, uma vez que começara a analisar as consequências terríveis de seus atos. Joana não lhe saía da cabeça... Muito tarde percebera estar apaixonado pela gentil menina de favela, e Selena guardava a sete chaves o segredo de seu paradeiro. Em vão percorria os prostíbulos de Barcelona, os sites de acompanhantes... Nada de sua doce Joana! E Selena sempre no pé, vigiando, cobrando.

Assustada, Lalinha levantou-se.

– Já tem que ir? Olhe, vamos marcar um outro encontro, que tal aqui mesmo, amanhã cedo?

Novamente no apartamento, a mocinha tremia. E Cláudia, que não acordava! Por fim, deixou de lado as naturais reservas, despertando a patroa.

– Não pode ser, Lalinha! Seria coincidência demais!

Você acha que esse tal Nícolas é o namoradinho de Joana?! Deve ser coisa da sua cabeça, ficou impressionada com a foto na delegacia... Ele não é um bandido, não escutou o detetive dizer? Foi um engano a foto estar lá... Ai, meu Deus, que falta Eduardo faz! Ele chega hoje à tarde... Conte tudo de novo, devagar, com detalhes!

– Ele citou Angra, deu o nome de Joana... E meu coração diz que é ele, que ele enganou Joana! Chame a polícia, dona Cláudia!

– Calma, não adianta a gente se precipitar... Eduardo chega daqui a pouco e trocamos uma ideia com ele. Já pensou se estivermos enganadas? Estaremos culpando um inocente. Pode até terminar em processo por danos morais, não escutou o policial dizer que ele ficou nervoso no aeroporto?... Então, ele é *nervosinho*! Por outro lado, e se for ele?!... Você veio embora...

– Vim... fiquei muda, com a voz travada na garganta... suando frio! E ele ainda marcou encontro comigo amanhã cedo, na padaria!

– Esse detalhe você ainda não havia contado! Calma... Se falou assim, não vai sumir, não é? Calma... Precisamos pensar!

Enquanto isso, Nícolas mal podia esperar pelo dia seguinte, sentindo como se um fogo ardesse em seu peito, uma vontade de ver novamente aquela moça tão semelhante à sua desaparecida Joana. Contornou a ansiedade utilizando um pacotinho de droga, instalando-se no sofá, rezando para que Selena não aparecesse. Nos últimos tempos, a presença da bela morena incomodava-o e não sentia vontade alguma de continuar a servir de isca para as vítimas de sequestro. Lembrou-se do dia em que ela despachara Joana...

Fora o pior dia de sua vida! À noite, ele e Selena haviam discutido na privacidade do quarto que dividiam em Angra. Ao lhe dar as costas, abraçara o travesseiro com força, firmemente decidido: enquanto os espanhóis desfrutassem a companhia das belas jovens contratadas, sairia com Joana, pretextando um passeio... E sumiria! Devolveria a garota à sua família!

Jamais sentira aquilo por alguém; até então, tudo se resumira em lucrativo negócio. Agora, só de pensar em alguém maculando aquela ingenuidade toda, calando o riso na boca menina, matando o brilho do infantil olhar, sentia-se morrer.

Somente não contava com a desconfiança de Selena, que tratara de adicionar um sedativo ao seu costumeiro copo de leite morno noturno. Acordara tarde, quase na hora do almoço, cabeça pesada... Sobre a mesinha de cabeceira, um envelope com euros, muitos euros!

Ainda se lembrava de seu desespero, podia senti-lo no contraído estômago, no coração novamente acelerado. Naquele dia, a casa estava vazia, o pequeno iate desaparecera do ancoradouro. Voltaram à tarde! As moças e Selena, bronzeadas, falantes... No olhar da amante, a satisfação de haver se antecipado a seus planos de libertar Joana! Falar o quê? Melhor esquecer.

Dois anos haviam se passado. E não esquecera! Sua relação com Selena decaía cada vez mais, somente não cessando pela obsessiva persistência da moça. Agora, o encontro com a jovem tão parecida com Joana... Não lhe perguntara o nome!...

À tarde, Eduardo retornou. As duas moças praticamente despejaram a incrível história sobre ele...

– Primo, só pode ser coincidência, não é?

– E pode muito bem não ser... Lembra do que comentamos no início dos estudos? Sobre a inexistência de acasos para situações importantes?... Amanhã cedo, Lalinha, você vai se encontrar com esse moço e esticar a conversa, descobrir onde mora...

– A polícia deve ter o endereço! Esqueceu que o prenderam?...

– Quer apostar que não bate, Cláudia? Se ele for mesmo o tal aliciador de menores, jamais dará endereço certo a alguém.

– Vou ligar para a polícia...

– Não, Cláudia, não... Por favor, ache o cartão do investigador, o Javier. Vou ligar e marcar um lugar para conversarmos. Não notou que ele tem certas reservas?...

– Será que desconfia de alguém da delegacia?...

– Talvez...

O endereço existia, tratando-se de uma série de apartamentozinhos individuais para solteiros, com uma piscina comunitária repleta de cloro e jovens banhistas aproveitando o forte sol da tarde. Ninguém, contudo, reconheceu a foto do rapaz, e ele não constava da lista de locatários.

– Senhor Eduardo, por incrível que pareça, talvez a senhorita Lalinha tenha razão. Vamos ao apartamento e traçaremos um plano de ação.

– Melhor não arriscar, detetive. O tal Nícolas pode estar vigiando o prédio...

– Então traga as duas moças até o apartamento de minha namorada. Tenho a chave, está viajando a negócios, volta somente no fim da semana. Na delegacia, impossível, pois não estaremos livres de olheiros...

Nos dias subsequentes, a moça continuou a se encontrar com Nícolas... Temendo algum comentário a seu respeito por parte da irmã, forneceu seu nome completo: Laura.

Nícolas sentia-se nas nuvens, pois Laura assemelhava-se demais a Joana, física e espiritualmente. Gentil, educada, simples, recatada... Talvez conseguisse apaixonar-se por ela!

Lalinha exasperava-se, detestando a ambígua situação. Percebeu-se sentindo pena do rapaz! Parecia tão solitário, tão indefeso, tão infeliz. Desejou estar enganada a respeito de suas suspeitas. Seguindo-o, facilmente o investigador descobriu seu endereço, mas a busca efetuada em seus pertences, enquanto ele se demorava com Lalinha, nada revelou de espetacular, a não ser algumas roupas masculinas muito caras e incomum pacote com pequena fortuna em euros, escondido dentro de uma das gavetas... e algumas peças íntimas femininas. Nada no pequeno apartamento parecia pessoal, assemelhando-se mais a um ponto de referência do que a um lar. Teria uma cúmplice ou a lingerie pertenceria a algum relacionamento fortuito?

A possibilidade de uma cúmplice determinou que Lalinha prosseguisse com o plano por um tempo a mais, até que ela surgisse.

Muito observador, Eduardo comentou sobre o *sumiço no mar*... E se aquela fosse uma maneira metafórica de posicionar sua ignorância a respeito do paradeiro de Joana? Sem que soubesse, havia acertado em cheio, pois o rapaz continuava desconhecendo o paradeiro da menina, jamais revelado pela ciumenta parceira.

Selena nada tinha de boba, recompensando regiamente a faxineira do prédio para que lhe servisse de olhos e ouvidos em sua ausência...

– Dona Selena, um homem veio aqui quando o namorado da senhora não estava, bem de manhãzinha... Eu tinha começado a limpar o corredor e vi quando ele passou com um ar de quem está aprontando alguma... Fiquei espiando... o danado entrou no apartamento, usando uma chave esquisita, ficou um tempo lá e saiu de mansinho, descendo as escadas, sem usar o elevador. Achei estranho...!

– Contou isso a alguém?

– Não, senhora!

– E não conte, fique de olhos bem abertos. Tome aqui este dinheiro...

– A senhora não vai esperar?

– Não! E não comente com ninguém que me viu...

– Nem com o namorado da senhora?

– Muito menos com ele! Se fizer tudo direitinho, não se arrependerá, sabe que sou generosa.

No táxi, Selena refletia... Nícolas mudara muito desde aquela menina, Joana. Começara até a usar cocaína, coisa que ela detestava! Sempre pelos cantos, desprezava-lhe a companhia, o carinho. Quanto à *caçada*, rendia bem pouco, inventando desculpas e mais desculpas. Com isso, ela perdera a oportunidade de realizar bons negócios, além de enfrentar as irônicas críticas daquela bruxa, a Matilde. Se ele pensava que revelaria o paradeiro de Joana, podia desistir! Uma raiva imensa, um ciúme atroz inundou-lhe o peito. Apesar de todo o sofrimento, de suportar as surras de Matilde, a enormidade de serviço, a mocinha esbanjava beleza, ao contrário dela, Selena, que aos poucos perdia o frescor da juventude, sentindo-se amarga, desiludida, vazia. Não entendia o porquê, pois estava rica, muito rica! Sempre desejara isso! No entanto, sentia-se como alguém que correra muito atrás de um sonho e, ao alcançá-lo, percebera que se esvaía entre os dedos, restando somente um gosto de cinzas.

Balançou a cabeça, na esperança de espantar o pessimismo. Bobagem! Tinha tudo o que queria! Até Nícolas! E ele que se metesse a besta! Murmurava para si mesma:

— Essa história de drogas vai acabar mal. Sempre disse àquele irresponsável que não conheço maior estupidez do que usar a porcaria que se vende. Vale para droga e mulher! Mas não! Maldita Joana, virou a cabeça dele! Mas vai passar, vai sim... Enquanto isso, preciso tomar muito cuidado, pois aposto minha vida que está metido em rolo de drogas. Senão, quem entraria em nosso apartamento?! A polícia usaria outros métodos, não iria assim invadindo. Deve ser a mando de algum traficante... quanto estará devendo, meu Deus?! Uma coisa é mais do que certa: esse pessoal da droga primeiro atira e depois pergunta! Não é nada seguro ficar lá... Adoro viver! Pronto, está decidido: iremos para um apart-hotel! Vou arrumar tudo e voltarei para pegar aquele maluco. E darei um jeito de pagar imediatamente a dívida! Deus, por que não consigo viver sem ele?! Ultimamente, só me dá problemas!

Os encontros matinais de Lalinha e Nícolas começavam a importunar Eduardo, pois impossível ignorar a crescente compaixão que a moça sentia pelo rapaz. Lalinha deixava bem claro que, quanto mais conversavam, mais entendia o que se passava naquela alma atormentada pelo remorso, embora jamais ele houvesse mencionado o assunto tráfico sexual.

Até aquela manhã...

Ao adentrar a padaria, o olhar de Nícolas caiu sobre um jornal no balcão, onde garrafais letras anunciavam a morte de uma jovem brasileira, Carla... A confirmação do nome da vítima, a suspeita de estar envolvida no esquema de escravidão branca, os pormenores da necrofilia, tudo havia contribuído para que o caso ressurgisse com força total, assumindo destaque na mídia, aparecendo nos jornais, na TV, na Internet. À medida que ia lendo, empalidecia, começando a tremer, finalmente desatando em pranto. Rompiam-se as comportas que aprisionavam a avalanche de sentimentos e emoções, naqueles anos todos em que se submetera às ordens de Selena!

Lalinha não sabia o que fazer. Ficar ali? Impossível, estavam chamando a atenção. Conduziu o rapaz até o apartamento de Cláudia, deixando Javier, seu constante e discreto vigia, sem nada compreender, receoso de que a jovem houvesse colocado a perder o esquema todo. Lalinha, no entanto, seguia seu coração... e as intuições passadas por Paula!

— Entre, Nícolas, entre. Não se preocupe, não há ninguém aqui para nos incomodar. Minha patroa dorme até tarde... Venha, vou fazer um chá e você me conta o motivo de estar assim. Foi alguma coisa no jornal da manhã, foi?

— Não, Laura, foi algo muito mais triste. Sabe aquela hora em que você olha sua vida toda e de repente percebe que enveredou pelo caminho totalmente errado? E não consegue voltar atrás por mais que tente? Há uns dois anos tenho me sentido desta maneira! E não consigo sair disto, não consigo!

– Será tão grave assim? Para tudo há um jeito...

– Não para isto! Para isto não! Vou lhe contar, mas tem que prometer segredo.

Lalinha ficou ali, sem saber o que dizer. Prometer segredo?! Mas... se ela estava justamente investigando! A lembrança de Joana fez com que engolisse em seco... Precisava ser forte!

– Não vim de uma família pobre, muito ao contrário. Classe média, entende? Tive boas escolas, curso de inglês e espanhol, aulas de tênis, férias na praia, mesada... Porém nada me parecia suficiente! Queria mais, mais e mais! Os colegas ricos, com os quais fazia questão absoluta de andar, exibiam carros de luxo, motos potentes... O que eu poderia ter num futuro próximo, talvez um carrinho 1.0 e uma moto 150? Humilhante! Mas era o que meus pais poderiam me dar, e ainda assim com sacrifício! Aos dezesseis anos, conheci Selena em uma festa... Enlouqueci! Era tudo com que sonhara! Rica, belíssima, e estava na minha! Idiota que fui... na verdade, eu é que estava nas mãos dela! Após alguns meses de tórrido romance e caríssimos presentes, pouco a pouco ela foi me introduzindo em um esquema do qual me envergonho e me arrependo do fundo de meu imprestável coração...

O rapaz parou por instantes, temeroso de se expor.

– Depois que lhe contar isso, Laura, nunca mais vai querer me ver!

Lalinha permaneceu calada.

– Mesmo assim, vou arriscar! Você me acha bonito, atraente?

– Muito! Parece um artista de cinema...

– Pois eu usei essa privilegiada aparência física para conquistar menininhas, adolescentes de doze, treze, catorze anos... Fingia estar apaixonado e as entregava a Selena... e ela as vendia para serem usadas como escravas sexuais! Pronto, contei...

– Nícolas...

– Por favor, quero ir até o fim. Ganhei muito dinheiro com isso, tenho aplicações em meu nome em paraísos fiscais... Hoje sou um homem rico, Laura! Rico e infeliz, cheio de remorsos. Sabe aquele jornal? Carla, falam de Carla... Trata-se dela mesmo! Eu a seduzi, eu a entreguei nas mãos de Selena, eu a vendi, entende? E ela está morta, daquela maneira hedionda, dolorosa! Os euros correspondentes à minha parte ainda estão na gaveta... Embora não soubesse do acontecido, não tive vontade de depositar, pressentimento talvez... dinheiro manchado de sangue! E aí fico me perguntando se já aconteceu antes, quantas morreram...

– Nícolas, por favor, fique calmo, não adianta esse desespero todo. Olhe, tome aqui este chá...

Agarrado a Lalinha, o rapaz soluçava. Finalmente acordada com aquele barulho todo, Cláudia apareceu na porta da cozinha, deparando com a cena. Ao perceber de quem se tratava, girou sobre os pés, regressando silenciosamente ao quarto, onde se arrumou em instantes, calçando uma sapatilha macia, esgueirando-se pela porta da frente. Temendo que o ruído do elevador atraísse a atenção do moço, correu para a escada, dando de cara com Javier ali escondido.

– Ai, meu Deus! O senhor quase me mata de susto!

– O suspeito está no apartamento com a mocinha, a sua empregada...

– Acabei de ver... O que está acontecendo?

– Não sei... Saíram da padaria, ele chorava...e vieram para cá! O que estão fazendo?

– Conversam na cozinha... parece que ele está se abrindo...

– Ah! Seria melhor entrarmos?

– Não! Lalinha é esperta, sabe o que faz...

– Não tem mais ninguém na casa?

– Não, Eduardo viajou a trabalho...

– Vou aguardar... Seria bom se voltasse ao apartamento e ficasse escondida, vigiando. Olhe, por segurança, mantenha seu celular conectado ao meu... Vá, senhorita!

Novamente na sala do apartamento, Cláudia sentiu o cheiro de erva-cidreira, percebendo que o rapaz finalmente se acalmara. Retornou a seu quarto, mantendo a porta entreaberta. Agora, mal ouvia as palavras de Nícolas:

– Há uns dois anos, usei o mesmo plano com uma mocinha do Rio, de uma daquelas favelas... Ela voltava da escola, a sandália arrebentou e quis o destino que eu estivesse passando por ali, bem na hora...

Nícolas contou sua breve história com Joana, até o momento em que decidira levá-la de volta ao Rio, em segurança, e Selena se antecipara, despachando-a para Barcelona.

– Para cá, Nícolas? Para cá?!

– Por que acha que estou aqui, que venho sempre aqui?

Desde então a tenho procurado, tudo em vão...

– Mas... para quem ela foi vendida?

– E eu sei?! Essas pessoas usam nome falso, identidades falsas... Somente Selena sabe onde está, e não conta de jeito nenhum! Ah, meu Deus!

Lalinha procurou controlar-se, pois aquela não era a hora de deixá-lo perceber sua emoção... Se ele desconfiasse de algo, adeus paradeiro de Joana.

– Nícolas, o que você quer fazer? Não pode continuar assim, vai acabar morrendo...

– E pensa que já não pensei...? Pelo menos teria paz! Mas nem isso consigo, olhe!

A cicatriz em seu pulso, extensa e ainda avermelhada, testemunhava-lhe o desespero.

– E onde está Selena agora?

– Sei lá! Temos um pequeno apartamento alugado, mas ela não gosta de fixar-se em nada. Tem medo... Eu fico lá, mas há dias não apareço...

– Onde tem dormido?

– Em motel... Olhe, a faxineira do predinho me contou que um homem entrou quando eu não estava, pois sempre dou uma gratificação a ela para ficar de olho. Deve ser algum rolo da Selena e não vou me arriscar. Comprei roupas novas e algumas coisinhas... E vou rodiziando os motéis. Mais seguro...

– De que tem receio, Nícolas? Da polícia?

– Da polícia?... Para falar a verdade, não. Tenho receio

do pessoal do esquema do tráfico... Essas pessoas são perigosas! E cruéis!

– E Selena?...

– Selena... Não entendo por que ainda não se livrou de mim... Seria tão fácil me eliminar! Diz que me ama... Será?... Se me amasse, entenderia meu sofrimento, concordaria com o rompimento de nosso acordo, revelaria o destino da minha Joana...

– Tem certeza de que ela sabe?!

– Sabe, até zomba de mim.

– Nícolas, já pensou em ir à polícia e delatar essa quadrilha?

– Já, mas logo desisto, pois estou implicado também. E se sumirem comigo? Morrer na mão dessa gente é muito doloroso... E Joana? Nunca mais vou vê-la? Olhe, Laura, não fique brava comigo, mas a razão de ter me aproximado de você foi justamente sua semelhança com ela...

Lalinha ficou olhando para aquele rapaz tão perdido...

– Daqui a pouco, minha patroa acorda... E ainda tenho que fazer o almoço...

– Eu sei, Laura, já estou indo... mas amanhã a gente se encontra na padaria como sempre, não é? Promete? Confio em você, sei que jamais me prejudicaria... Olhe, vou pensar a respeito de procurar a polícia, talvez seja a coisa certa a fazer.

Sozinha no apartamento, Lalinha despencou no chão da cozinha, onde Cláudia a encontrou minutos depois.

– Lalinha!

– Estou bem... Ai, dona Cláudia, ele me contou a história toda!

– Só espero que você não fique com muita *peninha* dele e estrague tudo. Javier está lá fora, escondido na escada! Vamos chamá-lo e você vai nos contar *tudinho*!

Na manhã seguinte, Lalinha chegou morrendo de medo ao ponto de encontro, receando que Nícolas ali não estivesse. Estava! A noite do dia anterior destinara-se à elaboração de um plano; se desse certo, estavam perto de encerrar o caso Joana! Para tanto, ela teria que convencer o moço a se apresentar, delatando Selena. Em troca, seria incluído em programa de proteção a testemunhas. Mas teria que ir devagar, esperando que ele mesmo propusesse a solução ou, pelo menos, desse uma abertura para discutirem o assunto.

Nos dias que se seguiram, Nícolas cada vez mais abria seu coração, e ela terminou se convencendo de seu sincero arrependimento. Como o estudo com Eduardo estava auxiliando a aconselhá-lo! Se ela pudesse ver, também perceberia Paula sempre por perto, passando intuições, aplicando passes magnéticos calmantes, afastando o rapaz da droga.

Enquanto isso, Selena enlouquecia com o desaparecimento do amante. Com Joana não estava, pois fora pessoalmente verificar em casa de Matilde! Se o houvessem eliminado, jamais encontrariam seu corpo. A razão sinalizava que assim seria muito melhor, menos perigoso para ela, talvez estivesse na hora de parar, desaparecer, desfrutar o dinheiro acumulado. Mas não conseguia deixar de pensar nele, de desejar sua presença, ainda que para discutir... Seria tão bom se pudessem mudar para uma praia distante, esquecer tudo, voltar aos primeiros tempos de encantamento e paixão!

Resolveu percorrer a cidade em um carro alugado, utilizando identidade falsa naturalmente. Foi assim que, certa manhã, finalmente o localizou, sob o toldo de uma das muitas padarias da cidade. Nícolas... e uma jovem!

Sentiu o corpo gelar, depois uma raiva imensa a envolveu. Quem seria aquela mulher?! Estacionou, espreitando à distância. Deviam ser conhecidos ali, pela maneira como a garçonete os servia. Conversavam calmamente, Nícolas beijava a mão da jovem, ela lhe desmanchava os fartos cabelos escuros... Sorriam...

Precisava dar um jeito naquilo! Não perderia Nícolas para ninguém!

Ficou ali, observando-os, fitando as floreiras, pensando em como se livraria daquela bela e jovem intrometida. Ela se parecia com alguém...

Quando se foram, ocupou uma das mesinhas, encomendando um suco, puxando conversa:

– Vem muita gente aqui? Lugarzinho agradável...

– Vem sim, principalmente pela manhã, para o desjejum. O patrão faz questão de pãozinho sempre quente, queijo derretido, café forte...

– Parece coisa de minha terra...

– A senhorita é brasileira? A esposa do patrão também.

– Vi um casal saindo há pouco. Pareciam conhecidos...

– Pode ser mesmo, os dois são brasileiros, vêm sempre aqui. A moça trabalha ali, naquele edifício sofisticado. Aquele com flores nas sacadas e piscina em cada apartamento. Um luxo!

Dessa maneira, Selena percebeu que tudo seria muito fácil, bastava que um dos parceiros de Matilde sequestrasse a moça. Fácil, lucrativo para todos, afinal a megera vivia pedindo novas meninas. Somente precisava tirar Nícolas do caminho no dia seguinte!

O dia surgira ensolarado, suaves brisas agitavam o toldo da padaria, espalhando o perfume de café pela rua. O moço mal podia acreditar na falta de sorte! Selena estava ali, em uma das mesinhas. Pensou em Laura, que logo chegaria... Será que Selena sabia de sua existência? As primeiras palavras da parceira acalmaram-no, pois ela jamais ficaria tão sorridente se soubesse de seus encontros com a moça.

– Nícolas, amor, que surpresa!

– Selena... que faz aqui?

– Cheguei há pouco... Fui combinar alguns negócios, estava voltando e dei de cara com esta padaria. Flores, o toldo listrado e colorido combinando, um cheiro de café no ar... Resolvi parar e tomar o desjejum. Parece que teve a mesma ideia, vou pedir mais uma xícara e...

– Não, vamos embora, solicitarei que embrulhem para viagem! Temos muito a conversar...

Justamente o que Selena desejava!

Assim, ao chegar, Lalinha deparou com um recado verbal do rapaz, que ele sorrateiramente conseguira deixar com uma das garçonetes.

– A senhorita deseja tomar o café?

– Não... vou levar somente alguns pães.

Na volta, viu-se bruscamente empurrada para dentro de uma *van*, sentiu ligeira picada no braço e tudo escureceu. Horas depois, despertou em um quarto de triste aparência, justamente o mesmo quarto para onde Joana fora levada anos atrás. A porta se abriu e uma mocinha entrou, com uma caneca de café nas mãos. Em segundos, a cerâmica espatifou-se contra o chão...

– Lalinha!

– Joana!

O reencontro.

Passados os abraços e beijos, o choro emocionado, as duas irmãs ficaram se fitando, cada uma intimamente analisando por onde começaria as perguntas. Foi Joana quem se adiantou:

– Lalinha, que está fazendo aqui, meu Deus?!

– Não sei direito o que aconteceu... De repente fui empurrada para dentro de um automóvel, senti uma dor em meu braço e apaguei. Acordei aqui. Meu Deus, Joana, nem acredito... Está crescida! Sentimos tanto a sua falta! A mãe quase enlouqueceu, nunca mais foi a mesma...

– O que aconteceu com nossa família depois que fui sequestrada? Tenho tanta saudade!

– Tudo bem, Joana, não chore... Vou lhe contar tudo...

E a jovem foi narrando detalhadamente, chegando ao ponto em que se encontrara com Nícolas.

– Lalinha, você acha que ele foi o responsável por mais isto?!

– Se foi, Joana, ele é um excelente ator! Não, acho que não. Apostaria em Selena, pois ela sim teria interesse em se livrar de qualquer moça que se aproximasse dele. Com certeza descobriu, não sei como, que nos encontrávamos e armou isto tudo. De bom resultou que nos encontramos depois de tanto tempo!

– Não diga isso, minha irmã! Não há nada de bom! Você não imagina o quanto sofremos nesta casa! Olhe, Lalinha, a manda-chuva daqui, a dona Matilde, saiu bem cedo, dizendo que voltaria em dois dias. Negócios... Na ausência dela, Santiago e Enrico respondem por tudo. Por favor, minha irmã, precisamos combinar como você vai se comportar aqui, entende? Para que as coisas não fiquem mais complicadas do que estão. Se Carla tivesse escutado meus humildes conselhos, estaria viva. Devo muito a uma menina chamada Paula, sem ela talvez não tivesse sobrevivido aos horrores daqui. Ela me explicou muita coisa, alertou-me. Você não imagina do que essa gente é capaz! Primeiro, você acha que devemos contar que somos irmãs?

– Não sei...

– Melhor não. Poderiam usar isto contra nós, chantageando-nos para que fizéssemos tudo o que desejam, ou mesmo nos separando, pois nos querem inseguras, sem ponto nenhum de apoio. Pensei uma coisa: acho bom você se fingir de doente, assim ganharemos alguns dias. Não me olhe assim... Se estiver bem, Santiago vai colocá-la imediatamente para trabalhar com as outras moças!... Sabe o que isso significa? Não, você pensa que sabe, minha irmã! Se estiver doente, vai esperar Matilde voltar e decidir, pois até ele tem receio dos ataques de ira dela.

– Não, Joana, não se preocupe! Nada me acontecerá, virão atrás de mim, Eduardo e Cláudia, pode acreditar!

– Mas precisarão de tempo! Pelo que me contou, a única pessoa que poderá fazer alguma coisa é Nícolas!

Enquanto as duas irmãs conversavam, uma manipuladora Selena conduzia o rapaz ao apart-hotel para a tal *conversa*.

Percebera muito bem que ele usara de um artifício para tirá-la da padaria e também enxergara o lance do recado... Mas ela seria muito mais esperta, fingindo desconhecer seus encontros com aquela empregadinha. Para que se esquentar, Matilde resolveria tudo!

Na manhã seguinte, um ansioso Nícolas chegou bem cedo à padaria, deparando com a terrível notícia:

– O senhor não ficou sabendo?! Sequestraram sua amiga! Ontem cedo, quando saiu daqui!... A câmera de segurança do prédio registrou tudo! Ei, moço, não vai esperar o café?...

O rapaz saiu correndo, rumo ao apartamento de Cláudia. Não podia ser... Selena! Ela armara tudo! Selena! Mas desta vez não ficaria quieto de forma alguma!

No apartamento, Javier conversava com a desconsolada Cláudia, que se desmanchava em lágrimas no sofá, ao lado de Eduardo:

– Senhorita, estou envidando os maiores esforços para localizar o paradeiro de sua funcionária, mas não é tão simples assim... Ontem, por exemplo, se tivesse mais alguém comigo, um de nós ficaria na padaria, esperando por sua empregada, dela cuidando... Eu segui os dois, mas aquela moça deu tanta volta que acabei perdido... Meu problema é que não posso abrir para ninguém da delegacia essa história... Não neste momento decisivo, em que uma palavra colocaria tudo a perder. Não podemos arriscar!

– Nós sabemos. Mas... e Nícolas?! Ele pode ter sido o autor disso!

– Concordo, mas a investigação está no começo, não posso violar seus direitos, simplesmente acusar. Não seria nada inteligente também, poderíamos espantá-lo, entendem?

– O senhor bem sabe como funciona o esquema de tráfico sexual, o que fazem com essas moças... Não podemos esperar!

O ruído do interfone interrompeu a conversa. Cláudia atendeu, voltando-se surpresa para os dois:

– Nícolas está lá embaixo, pedindo para subir!

– Pois que suba! Esperarei na cozinha, se a senhorita me permite...

Minutos depois, o rapaz achava-se frente a frente com Cláudia e Eduardo. Vendo-lhe o estado de ansiedade e dor, a ira dos dois arrefeceu de imediato. Aquele certamente não era o retrato de um frio sequestrador!

– É verdade o que me contaram?!... Que Laura sumiu ontem cedo?!...

– Laura?!... Ah, sim... Foi empurrada para dentro de uma van e levada embora! Se não fossem as câmeras de segurança, nada saberíamos.

Selena! Arquitetara um plano e ele caíra como um patinho! Dera um jeito de afastá-lo de Laura para levar a efeito o sequestro. Maldita! Com certeza a vendera a seus contatos.

– Olhem, posso ajudar... sei de algumas coisas... Irei à polícia!

– Nícolas, nós...

O olhar de Eduardo fez Cláudia emudecer... Por pouco a jovem não revelara que sabiam de tudo, o que seria desastroso naquele momento, minando a confiança que o rapaz tinha na sinceridade de Laura. Por medida de segurança, Eduardo completou a frase:

– ... nós agradecemos de todo o coração. Estão falando em tráfico sexual, entende? Coisa grave. Por favor, se puder ajudar a polícia a encontrá-la, não temos tempo a perder.

Cláudia não entendia... A polícia estava ali mesmo, por que não aproveitar?!... Pedindo licença, foi até a cozinha, não encontrando nem sinal do investigador. Abriu com cuidado a porta de acesso ao corredor, deparando com Javier, que fez sinal de silêncio e depois falou baixinho:

– Escutei tudo, senhorita Cláudia. Não convém que ele vá até a delegacia... Tenho certeza de que a organização tem informantes entre nós. Vou descer correndo, interfono e a senhorita finge surpresa... Eu subo e tudo se resolve em seu escritório, eu e ele, a portas fechadas, pois não é nada fácil incriminar-se à vista dos maiores lesados. A senhorita e o senhor Eduardo, para todos os efeitos, de nada sabem ou suspeitam!

Minutos depois, encerravam-se os dois no escritório. A conversa foi relativamente curta, pois o moço estava ansioso para que se fizesse algo! Desesperava-se só de pensar no que aconteceria com a jovem. Para Javier, que já se inteirara praticamente de tudo pelas investigações e pelos relatos de Lalinha, bastava saber que Selena fora a autora do crime e onde se hospedava. Do resto cuidariam depois.

Selena espreguiçou-se no leito... Após uma boa noite de sono, nada melhor do que acordar para um bom desjejum... Tudo estava em ordem finalmente! Apesar da indiferença do namorado, acreditava que o reconquistaria, bastando tempo. Um pensamento lhe veio subitamente... Aquela moça era muito parecida com alguém... Lógico! Com a odiosa Joana! Como não percebera antes?! Talvez fossem irmãs... precisava tirar a limpo aquela história. Ou não?... Afinal, tudo se resolvera a seu favor, talvez compensasse não perder tempo com aquilo. A seu lado, recostada no travesseiro, Carla sorria, seus pensamentos se infiltrando nos de Selena, de modo que a moça os julgasse seus, como se estivesse falando consigo mesma.

– Por outro lado, seria muito interessante. *Irmãzinhas*... Mostraria a elas quem manda em quem! Aposto que vão ficar bem quietinhas, ocultando de Matilde a verdade... Hora de mostrar quem você é, Selena! Poderosa! Antes, contudo, ligarei para a portaria, pedindo um café da manhã perfeito! Selena, você é o máximo!

Ao sair, sequer notou o veículo discretamente estacionado, com os vidros escuros fechados. Javier vibrou... chegara bem na hora! Um minuto a mais, e adeus Selena... Fora da cidade, finalmente o carro da moça parou diante de uma casa enorme, cercada de jardins. Conheciam-na, pois o vigia não solicitou seu nome ou documentos. Provavelmente o mesmo não aconteceria com ele. De quem seria aquela mansão? Muito arriscado solicitar informações à delegacia... Melhor resguardar o sigilo da investigação! Restava-lhe esperar ali, quietinho, o dia todo se preciso, a noite...

Minutos depois, Selena retornava pisando firme, visivelmente irritada, pois somente Enrico se encontrava e ele jamais permitiria o acesso de alguém às moças sem a autorização de Matilde, ainda mais que as duas mulheres se detestavam. Despachara-a taxativamente:

– Nem pensar! Volte amanhã! Ou depois de amanhã...

Assim, uma furiosa Selena saiu cantando os pneus. Era a hora de se aproximar cautelosamente, como se não quisesse nada...

362 | Joana

O vigia olhou-o com indiferença. Não parecia alguém montado na grana...

– O senhor deseja alguma coisa?

Sem ter por onde começar, Javier fez cara de bobo...

– Se vem pelas meninas, só no finalzinho da tarde. Sabe, elas trabalham a noite toda, têm que descansar, não é?

– Volto depois!

E voltou, tomando o cuidado de alugar um terno elegante e um carro de primeira linha, porquanto precisava aparentar prosperidade. Felizmente o vigia era outro! Apresentou documentos falsos, que o homem reteve, dizendo restituí-los na saída... Um manobrista levou *seu carro* para os fundos... Certamente, ali se preocupavam com a segurança!

A produção surtiu efeito, pois Enrico se animou todo, apresentando as moças, uma após outra, decepcionado com o desinteresse de seu promissor cliente.

– Não pode ser, senhor! Nenhuma? Todas são tão lindas...

– Sei... mas queria algo especial, essas me parecem muito *rodadas*, entende?

– Ah! Por que o senhor não disse antes?! Mocinhas virgens somente sob encomenda. Terá que falar com Matilde...

Javier calou-se. Então era assim...

– Mas... não tem alguma...

– Não, nenhuma, a não ser...

– A não ser?...

— ... uma novata, mas está adoentada...

— Posso vê-la? Se gostar, deixo tudo acertado... O que ela tem afinal?

— Essas meninas ficam muito estressadas assim que chegam... Saram rapidinho, no entanto, após uma *conversinha* com Matilde, a gerente. Ela viajou a negócios, mas volta logo, daí resolve o assunto. Se o senhor quiser fazer a reserva, posso dar um jeito. O aposento onde a guardamos é simples, porém logo vai ser retirada dali e colocada em uma das suítes da casa.

— Quando ficar mais calma...

— Isso! O senhor parece entender do assunto...

Era Lalinha! Javier conteve-se para não pular de alegria. Era Lalinha, adormecida no colchão como indefesa criança. A seu lado, outra mocinha!

Precisava falar com a desconhecida ou com Lalinha, mas Enrico aguardava, fazendo insistente sinal para que se fossem...

Mal a porta se fechou, as duas abriram os olhos:

— Joana, Joana! Aquele é o investigador Javier! Vá atrás dele, pelo amor de Deus!

Antes de sair, Javier recompensou regiamente o satisfeito Enrico, efetuando a tal reserva para dali a dois dias. Depois, solicitou ao manobrista, um rapaz com ares de pouca vontade, que lhe providenciasse o automóvel, observando-o afastar-se sem pressa. Somente percebeu Joana quando ela se encontrava a seu lado.

– Venha, senhor, venha, por favor!

– Não posso, moça! O manobrista foi buscar meu carro...

– Se ele não encontrar o senhor, pensará que entrou novamente e resolverá o problema estacionando debaixo daquelas árvores. Isso costuma acontecer por aqui! Basta que lhe dê uma gorjeta legal e tudo estará bem. Venha, eu sou Joana, a irmã de Lalinha!

Minutos depois, Joana esclarecia rapidamente a situação.

– E Marcos, está aqui também?

– Não! Aqui Matilde guarda somente moças... Fiquei sabendo que essa turma tem esta casa e uma só com rapazes, onde Marcos se encontra. Precisamos descobrir onde fica e libertá-lo!

– Joana, a coisa é bem mais séria do que pensa. Trata-se de uma organização criminosa, uma máfia que estende seus tentáculos em direções ainda desconhecidas, contando com pessoas infiltradas em muitos segmentos da sociedade, inclusive no governo, na polícia. Uma pessoa sensata se perguntaria como uma casa assim sobrevive há anos, muito perto da cidade... Fácil! Qualquer investigação a respeito de suas reais atividades aborta logo no início, sufocada pela corrupção, pelas propinas. Existe todo um esquema de proteção ao crime... Esta mansão e a casa dos rapazes, ao que me parece, não passam de simples célula criminosa de extensa rede, entende? Precisamos ter muito cuidado, não basta tirar a senhorita e sua irmã daqui... E as outras moças? E Marcos? Se cortarmos as ligações abruptamente, poderemos perdê-lo para sempre.

– O senhor tem toda a razão. Aguentaremos!

– Lalinha está doente?

– Não! Fingimento, para não ser colocada na função imediatamente... Mas não dá para fingir por muito tempo, Matilde é esperta!

– Vou ver o que posso fazer! No momento, volte para dentro, continue como se nada houvesse ocorrido, não conte à tal Matilde que são irmãs, pois normalmente não se permitem tais vínculos. Vou ver se lhe arrumo um celular para emergências, mas deve deixá-lo sempre no silencioso ou desligado, se achar mais conveniente. Ah... foi Nícolas que nos auxiliou, delatando Selena. Boa noite, menina!

Nícolas... Por instantes, intensa emoção apertou-lhe a garganta e ela tratou de espantá-la para bem longe. Como, depois de tudo o que enfrentara e continuava enfrentando, seu coração se atrevia a bater mais forte pelo moço?!

Matilde ficou furiosa com a *doença* de Lalinha:

– Essa Selena só nos causa problemas! Há meses, não apresenta mercadoria alguma. Agora vem com essa moça, Laura, que está mais morta do que viva! Melhor chamar o doutor Luís. Se ele não der jeito, nós damos! Aquele que já sabem...

– Matilde, não seria melhor ter um pouco mais de paciência?... Não convém fazermos negócios novamente com aqueles malucos! Viu o caso da tal Carla? Se não fosse Enrico fazer o serviço sujo, estaríamos fritos a esta hora!

– Talvez tenha razão, Santiago... Mas só vou pagar pela mercadoria quando estiver em condições de trabalhar. Deve dizer isto a Selena, que nem quero olhar para a cara dela!

O doutor Luís veio e, mais do que depressa, Joana colocou-o a par de tudo. Poderiam contar com ele?

— Certamente! Chega de ter medo dessa gente, meninas!

— O senhor tem notícias do paradeiro de Marcos?

— Não, infelizmente não. Enquanto estava na casa dos rapazes, encontrava-me com ele direto, agora... Insinuei alguma coisa a Santiago, mas parece que ele também não sabe onde seu irmão está!

— Como pode ser isso?!

— Segundo Santiago, o apartamento onde ele deveria estar acha-se desocupado há muito, o que não me espanta em absoluto, pois esse pessoal se mete em *cada coisa* estranha. Ele insiste com a história de que *alugaram Marquinhos para uma ricaça*...

— O investigador da polícia falou algo e ele tem toda a razão. Se invadir esta casa e prender os três, ainda assim meu irmão estará sumido... E a organização poderá até matá-lo! Por isso quer dar um tempo... O que o senhor acha?

— Situação difícil... Deixarei um calmante para tornar a história da doença mais verossímil, Matilde tem faro para doenças inexistentes. Esconda com cuidado! Lalinha, no entanto, não vai poder ficar para sempre usando esse subterfúgio, acabará lesando sua saúde! No momento, inventarei uma enfermidade, darei um prazo para sua recuperação e vamos protelando... até onde der!

Revelações

Marquinhos fitou a adormecida Mercedes. A mudança fora surpreendente! Estava mais serena, interessada nos estudos, não parecia tão voltada para si mesma. Às vezes, surpreendia a anciã fitando-o de uma maneira muito estranha, como se não o reconhecesse... depois a impressão passava.

Manolo adentrou o aposento, convidando:

– D. Diego, apreciaria um lanche?

– Ótimo, Manolo, vamos lá...

Marcos procurava realizar as refeições em companhia de Mercedes, pois percebera que ela se alegrava com isso, alimentando-se melhor. E ele também ficava feliz em vê-la bem, seu coração albergava grande ternura por aquela estranha que adentrara sua existência em decisivo momento. Restava-lhe o lanche da tarde, quando a senhora quase sempre dormia, e ele insistiu para que fosse servido na informalidade da ampla cozinha. Assim, pouco a pouco Manolo, a esposa Rosa e Marcos foram se tornando amigos.

Naquela tarde, uma colocação atingiu-o em cheio:

– O senhor me desculpe a intromissão, mas não consigo deixar de pensar nessa escolha de trabalhar como *acompanhante*... num país que não é o seu, distante dos familiares... Não tenho nada a ver com isso, mas o senhor me parece muito inteligente para crer que isso o conduzirá a um futuro melhor.

Então acreditavam que ali estava por livre escolha, em troca de dinheiro?! Talvez fosse a hora certa de se abrir.

Marquinhos contou tudo. O sequestro de Joana no Rio, a vinda dele e Lalinha a Barcelona, acompanhando a modelo Cláudia, a armadilha em que caíra, as condições de vida na casa dos rapazes, a coação, tudo, tudo... Mais do que expor fatos, expôs sentimentos, emoções!

Manolo e a esposa estavam boquiabertos diante daquelas revelações.

– Meu Deus! O *site* elegante, sofisticado... Quem diria! E aquele homem que acertou conosco sua vinda?... Bem vestido, educado, gentil... Tudo parecia legal! Será que os outros *sites* também são assim?... E nós achando que os rapazes escolhiam essa maneira de ganhar dinheiro! Deve ser por isso que alguns deles chegavam aqui drogados...

– Muitos são incentivados ao uso da droga, até forçados, pois assim se colocam em situação de dependência. Tive muita sorte até agora, pode acreditar. Agradeço todos os dias por estar aqui, entre pessoas honestas e generosas, trabalhando para ajudar dona Mercedes na superação de suas crises. Quando tiver que retornar...

– Retornar?! O senhor acha que vamos permitir um absurdo desses?! Nem pensar, D. Diego. Somente imploro que o senhor continue conosco até o fim, tendo um pouco mais de paciência!

– Manolo, entenda, sinto-me muito bem auxiliando dona Mercedes, não representa sacrifício algum para mim. Mas não poderia simplesmente sumir, sabendo que Joana ainda permanece prisioneira. Quanto à polícia, eu me pergunto se será seguro nela acreditar, pois Santiago se gaba, para quem quiser ouvir, que policiais, promotores, juízes, todos comem nas mãos deles! E não é mentira não, um dos rapazes da casa foi *contratado* por uma juíza, acredite! Depois, essa mesma pessoa escolheu outro, e mais outro... Uma loucura!

Os dias foram passando... Mercedes continuava olhando-o de maneira diferente, seus olhos não raro enchiam-se de lágrimas... Nunca mais mencionou o bebê, solicitando a Rosa que doasse as roupinhas, com as quais se comprazia no início, a alguma mãe necessitada. E chorou muito...

– Por que está chorando, minha querida?

– Nada, Diego, nada...

– Por que não me conta, podemos resolver juntos...

– Não tenho nada para lhe contar...

Até aquela manhã...

Manolo servia o desjejum:

– Mais alguma coisa, dona Mercedes? D. Diego?

A anciã sorriu, perguntando:

– Por que não o chama por seu verdadeiro nome?

Manolo titubeou, olhando assustado para o moço.

– Então, por que não me diz seu nome, rapaz?

– Marcos, senhora... Há quanto tempo a senhora sabe?

– Há algum tempo, meu jovem. No começo, tratava-se de rápidos lampejos de lucidez; depois entendi que, decididamente, você não era Diego, embora desejasse muito, muito mesmo, que fosse. Mas não seria nada bom continuar me iludindo... Afinal, fiz isso comigo mesma desde que Diego se foi. Causei muita tristeza a mim e aos que me amavam. Deus colocou você em meu caminho para me reconduzir. Ontem esteve aqui uma moça muito bela, dizendo ser sua amiga, Paula...

Manolo olhou para o rapaz, fazendo imperceptível sinal de que ela estava confusa... Mas Marquinhos conhecia muito bem Paula!

– Ela acredita que sobrevivemos à morte, afirmou-me isto. Justamente o que andamos estudando dias atrás. Conversamos muito sobre o amor, sobre perdas... Ela me disse que o amor continua depois da morte, que não acabamos no pó, somente nosso corpo. Isto me alegrou muito! Uma mocinha muito agradável, gentil, mas me pregou uma mentira, talvez para me agradar...

– Que mentira, dona Mercedes?

– ... disse que Diego virá me buscar hoje!

Naquele momento, Marcos entendeu que se encerrara sua missão naquela casa.

Anoitecera. Manolo tratara de acender a lareira, pois novamente uma chuva fina e um vento insistente haviam baixado a temperatura. Marcos se acomodara na enorme poltrona, sentindo-se estranho. Mercedes fizera questão de que Rosa a vestisse com a melhor de suas camisolas, penteando-lhe as grisalhas madeixas com cuidado. Depois, olhando os encarquilhados dedos, pediu suavemente que a governante lhe entregasse um pequenino cofre, de onde retirou um anel, encaixando-o no dedo anular da mão direita, dizendo ao jovem:

372 | Joana

– Diego me deu este anel quando eu tinha quinze anos. Imagine...quinze anos! Declarou-se, pedindo-me em casamento. Assim, de surpresa, sem falar com minha família... Meu pai estranhou, pois era muito rigoroso em questões de etiqueta, mas meu Diego somente sorriu, afirmando que nos casaríamos, pois me amava. Para acalmar papai, concordou com uma festa de noivado; eu retirei o anel quase na hora de os convidados chegarem e ele o colocou de novo em meu dedo, à vista de todos. Trata-se de uma joia preciosa, mas, para mim, importa mesmo o seu imenso valor sentimental...

– É lindo, dona Mercedes, lindo!

– Também acho, Marcos. Tenho muitos outros, até mais valiosos, mas este sempre foi o meu preferido. Quando me for, quero que o leve... um dia o dará à sua amada, assim como meu Diego, naquele dia distante, sob o caramanchão de rosas brancas no jardim. Ah! Jamais me esquecerei... A tarde ia suavemente tomando conta do ardor do dia, leves brisas balançavam os cachos de rosas, espalhando o perfume. Mamãe mandara a modista encomendar em Paris um vestido de organza rosa, verdadeiro primor, e eu o estreava justo naquele dia. Parecia uma princesa... Ah, não há como deixar de sentir saudade dos dias da juventude! O anel deslizou suavemente pelo meu dedo e ele me beijou, nosso primeiro beijo de amor. O paraíso deve ser daquele jeito, tudo flutuando, o cheiro de fores, o suave zumbido das abelhas coletando o mel... Desejo que o entregue aqui, no mesmo lugar... O caramanchão de rosas ainda existe, Manolo?

– Sim, senhora, do mesmo jeitinho...

– Pois então! Resolvido! Ah, sinto-me exausta... Pode ficar comigo uma vez mais, Marcos? Até eu adormecer.

O silêncio no quarto somente era quebrado pelo suave estalido da madeira ardendo. O rapaz ajeitou-se na confortável poltrona, envolvendo-se melhor na manta, voltando os olhos na direção do leito, onde dona Mercedes jazia muito quieta. Foi então que viu Diego... e Mercedes! Jovens, belos, enamorados... Paula não mentira!

O corpo de dona Mercedes descansava no impressionante mausoléu da família, ao lado dos avós e bisavós, de seus pais, de Diego, do filhinho que não nascera... Recordou-se de sua visão... Teria sido sonho? Ou seria assim mesmo, nossos amados vindo nos buscar na derradeira hora, reatando laços que, na realidade, nunca se perderam?

Marcos olhou para a caixinha de veludo em suas mãos, onde os diamantes refulgiam nos dois corações entrelaçados... Manolo se encarregara de tirá-lo do dedo de Mercedes, acondicionando-o no negro veludo, depositando-o em suas trêmulas mãos.

– Guarde-o com cuidado, meu amigo, pois ainda precisa cumprir o desejo dela...

Pensou em Cláudia, tão distante, tão indiferente ao seu amor...

Agora tudo finalmente terminara. A casa silenciosa guardava somente as recordações dos que ali haviam vivido. De um momento para outro, uma personagem do passado poderia descer as escadas em suas roupas de gala... Como aquela jovem de esplendorosa beleza, em alvas vestes de noiva, flores de laranjeira nos cabelos, longo e diáfano véu a cobrir-lhe as perfeitas feições... O rapaz se adiantava, soerguendo o tecido, beijando-lhe os lábios... Pouco depois, ao som de uma valsa, ambos rodavam pelo piso brilhante da enorme sala...

No ar, o suave perfume das laranjeiras em flor. Depois, o corpo inerte velado naquele mesmo lugar, o pesado cheiro das velas e das flores mortas...

O rapaz balançou a cabeça, tentando afastar as visões... Tudo tão real!... De repente, uma dor lancinante, como se algo se rompesse nele, roubando-lhe o fôlego, uma sensação de estar caindo, caindo, mergulhando em gélida escuridão...

– Senhor Marcos, vamos até o escritório?

Respirou fundo, mentalmente agradecendo pela providencial chegada do mordomo.

Manolo o conduziu ao amplo escritório, onde jamais havia adentrado. Sobre a mesa, um *notebook*... Mal podia acreditar! Passado e presente uniam-se naquele computador, tão deslocado no ambiente do século anterior...

– Este senhor é o advogado encarregado do testamento de dona Mercedes...

– Sentem-se senhores... Manolo, poderia dizer algumas palavras, esclarecendo o motivo desta reunião?

– Claro... Dona Mercedes, desde menina, sempre foi uma pessoa muito boa, uma verdadeira tristeza ter se entregado daquela maneira ao desespero, após a morte de D. Diego. Não sei explicar bem como isso ocorreu, mas não vem ao caso, pois cada um sabe o que lhe vai no coração. Naquele dia em que revelou saber que o senhor não era D. Diego, no horário da sesta, recomendou-me trazer seu advogado, elaborando um testamento...

– Mas ela não estava bem da cabeça...

O advogado adiantou-se:

– Estava sim, senhor Marcos, perfeitamente lúcida. Médico e enfermeira testemunharam a profunda mudança nela operada após a chegada do senhor a esta casa. Recobrou a consciência! Tornou-se dona de si novamente, legalmente capaz. Assim sendo, o testamento apresenta-se perfeitamente válido. Além do mais, quem restou para contestá-lo? Nenhum parente vivo, mesmo que distante.

– Entendo...

– Prosseguindo, dona Mercedes determinou que seu imenso patrimônio seja dividido em duas partes de igual valor, destinando a primeira delas ao senhor Manolo e sua esposa e a segunda, ao senhor. Acrescenta comovente declaração, em que agradece aos três o carinho e o amor com que a trataram, e ao senhor Marcos, em especial, por tê-la feito recobrar a razão, que insistia teimosamente em desdenhar, uma forma de fugir à realidade.

– Mas não fiz isso por dinheiro, não posso aceitar esse...

– Justamente por não ter feito por dinheiro é que ela assim decidiu. O senhor fez por amor, ela também! Outra coisa: dona Mercedes recomendou que esta casa e a imensa área em que se situa ficassem com o senhor.

– Mas isso não é justo! Manolo sempre viveu aqui, tem mais direito do que eu...

Sorrindo, Manolo explicou:

– Senhor Marcos, ela me consultou antes e concordei. Eu e Rosa ficaremos enquanto o senhor precisar e depois nos iremos, talvez até para aquele apartamento da cidade.

– Mas...

– Não tem *mas*, senhor Marcos, trata-se da vontade de dona Mercedes. Além do mais, Rosa e eu não temos filhos... Para quem ficaria esta casa enorme? Quem nadaria no riacho, como dona Mercedes e D. Diego faziam? Acredito que ela gostaria desta casa repleta do riso de crianças, de pessoas felizes.

– Mas...

– No dia anterior à sua morte, dona Mercedes me disse uma coisa que não entendi muito bem, achei que fosse coisa de sua cabeça... Que o senhor era o filho que, por sua própria loucura, havia lançado fora de si, quando repudiou os conselhos de médicos e familiares, negando-se a comer, correndo desesperada pelos jardins, tentando matar-se... Nas palavras dela, o senhor teria sido o filho que lhe alegraria a velhice e que, graças à bondade divina, havia retornado!

Marquinhos perdeu a voz. E Paula, que decidira escolher justo aquela hora para desaparecer! Por que não estava ali, precisava dela para saber se tudo aquilo era verdade, meu Deus!

– Não sei se o senhor é realmente o filho que ela perdeu quando a encontramos esvaindo-se em sangue na beira do riacho, mas tenho absoluta certeza de que ele jamais teria sido mais carinhoso, mais gentil, mais amoroso do que o senhor foi com ela. Para mim, isto basta! Ah! Eis a Rosa com o café!

Quando o advogado se foi, Marcos ficou olhando aquele computador, tentando se decidir se passaria ou não um *email* para Cláudia. Talvez devesse esperar, para não gerar infundadas expectativas, principalmente agora que resolvera retornar à casa de rapazes... Sua missão ainda não terminara!

Seu olhar foi atraído na direção de uma das poltronas e lá estava Paula...

– Paula! Ouviu o que Manolo contou? Será verdade?

– Hum... Hum...

– Você sabia?

– Hum... Hum...

– E não me falou nada?! Bela amiga...

– Não era a hora... talvez Mercedes não recobrasse a consciência... De que adiantaria falar?

– Pelo menos, agora pode me contar direito essa história?...

– Simples. Começa pelo fato de nada acontecer aleatoriamente no mundo espiritual. Existe uma programação, elaborada para determinado espaço de tempo, o que não garante, contudo, seja seguida à risca, pois o encarnado pode optar por caminhos diferentes. Livre-arbítrio! Você seria filho de Mercedes, mas o inconformismo da moça acabou desencadeando o aborto...

– Por isso senti aquela dor!...

– Pois é, meu amigo... De acordo com o plano inicial, o filho de Mercedes ocuparia um alto cargo no governo espanhol, lutando tenazmente contra a permanência dessa hedionda rede de tráfico sexual neste belo país. *Furou!* Não é assim que vocês dizem? Não deu certo... A opção foi promover seu nascimento no Brasil, tempos mais tarde, vinculado à família de Joana, que iria reencarnar dali a alguns anos, com o compromisso de igualmente combater a criminosa organização. Mais alguns *acertinhos* e tudo se encaixou perfeitamente.

– *Acertinhos*... Que *acertinhos*?!...

– A data do reencarne de Cláudia foi transferida para depois, por exemplo... E mais algumas *coisinhas*!...

– Como filho de dona Cidoca, nasci em um ambiente de pobreza... Olhe isso aqui! Já viu tanto luxo?

Paula desatou a rir...

– Agora você herdou a fortuna que seria sua de qualquer jeito... Mas poderia não ser assim também... Somos responsáveis pelo que nos acontece, pois temos o livre-arbítrio, ou seja, a capacidade de pensar, escolher nossos caminhos e agir. Se você tivesse se acovardado diante das dificuldades, não teria conhecido dona Mercedes... não teria cuidado dela com o desvelo que muitos filhos não têm... e não seria rico agora!

– Isso sempre acontece? A mudança de plano...

– Claro! Ou pensa que existe somente um único plano? Seria muita *pobreza* intelectual... Há alternativas, meu caro! Nada é estático!

– O que você acha de minha ideia de voltar à casa dos rapazes? Sinto que poderia ser mais útil dentro do esquema...

– Tem lógica, mas vou lhe dar um conselho. Fale com Manolo para que ele continue a pagar o *aluguel*. Inventem uma história qualquer, porém mantenham a remuneração, pois assim ficará garantido que Santiago não o coloque para *trabalhar*.

– Mas... Será que ele não vai me escalar assim mesmo? Do jeito que é doido por dinheiro...

– Não, se Manolo disser que a qualquer hora poderá

requisitar sua presença. Ah! Pode esperar, Santiago vai dobrar o preço. Paguem! Marquinhos, a hora está chegando! Confie!

Manolo entendeu perfeitamente as razões de Marcos, admirando-lhe a coragem de se enfiar voluntariamente naquele perigoso antro. Combinaram que, para todos os efeitos, a tal ricaça estaria muito bem... Seus filhos a visitariam por alguns dias, não se sabia quantos, e ela não poderia ficar com ele por razões óbvias, mas o pagamento continuaria, com a condição de Marcos permanecer à disposição, podendo ser requisitado a qualquer hora, através do *site*.

Liberdade e decepções...

Santiago exultava! Marcos estava de volta por alguns dias, mas a ricaça continuaria bancando tudo. Paixão mais doida! Pensando bem, era hora de dobrar o preço daquela preciosidade!

Dessa maneira, Marcos retornou, mantendo, no entanto, o precioso contato com Manolo.

O doutor Luís acabara de atender a um dos rapazes, esfaqueado por ciumento esposo de uma das clientes, quando Marquinhos apareceu na porta.

– Marcos!

– Doutor...

– Tudo bem?

– Mais ou menos... Venho sentindo uma pontada bem aqui, debaixo da costela. O senhor poderia me examinar? Já falei com Santiago, pode conferir, ele está na sala.

– Vamos ao seu quarto... Pronto... Onde dói?

– Lugar nenhum, doutor!

– Graças a Deus, está de volta, meu rapaz!

E o doutor relatou como estavam as coisas na casa das meninas.

– A polícia não vai agir?!

Cirinéia Iolanda Maffei/Lucien | 381

– Pelo que entendi, o encarregado do caso é um tal de Javier... e ele considera melhor esperar por enquanto! Quer escrever um recado para suas irmãs?

– Não, pode ser perigoso... o senhor mesmo conta a elas que estou de volta. Por favor, doutor, forneça o endereço daqui para a polícia!

O doutor Luís ficou pensativo, pois bem conhecia os enormes riscos de se colocar do lado dos jovens.

– Pode deixar! Passarei para Joana e ela tomará as providências. Disse que o tal Javier está frequentando direto a casa, fingindo estar interessado em Lalinha... Parece que ganhou a confiança de um dos três bandidos, o tal Enrico, e tudo ficou mais fácil.

– Doutor, peça a Joana para não dizer que foi o senhor... Naquela delegacia tem um informante!

– Somente um, Marcos?! Que bom se fosse um único!

Javier caminhava de um lado para o outro, decidindo qual a melhor maneira de agir. Recebera a história toda, escrita com a letra miúda de Joana em amassado papel, quando fora mais uma vez conferir o restabelecimento de *sua pretendida*.

Tudo corria a contento. As polpudas gorjetas garantiam que Enrico não pensasse muito a respeito de sua insistência, embora *pensar* jamais tivesse sido seu ponto forte. Matilde estranhou um pouco, mas naquele ramo deparara com tamanhas esquisitices que terminou aceitando sem maiores reservas, prometendo *guardar a* mocinha para o generoso e elegante cavalheiro, não sem antes acrescentar:

– Vai custar um pouco mais, senhor!

– Não tem importância! Pensando melhor, enquanto ela não melhora, não acha melhor um adiantamento? Afinal, a senhora tem despesas...

E ria, insinuando:

– Acho que me apaixonei por aquela danadinha!

Mercedes sorria, pensando:

– Mais um idiota! Assim que conseguir o que deseja, a paixão some. Quantas vezes não terá passado por isso e ainda continua iludido! Melhor para meu bolso!

Naquela tarde, Javier pensou enlouquecer de tanto raciocinar sobre a melhor maneira de, sendo somente um, garantir o sucesso de ambas as operações. Impossível! Precisaria da ajuda de alguém... Após decidir que agiria pessoalmente na casa de Matilde, resolveu investir no irmão de Joana, designando-o para acompanhar de perto a difícil missão na casa dos rapazes. Para tanto, precisava falar com ele, combinar as coordenadas... Pessoalmente! Joana arranjou o encontro através do doutor Luís.

Fiel ao plano, Manolo continuava acessando o *site* em dias aleatórios, requisitando os serviços de Marcos para sua patroa, passando recados apaixonados, todos escritos pela criativa Rosa. Assim, os comparsas consideravam que Marcos continuava em plena ação e em alta, o que os favorecia financeiramente, a ponto de Santiago cogitar mais um novo aumento nas *tarifas*...

Javier olhou a magnífica casa sem nada entender. Um lugar daqueles valeria uma fortuna! A quem pertenceria?

Manolo conduziu o investigador até a saleta, convidando-o a se assentar, oferecendo-lhe um café, uma água, um suco... Como no tempo da saudosa Mercedes, continuava firme em suas funções, aguardando pacientemente o desfecho do intrigante enredo. Sentia-se como um mordomo das histórias de suspense... Embora exteriormente impassível, divertia-se com a surpresa do investigador diante da mansão, dos móveis caríssimos, até dele, um mordomo dos tempos antigos, com luvas brancas e tudo.

Havia combinado com Marcos nada revelar a respeito da fortuna herdada, por medida de segurança e porque o rapaz desejava manter segredo até que tudo se resolvesse. Assim, para todos os efeitos, a mentira forjada para enganar os três comparsas continuava valendo.

Javier e Marcos se olharam e simpatizaram, no mesmo instante, um com o outro. O policial lamentava intimamente que o jovem estivesse passando por tudo aquilo em seu país...

– Senhor, todo país tem pessoas más e boas... Não seria justo estender a todos aquilo que diz respeito a poucos.

Javier mal podia acreditar! Estaria ele lendo seus pensamentos? Bobagem! Acertara por acaso! Tratou de combinar o plano de ação, sentindo-se aliviado ao perceber que o rapaz daria conta do recado.

Agora, faltava somente combinar tudo com seu superior, envolvendo somente o necessário contingente policial, resguardando a hora e o local. Javier continuava preocupado com o informante!

Marcos mal conseguia esconder a ansiedade! Breve amanheceria. A casa estava mergulhada em silêncio, dormiam todos, menos o guardião, que certamente estaria cabeceando na poltrona da sala, atento a qualquer movimento estranho.

Olhou para o relógio, suspirando desanimado... ainda faltava mais de uma hora... Pé ante pé, dirigiu-se à sala, espiando... Antero ressonava, abraçado à almofada, estendido no sofá! Se fosse no tempo de Alonso, as coisas seriam bem diferentes, o falecido guardião estaria alerta!

Retornou ao quarto. Restava-lhe esperar... Viriam mesmo? Às seis em ponto, voltou à sala... Antero continuava na mesma posição, sonhando com os anjos, pois feliz sorriso iluminava-lhe a face.

Espiou pela janela... O portão muito alto, protegendo a casa dos olhares indiscretos de quem por ali passasse, dificultava a visão, mas podia ver a sombra dos pés do vigia movimentando-se de quando em quando.

Havia combinado com Javier que deixaria os dois fora de ação... Hora de fazer aquele café!

Na cozinha, separou uma xícara, pingando cuidadosamente a quantidade de gotas recomendadas pelo investigador, colocando-a de volta no armário para não despertar suspeitas. Minutos depois, o tentador aroma invadia a casa. Contou mentalmente: um, dois, três, quatro...

Antero apareceu na porta, a mão desconfiadamente na altura da arma que sempre portava à noite, na cintura...

– Isso é hora de fazer café?!

– Desculpe se acordei o senhor... Não foi minha intenção.

– Deixe para lá... Acho que vou tomar um pouco...

Mais que depressa, Marcos tirou a xícara *benzida* do armário, nela depositando o café, servindo o guardião. De imediato, serviu-se também em outra xícara, sorvendo o líquido com ares de satisfação. Antero experimentou...

— Forte! Coloque mais um pouco de açúcar!... Ainda não consegui me acostumar com o café dos brasileiros, forte desse jeito...

— O senhor quer mais uma xícara?

— Não! Vou ver se consigo descansar mais um pouco... Esse café vai é me tirar o sono!

Nem pensar! Minutos depois, apagava no sofá!

Com muito cuidado, Marcos digitou a senha, desligando o alarme que protegia a residência, destravando depois a porta. Como sabia qual era? Antero não tomava muito cuidado ao digitá-la...

Preparou outra xícara da mesma maneira, caprichando no açúcar. O segurança olhou-o desconfiadamente:

— Seu Antero mandou para o senhor...

— Para mim?! Ora essa! Mas até que um café vai bem nesta altura... Espanta o sono, não é?

— É

— Quando entrar, não se esqueça de avisar o Antero sobre a colocação do alarme... É melhor não facilitar!

— Sim, senhor.

Pronto... Agora os policiais poderiam entrar sem maiores problemas!

Tudo correu como o combinado, na maior tranquilidade, sem tiros, sem mortes... Infelizmente, nada encontraram de incriminador no cofre. Onde estariam os passaportes? Marcos matou a charada: na casa de Matilde certamente, ali deveria ser o quartel general daquela célula da criminosa organização!

Enquanto isso, as coisas na mansão onde funcionava o prostíbulo de Matilde e seus sequazes não corriam de maneira tão calma. Matilde gerenciava tudo com férrea mão, por isso Javier não se atrevera a montar esquema semelhante ao combinado com Marcos, restando-lhes render o vigia. Tiros foram trocados, pois o homem não se entregou facilmente. Finalmente no interior da casa, depararam com assustadas jovens, algumas inconscientes em suas camas, sob o efeito de drogas. Clientes? Poucos, rapidamente conduzidos à delegacia. O quarto de Matilde estava vazio!

Em conversa com a atordoada Joana, conseguiu entender que Enrico e Santiago ali não residiam, e que somente Matilde poderia apontar o paradeiro de seus cúmplices. Agora, nada de Matilde, nada de passaportes, nada de cúmplices.

Alguém os alertara! Javier sentiu-se um palhaço! Depois, mais calmo, colocou a cabeça para pensar. Quem sabia de tudo além dele? Dia, hora, estratégia... Quem? Marcos... mas o moço era vítima... não seria por ali... Restava uma única pessoa: seu chefe! Maldito traidor! Daquela maneira, o caso se resumia no depoimento das vítimas simplesmente, verdadeiro fracasso.

Ao saber do acontecido, Marcos indignou-se. Estavam livres sim, mas os culpados seguiriam impunes! Onde se esconderiam? Certamente usavam nomes falsos... Restavam somente Selena e Nícolas... Do rapaz pouco se podia esperar, mas Selena... Selena era esperta, não teria se conformado em engolir falsas identidades, com certeza sabia de muita coisa.

Dois dias depois, Selena era morta em uma briga de detentas na prisão feminina... Fora-se a última testemunha do caso!

Javier sapateou de raiva! Briga na prisão? Queima de arquivo, isso sim! Temeroso de que alguma represália atingisse Nícolas, tomou medidas urgentes, contatando o órgão responsável pela proteção a testemunhas, que o recolheu a sigiloso local, onde aguardaria o treinamento exigido nesses casos, a nova identidade e seu futuro destino.

Apesar das frustrações, os irmãos sentiam-se felizes. Estavam juntos novamente, prontos para esquecer os momentos difíceis e recomeçar a vida.

Naquela noite, resolveram marcar uma reunião para trocar experiências.

Rindo, mal terminara a prece, Eduardo disse:

– Lalinha, não sabe a alegria em tê-la de volta. Cláudia cozinha *muiiito*, mas *muiiito* mal mesmo!

– Desse jeito, Eduardo, Lalinha vai achar que você somente se interessa pelos quitutes que ela faz!

O moço avermelhou, engasgou e acabou confessando:

– Não é bem assim... Olhe, Lalinha, esses dias sem você, o medo de que estivesse sendo maltratada, tudo isso serviu para me mostrar que é muito importante, acredite.

Lalinha não sabia onde se esconder... Uma declaração assim, no meio de todos, inclusive de Javier, que também fora convidado...

Cláudia salvou a situação:

– Legal! Depois você, meu primo, cria coragem definitivamente, entendeu?

– Dona Cláudia!...

– Gente, que tal se pararmos com essa coisa de dona, senhor, senhorita... Somente os nomes, pois me parece que já passamos por muita coisa juntos, tornando essa formalidade toda sem sentido. Alguém tem algo contra? Acertado!

– Sim, senhora!

– E sem *senhora* também! Javier, gostaríamos que falasse um pouco de como está o andamento do caso. Pode ser?

– Pode... Mas não está! Lamentavelmente, deparamos com um beco sem saída. Matilde, Santiago e Enrico? Fugitivos! Selena? Assassinada! Juanito? Assassinado! A maioria das vítimas? Usuárias de drogas! Provas? Nadinha... nem um passaporte, nenhum livro caixa... Quem vamos julgar? Quem condenaremos?

– Vai acabar assim?!... Todo mundo livre?!... Não pode ser!

Eduardo interferiu:

– Calma, Cláudia, até concordamos com sua indignação, contudo devemos ser gratos pela liberdade de todas essas moças e rapazes.

– O que será deles agora? Para onde irão?

– Sabe, minha prima, estou me recordando de algo que você disse em nosso estudo: que o tráfico sexual se comparava à antiga escravidão. Concordo plenamente! Quando libertos, acontecia com eles a mesma coisa que acontece com as vítimas do tráfico sexual. Muitos imploravam a seus donos que não os expulsassem, pois não tinham para onde ir, trabalho para fazer, teto, família! Percebem onde quero chegar?

Javier abaixou a cabeça, informando que aquelas pessoas teriam que deixar a Espanha... Para onde? Não sabia... E as feridas físicas e emocionais causadas pela escravidão sexual? Quem as auxiliaria a curá-las? Simplesmente devolvê-las a seus países de origem, sem tratamento psicológico? E aquelas que haviam sido retiradas de países em guerra, onde a fome imperava, a falta de emprego, a morte? Tirá-las de um inferno e lançá-las em outro?

Marquinhos sentia-se profundamente abalado com aquela realidade cruel, que Javier colocara muito bem. Ele herdara aquela inesperada fortuna, Joana e Lalinha retomariam suas atividades, mas... e aquela gente, rapazes com os quais convivera, conhecendo suas dores?! O que o desespero poderia levá-los a fazer?! Lembrou-se de Miguel, dos outros, de Alonso... Aquele seria um segredo que jamais revelaria. A consciência dos envolvidos seria júri e juiz. Legítima defesa? Assassinato? Tudo dependeria dos sentimentos de cada um!

Desde que fora libertada, Joana estava muito quieta, pensativa... Talvez se lembrasse dos dias em que ainda não trabalhava como cozinheira de Matilde... Ela se recusara a dar detalhes daquela fase, considerando-a encerrada. Teria superado ou simplesmente sufocava o que sentia, a ferida ali, sangrando? Cláudia sugeriu uma psicóloga, mas ela educadamente declinou. Estava tudo bem... Então, a pergunta:

— Javier... e Nícolas?

— Ah! Nem pensar, Joana! Esse bandido não!

Eduardo fez sinal à prima para que não interferisse, deixando Joana falar!

Javier respondeu, explicando que logo ele teria uma nova identidade e seria transferido para um local onde retomaria sua vida.

– Para sempre?

– Não... para sempre, talvez não; mas por um tempo, até as coisas se acalmarem... Funciona assim.

– E está bem?

– Deprimido, triste... É normal.

– Gostaria de falar com ele, poderia conseguir isso?

– Posso tentar, mas depende dele também, pode não querer encontrar com você...

Assim, apesar das veementes objeções de Cláudia, Joana conseguiu autorização para falar com o rapaz, no esconderijo onde ele se encontrava.

Nícolas ficou olhando aquela moça tão bela, que seu egoísmo colocara em penosa situação. Adiantaria implorar que o perdoasse? Roubara-lhe os sonhos da juventude... Se não fosse ele, sua ganância, sua fraqueza, jamais teria acontecido aquilo! Por que acedera em que viesse? Somente para satisfazer os anseios de seu próprio coração? Mais egoísmo?... Joana entendeu o desespero do rapaz, sentiu seu sincero arrependimento.

Javier ficou olhando os dois jovens abraçados, chorando. E chorou junto. Estava acostumado a tanto ódio em sua profissão, a tamanhas acusações, a cobranças, e ali estava aquela jovem abraçando seu algoz, perdoando-o, sequer questionando as razões do que ele fizera. Como explicar?

Naquela tarde, ao retornar ao apartamento de Cláudia, Joana se decidira: partiria com Nícolas para seu exílio. Diante da surpresa de todos, somente acrescentou:

– Não é para sempre... breve teremos condições de voltar, acreditem.

Marcos a encontrou perto da piscina...

– Por que, Joana? Cláudia disse que lhe arrumará um emprego, precisa de uma secretária particular... Poderá estudar, fazer uma faculdade...

– Eu sei, Marquinhos, mas Nícolas precisa de mim agora. Que fará longe de todos, em uma cidade estranha, com outra identidade, sem ninguém para apoiá-lo em seus propósitos de reforma íntima? E eu, Marquinhos, tenho condições de fazer isso, entende? Não será sacrifício de maneira alguma, algo me diz...

– Não sei, irmãzinha, Javier comentou com Cláudia que pode ser uma forma de síndrome de Estocolmo...

– Que é isso?

– Ah, seria mais ou menos assim: o sequestrado, em razão dos traumas psicológicos pelos quais passou, apega-se ao seu sequestrador...

Joana riu:

– Nem pensar! Muito menos amor adolescente, como podem estar comentando. Conte a eles esta nossa conversa, pois nada do que falamos é segredo, meu irmão querido. Sei o que estou fazendo, não sou maluca! Nem psicologicamente desequilibrada...

Ninguém se convenceu, principalmente Cláudia.

– Pelo amor de Deus, Lalinha! Joana vai cometer a maior burrada seguindo esse rapaz não sei para onde... E se ele começar a fazer tudo de novo, se a mudança for passageira e ele tiver uma bela recaída? A quem vai recorrer?

Sabiamente, Lalinha argumentou:

– Compreendo seus medos, Cláudia. Mas, se pensarmos bem, que poderá lhe ocorrer pior do que ser vendida, abusada sexualmente, transformada em escrava branca, apanhar surras de uma Matilde? Morrer? Talvez... Mas eu conversei com Nícolas naquele tempo todo, antes de meu sequestro, e ele me pareceu realmente arrependido...

– Legal, concordo, mas daí a sua irmã seguir com ele, partilhar de seu caminho de espinhos, vai uma longa distância!

Lalinha calou. Também estava temerosa, mas Joana parecia tão calma...

Naquela noite, assim que adormeceu, Marcos encontrou seus três amigos espirituais aguardando, para dar prosseguimento ao estudo.

– Gente, Eduardo suspendeu o grupo por uns tempos, pois as coisas ainda andam meio complicadas lá em casa. Com a minha volta e a de Joana, acho que ele ainda não decidiu qual rumo dará às reuniões.

– Perfeitamente normal! Há momentos em que precisamos rever os caminhos, não é? Nenhum estudo é estático, pois sempre surgem novos fatos, ideias interessantes... Hoje, por exemplo, receberemos uma companheira nossa, atualmente encarnada, que tecerá alguns comentários sobre a relação de ajuda.

O auditório achava-se repleto uma vez mais, com a diferença de que alguns novos companheiros integravam o habitual quadro: Eduardo, Lalinha, Cláudia, Joana, Javier... E, surpresa das surpresas, Mercedes!...

– Lucien, é Mercedes, a *nossa* Mercedes!

– Com certeza! E ela somente tem condições de estar aqui, neste momento, por sua causa!

– Minha causa?!

– Justamente. Se você não tivesse desenvolvido aquele belo trabalho junto a Mercedes, carinhosa e perseverantemente lhe mostrando as realidades do Espírito imortal, despertando sua vontade de olhar dentro de si mesma e analisar sua existência, hoje ela estaria em regiões de sofrimento ou adormecida até não se sabe quando, aguardando uma melhora. Olhe lá!

Mercedes sorria, acenando discretamente para Marquinhos...

– Lucien, isso compensa todo o sofrimento do sequestro! Estou tão feliz, tão feliz!...

– Pois é, meu amigo, esta constitui a verdadeira felicidade, a que resulta de nossas nobres ações, brotando de dentro de nós como fonte de água viva! Vamos tomar nosso lugar... Vai começar!

Suave melodia invadiu o ambiente e a oração do Pai Nosso, cantada por dulcíssimas vozes, elevou-se. Depois, Joana se levantou, dirigindo-se à plateia:

– Meus amigos, para quem ainda não me conhece, sou Joana... Melhor dizendo, estou Joana nesta encarnação. Como todos sabem, um Espírito, em sua longa caminhada evolutiva, assume inúmeras roupagens carnais. Em uma delas, fui Célia, uma jovem de estirpe relativamente nobre, muito bela e orgulhosa, destinada a consorciar-se com o jovem filho de um sultão. Sequestrada, fui parar na casa de Flavius, um romano do tempo de Júlio César, tornando-me sua escrava sexual.

Sofri muito ao ver meus sonhos de amor e grandeza brutalmente dilacerados, mas o sofrimento infelizmente não conseguiu fazer com que me colocasse no lugar de todas as jovens em semelhante situação. Ao contrário, lutei com unhas e dentes para também subjugá-las e explorá-las, excedendo-me em desnecessários requintes de crueldade. Por quê? Orgulho, egoísmo, vaidade... ignorância! Não entendia nada a respeito de mim mesma, de minha destinação como Espírito imortal, divina criação destinada ao Amor.

O tempo foi passando, as dificuldades foram me ensinando, comecei a *enxergar* meu próximo! Devagar, engatinhando, orientada pelas forças sexuais, direcionando primeiramente meu amor ao companheiro, aos filhos. Quantas encarnações? Muitas! Quando Jesus finalmente adentrou minha vida, tornou-se mais fácil exercitar o amor, liberando-o das manifestações ainda centralizadas no ego, na direção de algo maior, ensaiando os primeiros passos na longa estrada que conduz ao amor cósmico.

Pouparei os senhores dos detalhes das múltiplas existências, referindo-me somente ao momento em que, no mundo espiritual, voluntariamente propus encarnar como Joana, para desempenhar, com companheiros dos mundos físico e extrafísico, missão relacionada a uma das maiores chagas no planeta Terra: a escravidão sexual humana.

Para os que alegarem tratar-se de límpida gota perdida no imenso oceano das iniquidades que ainda campeiam sobre o orbe terrestre, responderei que toda fonte cristalina inicia sua jornada na forma de solitária gota, avolumando-se, crescendo, transpondo obstáculos, desaguando nos rios e estes nos oceanos, que não passam de diminutas gotas unidas em uma aspiração comum. Assim somos nós! Não importa o quão pequeninos sejamos em nossas ações... Unidos a outros com idênticos ideais, conseguiremos despertar corações.

Hoje Joana quase nada tem da Célia de outrora. Muitos de vocês estiveram comigo naquela época... Estamos todos reunidos para aprender um pouquinho mais sobre a sexualidade humana, para podermos bem desempenhar o desafiador trabalho que temos pela frente. Outros, que aqui não se encontram, dependerão daquilo que ousarmos enfrentar e vencer.

Não se esqueçam, porém, que ninguém foi eleito salvador do mundo, ou seja, aquela pessoa que tudo resolve, que detém em suas mãos o poder de redimir a humanidade. Muitas vezes se sentirão inadequados, inúteis, questionarão a certeza do caminho, arrepender-se-ão da hora em que *embarcaram naquela canoa furada*...

Tudo normal, pois nenhum de nós detém perfeição suficiente para que pairemos acima de nosso próprio julgamento ou do julgamento do mundo, aceitando nossas limitações sem amargura ou constrangimento. O importante, meus queridos, será não desanimarmos quando as coisas não saírem de acordo com os modelos de perfeição que estipulamos, prosseguindo sempre com Jesus, perseverando na tarefa, amando e servindo, sem esperar nada em troca, a não ser a satisfação do dever cumprido.

Existe uma grande diferença entre auxiliar e tomar conta da vida da pessoa. Haverá horas em que vocês desejarão ardentemente poder resolver pelo outro, evitando dores, tristezas, futuros débitos. Então será o momento certo de parar e perceber que não mantiveram o necessário distanciamento psicológico, sem o qual acabaremos sucumbindo. A relação de ajuda exige isso, meus queridos. Existem parâmetros que devemos respeitar, e o mais importante deles é que não podemos vivenciar a experiência encarnatória de alguém, mas somente amparar, aconselhar, sem jamais forçar. Não importa quem seja o outro, ele sempre será o único responsável por sua existência, pelos acertos e erros... Participamos da relação de ajuda, mas não temos o poder de determinar seus rumos.

Quando Deus nos criou, fez-nos únicos. E jogou o molde fora! Não existe ninguém igual ao outro, do ponto de vista espiritual. Gêmeos univitelíneos são iguaizinhos por fora e completamente diferentes por dentro, pois Espíritos diversos habitam transitoriamente aqueles corpos. Como o longo caminho percorrido pelas criaturas passa obrigatoriamente pela sexualidade, facilmente deduziremos que as manifestações do exercício dessa sexualidade variam de criatura para criatura e que precisamos, portanto, respeitar-lhes os estágios evolutivos.

No momento, estou iniciando uma nova etapa em minha existência e adoraria partilhar alguns detalhes com vocês... Como Célia, convenci meu senhor e dono, o romano Flavius, a adentrar o ramo da exploração sexual, unicamente para suprir minha necessidade de poder. O dinheiro influiu? Não, pois nada me faltava, dispunha até de escravas que me serviam como se eu fosse uma rainha. Ao conseguir meus intentos, eu o traí, fazendo com que César o deportasse para um local distante, inóspito, insalubre, onde terminou contraindo uma febre, desencarnando em penosas condições, ainda asseverando amar-me.

Hoje tenho condições de ajudá-lo. Não por obrigação, mas por amor. Por isso estou partindo com ele para o exílio da proteção às testemunhas, com o intuito de auxiliá-lo a superar suas limitações. Acredito sinceramente que conseguiremos e, se tudo der certo, trabalharemos juntos no futuro, combatendo a escravidão sexual e preparando as jovens vítimas para um recomeço digno.

Agradeço a todos porque, embora muitos não me conhecessem pessoalmente, suas orações sempre me ampararam, dando-me forças para não me revoltar no cativeiro, para seguir em frente, em momento algum amaldiçoando aqueles que feriam a mim e aos outros à minha volta. Que a paz do Mestre esteja conosco!

Um longo e emocionado silêncio se fez... Depois, um dos participantes encarnados levantou-se, indagando:

– Joana, estamos muito curiosos, desejando saber o que aconteceu com Matilde, Enrico e Santiago... Não será feita justiça?!

Joana sorriu:

– Uma curiosidade perfeitamente válida, que Lucien, Adriano e Paula poderão aplacar... Antes, porém, somente uma colocação a respeito de justiça.

Neste milênio de grandes transformações, decisivos momentos em que os habitantes da Terra são colocados à prova espiritualmente, as pessoas extravasarão seus sentimentos com maior intensidade, e nem sempre o resultado será bom. A corrupção irromperá com força total em todos os segmentos da sociedade, alarmando aqueles que acreditam em honra e lealdade. Não raro teremos a impressão de que o mal sobrepuja o bem, de que os bons não terão vez neste nosso mundo. Sentiremos, mais do que nunca, que a justiça pode não ser cega, imparcial, duvidando da honestidade dos pesos em sua balança. Quando se fala em justiça terrena, até concordamos, pois depende dos homens que a conduzem, mas quando falamos em Justiça Divina, esta sempre será perfeita. E repleta de Amor! Plantamos e colhemos sim, mas a Sabedoria Divina sempre permite o recomeço, e nos cobra as consequências dos deslizes em suavíssimas prestações a perder de vista. Assim, não julguemos, antes nos compadeçamos... mas não dos corpos físicos que se vão, e sim dos imortais Espíritos que ainda não aprenderam a amar, debatendo-se no primitivismo das sensações.

Agora, a resposta à sua pergunta...

Em segundos, sob os olhares curiosos e impressionados dos participantes, estendia-se ampla tela, onde surgiram os três comparsas... Paula explicou:

– *Transmissão ao vivo*, senhores...

Santiago espanou o elegante terno com evidente contrariedade:

– Matilde, será que não poderíamos alojar-nos em um lugar de mais classe? Temos muito dinheiro, olhe só essa espelunca!

– Isso, que tal o *Waldorf Astoria*? *Four Seasons* talvez?... Os mesmos idiotas de sempre! Acordem! Deram cabo de Selena na prisão, *na prisão*! Como ter a certeza de que os chefões não pretendem fazer o mesmo conosco? Somos testemunhas em potencial! A polícia deve estar na nossa cola...

– O capitão diz que controla direitinho a polícia...

– *O capitão*!... Um dos policiais, o tal Javier, armou tudo debaixo de suas fuças e o *senhor capitão* não ficou sabendo a não ser na última hora, por pouco não pudemos fugir! Vamos seguir nosso plano original! Aguardar as coisas acalmarem e partir para um paraíso distante... quero sombra e água fresca para o resto de minha vida! Longe de tudo que me lembre essa maldita Barcelona! Vamos dormir!

– Tem até barata aqui, Matilde! Que nojo! Vamos chamar o rapaz da portaria!

– Não! Precisamos aparecer o mínimo possível! Amanhã providenciaremos um *spray* no supermercado. Discretamente... Agora, vamos dormir! Estou morta de cansaço.

Santiago não se conformava:

– Enrico, Matilde está exagerando! Não representamos perigo algum para a organização. Sempre trabalhamos bem... Estamos os três em um único quarto! Pelo menos poderíamos ter um pouco mais de privacidade...

– Ela diz que assim ficaremos mais seguros. Vamos ter de vigiar, um de cada vez, ela mandou...

– *Mandou* é? Nem pensar!

– Talvez você tenha razão. Ela dorme e nós vigiamos... folgada! E pelo menos um veneno para as baratas a gente poderia ter... odeio esses bichos nojentos! Olhe só como dorme!

E ronca... Vai ser uma noite daquelas! Vamos até a portaria, voltamos rapidinho, ela nem vai perceber.

– Por mim, que perceba!

O atendente da portaria olhou o sanduíche com satisfação, torcendo o nariz quando os hóspedes do 7A entraram, atrapalhando seu lanche noturno. Para reclamar de *baratas*?! Irritado, pegou o frasco quase vazio de inseticida, empurrando-o na direção dos homens... como se chamavam mesmo? Olhou o registro... Antonio e Esteban.

– Vamos, Santiago, antes que Mercedes acorde e faça um estardalhaço!

– Não me aborreça, Enrico!

Conferiu mais uma vez... Nenhuma Mercedes, mas havia uma tal de Isabel com eles... muito estranho... Onde já vira aqueles nomes, onde?... Abriu o *email* e lá estava o recado, disfarçado como convinha, com os três nomes... Em segundos enviava a resposta, somente o endereço do motel. Uma hora depois, dois homens adentravam a portaria, apresentando três fotos ao solícito e trêmulo atendente:

– São eles?

– É a cara deles! Esses dois aqui...Mas deram outros nomes na entrada, por isso não percebi. Quando trocaram os nomes há pouco, desconfiei...

– Perfeito. Continue assim e não vai se arrepender! Para você!

O maço de dinheiro descreveu uma curva no ar, parando nas mãos do rapaz...

Dormiam os três... No ar, um cheiro de veneno para baratas... Minutos depois, os dois lançavam os corpos sem vida dentro da *van*. *Turma da limpeza*! Do começo ao fim.

A imagem se apagou e todos ficaram silenciosos. Marquinhos se esforçava para desviar o pensamento de uma suspeita: os corpos seriam destruídos e jamais se saberia de suas mortes...

Na manhã seguinte, todos estavam calmos no apartamento de Cláudia, e a decisão de Joana não lhes parecia tão absurda. Talvez ela tivesse suas razões... Assim, quando a mocinha se mudou para o abrigo onde faria o treinamento em conjunto com o namorado, despediram-se dela sem lágrimas, confiantes no futuro.

Decisões afetivas...

Marcos abriu a caixinha de veludo, contemplando o maravilhoso anel que fora de Mercedes. Será que algum dia o colocaria no dedo de Cláudia? A moça perdia-se em pensamentos pelos cantos... Pelo visto, nada mudara, ele continuava a ser um simples motorista e ela, a distante estrela! Talvez, se soubesse de suas novas condições financeiras... Quem sabe... Se tirasse aquele uniforme de motorista, envergando finos trajes...

Manolo acolheu-lhe as dúvidas sorrindo:

– Marcos! Acha mesmo isso? Que faria diferença? Não me parece...

– E o que devo fazer, meu amigo?

– Esperar um pouco, deixar que tudo volte ao normal... e se declarar!

– E se ela me rejeitar?

– Corre-se o risco, meu amigo.

– Não seria melhor contar que estou milionário? Quem sabe...

– Exatamente! Quem sabe... Reflita... Esse receio seu de falar a verdade me parece orgulho, como se temesse ser aceito devido aos seus milhões. Isso só pode ser desejo de ser amado de maneira perfeita, pelo que é e não pelo que tem. Acha realmente que os relacionamentos de nosso mundo são assim? Que você deve esconder sua real condição financeira para ter a certeza de ser amado? Que o outro tem que ter visão de raio X para seu *maravilhoso eu interior*?

Marquinhos encarou Manolo com irritação, depois começou a rir...

– Sou um pretensioso mesmo!

– Todo aquele que sempre insiste em tudo certinho acaba assim, meu amigo. Está querendo que o amor de Cláudia seja o maior amor do mundo... E ela vai lhe oferecer somente o amor que tem condições de oferecer. Olhe Joana, aceitando Nícolas com suas limitações, acreditando, investindo no relacionamento. E existe um outro lado...

– Mais?!

– Sim! Esse medo de ser rejeitado pode impedir que busque seus sonhos. Se a moça não quiser nada com você, vai doer, mas não é o fim do mundo! Ou será que seu orgulho não está realmente por trás de tudo? Muita gente sofre não por perder o outro, mas pelo que os outros vão pensar de sua incompetência de se fazer amado...

– Credo, Manolo! Gostaria de ter a certeza de que ela me ama, só isso...

– Não lhe parece que o amor significa muito mais do que essa egoística necessidade de ser amado?

Marcos ficou calado. Algo dentro dele sugeria que Manolo tinha razão. A pessoa deveria simplesmente amar, sem cobranças, sem expectativas, sem esperar nada em troca. Então, certamente o amor não resultaria naquela angústia toda, no medo de ser rejeitado. Conhecia o caráter de Cláudia, sua honestidade, sua gentileza... Mentir sobre a fortuna para tentar obter uma certeza impossível de se conseguir?! Absurdo!

– Manolo, nem sei como agradecer...

– Meu amigo, que tal se trouxer Lalinha, Eduardo e sua amada Cláudia para um fim de semana na mansão, deixando as coisas seguirem seu rumo?

– Pode ser... Combinado!

– Ah! E não se esqueça do anel de dona Mercedes!... Nunca se sabe...

O queixo de Lalinha praticamente caiu diante daquela casa de sonhos! Nem em filmes! Com mordomo e tudo!

– Foi aqui que estive... Com dona Mercedes, minha amiga do coração. Este é Manolo...

– O mordomo?...

– O mais leal dos amigos!

Fora um fim de semana magnífico. Breve partiriam, e a jovem já sentia saudade daquele lugar. Na beira do riacho, Lalinha olhava o sol se pondo, sentindo o suave perfume das laranjeiras em flor. Uma delícia! A seu lado, Eduardo a contemplava... Tão menina ainda! Saberia realmente o que se passava em seu coração? Jamais namorara alguém...

Sentada no píer com os pés na água, Paula indignava-se... Por que as pessoas costumavam complicar o naturalmente simples?! Um rapaz tão inteligente, que conduzira os estudos com tamanha competência, agora ali, feito um bobo, tentando enquadrar em palavras um sentimento profundo, que lhe vinha da alma, arrumando obstáculos... Precisava dar um jeito! Mas como?...

Lucien desceu pelo gramado, observando a companheira espiritual, compreendendo-lhe a ansiedade em resolver a questão antes da hora...

–Paula...

– Ah, Lucien! Estava aqui pensando em uma maneira de auxiliar aqueles dois... Olhe lá! Não se resolvem... Quer dizer, Eduardo não se resolve!

– Precisamente por você estar querendo bancar a casamenteira, acho melhor trocarmos umas ideias a respeito do assunto...

– Hum... e vem chumbo! Vai dizer que não seria bom se eles se acertassem?!

– Que eles se acertassem, certamente, mas não que você acertasse por eles! Espíritos podem passar boas intuições, sugerir, mas jamais realizar pelos encarnados. Seria forçar o livre-arbítrio! Ainda mais nesse caso... Já parou para pensar de onde vem essa relutância toda de Eduardo, esse medo de assumir um compromisso afetivo? Será que aconteceu alguma coisa quando era criança? Talvez problemas na família...

– Pensa que não pesquisei? Família legal, pai e mãe que se amam e se respeitam, irmãos... Não encontrei nada traumatizante, pelo contrário. Ah! Lucien! Tem homem com medo das responsabilidades do casamento mesmo!

– Pesquisou também em vidas passadas, mocinha?

– Não... Ele parece tão normal!...

Lucien caiu na risada. *Normal*... poucos sobre o planeta Terra poderiam assim se considerar em termos de sexualidade!

– Eduardo, em anterior encarnação, foi forçado pela família a se unir a uma jovem que não lhe dizia nada ao coração. Inserido em uma cultura diferente da nossa, na qual os pais escolhiam os parceiros afetivos de seus filhos, enfrentou mais de sessenta anos de convivência com uma esposa imposta pelo autoritário pai. Viviam na mesma casa, mas em mundos diferentes. Solitários, desesperançados, infelizes, ambos ansiando por um relacionamento em que a ternura lhes preenchesse os dias.

– Por que não se separaram?!

– Na cultura de ambos, jamais se cogitava tal medida. *Aguentaram-se*... Nosso amigo saiu de tal forma traumatizado que transferiu para a presente encarnação a aversão ao casamento.

– Mas Lalinha não é aquela esposa! Por falar *naquela esposa*, também reencarnou?

– Sim, e enfrenta sérios problemas, pois pretende fazer nesta tudo o que lhe foi negado na outra. Sem discernimento algum, escolhendo parceiros inadequados, um após outro... Como todo desequilíbrio acaba acarretando sofrimento, vive procurando o homem ideal, aquele que a fará feliz, encontrando somente desilusões.

– Uma coisa me surpreende, Lucien. Eduardo desenvolveu um estudo tão proveitoso sobre sexualidade... Sabe que trazemos uma herança de anteriores encarnações... E não consegue detectar o que está ocorrendo com ele mesmo?!

– Pois é... Sua colocação assemelha-se à de muitas pessoas, quando acham que todo médium tem que ser perfeito, jamais errar... Se trabalha com cura espiritual e fica doente, surge a pergunta fatal: *Por que não resolve suas próprias dores*?... Se comete um deslize na área da sexualidade: *Onde já se viu? Um espírita*!... Então... Eduardo é como todos nós, um aprendiz, e não pode se eximir das lições que sua consciência determina para ele mesmo. A pesquisa e o estudo lhe farão um bem imenso. As mudanças, no entanto, são gradativas, sutis, levando um tempo para aquilo que é novo ser processado e incorporado. E tem outra coisa, Paula: geralmente, quem mais precisa de estudo é justo aquele que ministra o curso.

– Está querendo dizer exatamente o quê, Lucien?

– Muito claro... Que os Espíritos não passam tudo para os encarnados, pois seria como fazer a lição de casa deles! Eduardo estuda e muito para poder ensinar o básico aos seus companheiros.

– Conseguiu me convencer! Essa conversa toda serviu para chegarmos a uma conclusão: Eduardo ainda não está *no ponto*... Mas vai chegar lá, não vai? Paciência! Olhe, lá vão eles de volta... Será que não dá nem para pegar na mão? Ela poderia tropeçar e...

– Paula!...

Enquanto isso, Marcos se debatia com a difícil questão de como convidaria Cláudia para dar um passeio pelos jardins da mansão. E de como contaria que era o dono de tudo aquilo e muito mais! Foi Manolo quem facilitou as coisas, propondo:

– Não gostaria de um passeio pelos jardins, senhorita? São magníficos! Marcos poderia acompanhá-la...

Uma suave brisa de verão embalava o final de tarde, agitando os longos cabelos da moça.

– Marcos, preciso falar com você...

O coração do moço saltou no peito. Ela iria dispensá-lo do serviço, só podia ser isso! Que mais poderia ser?...

– Tenho refletido muito... Olhe, há fatos que servem para nos abrir os olhos... Nunca pensei que sentiria tanto a sua falta, a ponto de acabar contratando aquele detetive particular do Rio, o coitado que terminou assassinado. Faltava um pedaço de mim, entende? Lalinha se desesperava pelo irmão, mas eu, eu não me desesperava pelo motorista, mas por alguém muito amado! Não, não diga nada! Deixe-me terminar... Às vezes, acho que gosta de mim, depois acredito ser coisa de minha imaginação. Ontem Lalinha deixou escapar que ela e você são pessoas muito humildes... Marcos, jamais me considerei acima de vocês! Não é o dinheiro ou a posição no mundo que definem uma pessoa, e sim os sentimentos, o caráter. Então, se é por isso que me evita, talvez seja a hora de nos entendermos. Mas, se não sente nada por mim, não está mais aqui quem abriu a boca para pagar *um mico* deste tamanho!

O rapaz mal podia acreditar! Foi quando viu Diego e Mercedes de mãos dadas, sorrindo, ao lado do caramanchão coberto por minúsculas e perfumadas rosas silvestres brancas. Andando *ao acaso*, tinham deparado justamente com o local... Mercedes levantou a mão e ele viu, em seu dedo anular, o anel... Igualzinho ao que tinha em seu bolso, na caixinha de veludo negro!

Cláudia abaixou os olhos... Marcos calara! Envergonhada, dirigiu-se rapidamente ao banco de madeira sob o florido dossel, sentando-se.

Cirinéia Iolanda Maffei/Lucien | 409

Emocionado, o rapaz somente conseguia pensar que sempre achara tão bonito quando, nos filmes, o homem se ajoelhava, pedindo a moça em casamento...

Cláudia fitava o rapaz ajoelhado e o anel, esforçando-se para não abrir a boca de admiração. Que anel era aquele?! Devia valer uma fortuna! Não parecia falso... Ah! E se fosse?! Que lhe importavam diamantes? Ficou observando enquanto ele timidamente o colocava em seu dedo. De repente, uma impressão estranhíssima, como se aquilo já houvesse acontecido há muito tempo! Balançou a cabeça, espantando para longe a sensação de perda... Nada que alguns beijos não pudessem resolver!

Enquanto isso, Lalinha e Eduardo adentravam a cozinha, bem na hora em que o segurança anunciava a chegada de Javier. A mocinha estremeceu, temendo pelo bem-estar de Joana e Nícolas... Teria acontecido algo?

– Fiz questão de vir assim que soube das notícias! E também para trocar umas ideias com você, Eduardo, se possível. Estou em um dilema que tem me tirado o sono!

– Entre, Javier. Estávamos pensando em um suco e íamos assar esses pães de queijo que Joana congelou antes de partir. São divinos, não é para menos que lhe salvaram a vida! Sente-se, pego um copo para você... Não repare, adoro cozinhas... Não existe lugar mais confortável!

Lalinha desatou a rir:

– Que nada, Javier, ele gosta mesmo é de estar perto da comida!

O investigador sorriu...

– As novidades que trago não são lá muito agradáveis. Houve um acidente envolvendo uma *van* e ela despencou penhasco abaixo...

– Ai, meu Deus, Joana?...

– Não, Lalinha! Ela e Nícolas estão muito bem, em segurança... Trata-se de Matilde, Santiago e Enrico...

– Nossa! Aprontaram tanto e acabaram morrendo em um acidente...

– Aí é que está! Não morreram no acidente! Foram executados a tiros, com silenciador, à queima-roupa. Joana conseguiu identificar os corpos dos três, a *van* e um dos homens, justamente o que costumava tomar um cafezinho na cozinha da mansão de Matilde, quando vinha recolher o corpo de alguma das meninas. Deduzimos que se trata da famosa *turma da limpeza*...

– *Turma da limpeza*?...

– Sim, quando algo ou alguém representa perigo para a organização, existem pessoas especialmente encarregadas de eliminar e limpar...

– Que horror, meu Deus! Será que agora teremos sossego?!

– Quero acreditar que sim... Nícolas nada representava, a não ser o papel de fornecedor de Selena. Mesmo assim daremos um tempo... e depois o casalzinho poderá optar pela liberação do programa de proteção a testemunhas.

– Que notícia maravilhosa!

– Agora, se me permitem, gostaria de abrir meu coração, pois estou muito ansioso, mal consigo dormir... Trata-se de meu superior, o capitão Mendez... ele é o informante!

– Tem certeza?!

– Quisera não ter, mas tenho... Nessa nossa vida de policial, conhecemos pessoas de todos os tipos, muitas vezes aquele que não é muito correto acaba nos auxiliando. Um *hacker* conseguiu, a meu pedido, abrir as contas dele e lá estavam... quantias enormes! Descobrimos também um patrimônio acima de suas posses, tudo em nome de terceiros... Em sua conta telefônica, aparece um número suspeito, repetido nos últimos tempos, coincidindo justo com datas imediatamente anteriores a frustradas operações contra o tráfico sexual, nas quais tudo dava errado para nós e os meliantes inexplicavelmente escapuliam. Ele nos entregava!

– Hum...

– E tem mais... Desconfio que ele comanda uma rede de informações, aliciando integrantes da corporação policial, acima e abaixo dele, hierarquicamente... Um homem muito perigoso. E não sei o que fazer! Algo dentro de mim quer resolver tudo agora, delatar esse safado, mas sinto-me tolhido... Que é que me prende? Medo?

– Olhe, Javier, eu também teria medo, pois a questão envolve pessoas poderosas... Entendo sua indecisão... Imagine se fosse se queixar e a autoridade também estivesse comprometida... Entregaria provas à pessoa errada! Afinal, em quem se pode confiar?...

– O que faria em meu lugar?

– Eu?... Esperaria um pouco mais... e me preveniria, guardando as provas em mais de um lugar, destinadas a pessoas diferentes, caso algo acontecesse...

– E se me matarem?

– Não o farão se souberem disso! Pensarão que tem medo... e que se garantiu, mas vai ficar calado!

– Tinha pensado nisso...

– Sabe, meu amigo, essas pessoas não têm noção do perigo que correm! Olhe o caso de Selena, dos três da mansão... apagados! Acredito que deve solicitar uma conversa com seu superior, insinuando diplomaticamente que você sabe o que está ocorrendo, dizendo-se muito bem resguardado, afirmando sua pretensão de continuar fazendo seu serviço em paz... Sabe de uma coisa? Ele também vai ficar quietinho, por questão de orgulho e segurança própria. Ou você acha que ele desconhece os riscos que corre? Não quer é ver!

– Mas isso não significaria estar sendo conivente, Eduardo?

– Não. Significaria estar sendo inteligente, cauteloso... Acima de nós, meu amigo, existe Deus. Há ocasiões em que precisamos recuar para depois ganhar a guerra... E esperar, confiando em Jesus.

– Nossa! Sinto-me bem melhor, como se tivesse saído um peso de cima de mim, meu amigo.

Nesse momento, Marcos e Cláudia chegavam, abraçados e sorridentes. A moça estendeu a mão e os diamantes lançaram chispas...

– Menina, que anel mais lindo!

– Estamos noivos, Eduardo, noivos!

– Até aí tudo bem, mas onde conseguiu essa joia magnífica, Marcos?

O rapaz tomou fôlego e despejou a verdade toda.

– Quer dizer que é proprietário disso tudo, que a dona Mercedes passou para seu nome?! Não posso acreditar!

– Acredite, Lalinha. E tem muito mais, uma fortuna imensa. Nem sei o que vou fazer com tudo isso...

– E Manolo? Se está tão rico como você, por que trabalha aqui ainda?

– Vai ver o trabalho não é sacrifício para ele. Sente-se feliz aqui... Olhem, andei pensando... Manolo, Rosa, cheguem aqui!

– Sentimos de longe o cheiro dos pães de queijo da Joana e voltamos correndo do pomar! Dona Cláudia, vejo que está com o anel... Gostou?

– Amei! Mas nada de *dona*...

– Quero expor algumas ideias que tive e ver o que acham... Esta casa é enorme! Que tal se todos nós viéssemos para cá? Mais Joana e Nícolas, quando retornarem? E vocês, Manolo e Rosa, não gostariam de ficar? Podemos contratar pessoas para o serviço...

– Eu posso trabalhar aqui, Marcos...

– Nada disso, Lalinha! Precisa desapegar, dar chance a alguém que precise! E estudar, passear, viajar... Tudo o que quiser!

Manolo adiantou-se:

– Ficaremos! Desde que não nos impeça de lidar com a casa como estamos acostumados. Com o tempo, tudo se encaixará! E agora, que tal se pusermos a mesa na varanda dos fundos? Finalmente vamos poder sentar e comer em paz, jogar um pouco de conversa fora, que ninguém é de ferro!

Adriano aproximou-se de Lucien e Paula, assentados confortavelmente no píer. De longe, a brisa trazia o som das risadas, as vozes... Paula sorriu, comentando:

– Marcos não sabe o que fazer com a fortuna toda, com o tempo disponível?... *Pobrezinho*... Ah, mas nós sabemos, não é, rapazes? Escutem! Esses meninos estão pensando que a tarefa acabou, como se isso fosse possível. Para os encarnados, até o momento do último suspiro sobre a Terra, nada acaba, tudo segue seu curso, rumo à perfeição. Lei do progresso, meus caros!

– Uma coisa é certa: a primeira fase da missão de nossos amigos se concretizou. Vem aí a segunda...

– Lucien!... Daqui a uns dias, espero.

Adriano desatou a rir...

– Não me diga que quer fazer o que estou imaginando...

– Quero! Ficar aqui, aproveitando essa beleza toda, re-fazendo-me, pelo menos por uma semana... Ontem dei uma passadinha lá pelo Rio, na casa de dona Cidoca...

– Paula!

– Que é que tem? Fiquei curiosa, uai! As coisas podem ficar pretas por lá! Antes que a *serviceira* recomece, preciso de um descanso, rapazes!

O riso dos três juntou-se ao som da guitarra que vinha da casa... a guitarra de Mercedes adolescente, dedilhada por Manolo...

Lentamente a lua desvencilhou-se das nuvens, revelando o vulto envolto em mantilha de renda negra, uma rosa vermelha nos cabelos...

FIM